学分银行
建设与应用

CONSTRUCTION
AND APPLICATION OF
CREDIT
BANK

高洁 著

中国发展出版社
CHINA DEVELOPMENT PRESS

图书在版编目（CIP）数据

学分银行建设与应用 / 高洁著. —北京：中国发展出版社，2022. 8

ISBN 978-7-5177-1312-8

Ⅰ. ①学… Ⅱ. ①高… Ⅲ. ①高等职业教育—学分制—研究—中国 Ⅳ. ①G718.5

中国版本图书馆CIP数据核字（2022）第150353号

书　　名：学分银行建设与应用
著作责任者：高　洁
责 任 编 辑：沈海霞
出 版 发 行：中国发展出版社
联 系 地 址：北京经济技术开发区荣华中路22号亦城财富中心1号楼8层（100176）
标 准 书 号：ISBN 978-7-5177-1312-8
经　销　者：各地新华书店
印　刷　者：北京市密东印刷有限公司
开　　本：710mm × 1000mm　1/16
印　　张：16
字　　数：266千字
版　　次：2022 年 8 月第 1 版
印　　次：2022 年 8 月第 1 次印刷
定　　价：68.00元

联 系 电 话：（010）68990642　82097226
购 书 热 线：（010）68990682　68990686
网 络 订 购：http://zgfzcbs.tmall.com
网 购 电 话：（010）68990639　88333349
本 社 网 址：http://www.develpress.com
电 子 邮 件：841954296@qq.com

前言
PREFACE

学分银行是借鉴与模拟银行的功能和特点，以学分为计量单位，按照统一的标准，对学习者的各类学习成果进行认证与核算，实现各级各类学习成果的存储、积累与转换的学习激励制度和教育管理制度。自《国家中长期教育改革和发展规划纲要（2010—2020 年）》发布以来，学分银行作为终身学习体系建设的重要制度安排，开始频繁出现在国家教育改革的各类政策文件中。教育部和各地政府纷纷进行相关研究规划，部署专项试点，取得了丰硕的成果。全面梳理、分析已有的成果，充分利用已有的成果和经验，加快破解重点难点问题，提出科学、可行的政策建议和具有可操作性的实施方案，对尽快建成国家资历框架和学分银行具有重要意义。

中国职业教育学会课题“学分银行在职业教育中高本衔接应用研究”正是为此而立项的。两年多来，课题组就研究任务进行了深入的探索，累计提交研究成果 20 多万字，发表学术论文 5 篇，编写应用和指导手册 2 本。我们将这些研究成果汇集编成此书，主要从核心概念的界定、国内外学分银行建设与应用的经验和借鉴、国家开放大学学分银行的建设与应用、学分银行制度在中国的发展、学分银行的运行机制、学分银行学习成果认证标准建设、学分银行的认证服务体系、学分银行的信息管理系统、学分银行大数据管理平台、学分银行在职业教育中高本衔接中的理论建构、学分银行在中高本衔接中的现实应用、学分银行建设与应用的未来展望等十二个方面就学分银行建设和应用问题进行了初步探索，形成了十二章三十一节的结构框架。第一章主要对学分银行的源起、发展和概念的界定，以及相关理论基础进行了讨论；第二章主要介绍了英国、澳大利亚和国内学分银行建设与应用方面的做法和经验，以资借鉴；第三章以国家开放大学学分银行典型建设与应用为例，研究了国家开放大学学分银行建设的丰富实践及其在职业教育中高本衔接的应用；第四章重点探讨了学分银行制度在中国的发展，包括学分银行制度在中国建设的合理性、中国学分银行制度建设的现状及问题、基于学分银行建构中高本教育衔接的现状及问题；第五章重点讨论了学分银行的运行机制，包括学分银行运行机制的特点、影响因素、基本功能、运行体系以及管理制度；第六章研究了学分银行学习成果认证标准建设，包括学分银行资历框架、认证单元和学分银行的认证标准建设；第七章论述了学分银行的认证服务体系，包括学分银行认证体系中的认证服务、学习成果认证的质量保证和学分银行认证服务体系的管理及决策机构；第八章研究了学分银行的信息管理系统，包括学分银行信息管理系统的建设意义、建设原则、建设层次、标准体系、技术概述、系统架构需求及目标；第九章分析了学分银行大数据管理平台，包括学分银行大数据管理平台的模型界定、数据模型的设计思路、数据模型设计实例以及平台设计理念与原则、功能模块与职能架构、数据信息架构与云服务管理；第十章详细论述了学分银行在职业教育中高本衔接中的理论建构，包括学分银行在职业教育中高本衔接中的理论基础、体系依托、基本环节、主要内容以及宏观建构原则、制度体系建构、组织设计建构、管理保障体系；第十一章探讨了学分银行在中高本衔接中的现实应用，包括学分银行在职业教育中高本衔接中应用的要素、学分银行在职业教育中高本衔接中的应用平台；第十二章提出了学分银行建设与应用的未来展望，包括我国学分银行公信力的发展趋势、学分银行良性运行的保障支撑。附录部分收集了学习成果转换指导手册，这一文件在某些章节中会被引用或提及。

之所以选择上述要点作为写作内容，主要基于三点考虑。一是紧贴我国学分银行和职业教育建设与应用实践。自《国家中长期教育改革和发展规划纲要（2010—2020 年）》提出“建立学分银行制度”以来，学分银行这一概念已成为我国高等教育和继续教育领域理论研究与实践探索的热点，国内学者对学分银行概念的使用越来越宽泛，逐步演变为我国终身教育体系和“立交桥”建设的一项制度创新与改革举措。本书在内容选择上紧跟我国职业教育改革步伐，着重选择与学分银行建设运行实践有关的内容。二是紧贴学界关于学分银行理论研究的实际。“学分银行”的概念自 20 世纪 80 年代引进国内，经历了一个逐步消化、含义不断扩展和丰富的过程。学界提出一系列关于学分银行的新观点、新理论、新思想，笔者近年来也主持或参与完成了教育部赋予的一系列有关学分银行的课题攻关任务，通过撰写此书来对学分银行基本理论进行系统研究和梳理。三是紧贴国家开放大学学分银行建设任务实际。经过近年来国家开放大学学分银行（学习成果认证中心）工作实践，我们在学分银行建设与应用方面取得了较为丰硕的成果，建立了各类制度，编写了系列指导手册，形成了一些工作流程和管理办法等。本书在内容上也主要涉及笔者参与的相关研究与工作。

课题能够顺利完成，书稿得以出版，得益于很多人的支持和帮助。首先要衷心感谢国家开放大学副校长李林曙教授、李松教授多年的鼓励；衷心感谢国家开放大学学分银行鄢小平、王然常务副主任和卢玉梅、季欣副主任的提携；衷心感谢国家开放大学学分银行全体同仁的帮助；衷心感谢国家开放大学课题组成员卢玉梅、曲克晨、曹旭、李瑞富、张晓红、王伟华等老师的鼎力支持和无私帮助。

本书在写作过程中参考并吸收了大量国内外学术机构、专家学者的研究成果，绝大多数文献在文中已经标注，个别遗漏在所难免，敬请包涵。另外，学分银行的建设与应用在国内是个全新的课题，由于笔者的学识积累不足和观察视角有限，书中提出的观点和意见难免有偏颇、不妥之处，敬请学界同仁和广大读者批评指正。

当前，学分银行的建设与应用日新月异，学分银行理论也在不断创新发展之中，学分银行建设与应用是一次新的探索，我们将在国家资历框架与学分银行工作实践中不断改进与完善。

高　洁

2022 年 4 月

目 录
CONTENTS

绪　论

一、选题缘由

近年来，学分银行的建设越来越受到国家和社会的广泛重视，从《国家中长期教育改革和发展规划纲要（2010—2020年）》（以下简称《教育规划纲要》）、2016年《中华人民共和国国民经济和社会发展第十三个五年规划纲要》、2021年《中华人民共和国国民经济和社会发展第十四个五年规划和2035年远景目标纲要》到《中国教育现代化2035》，均强调了加强学分银行建设的重要性。特别是2019年《国家职业教育改革实施方案》提出“启动1+X证书制度试点”“加快推进职业教育国家学分银行建设”“有序开展学历证书和职业技能等级证书所体现的学习成果的认定、积累和转换”等系列举措，更是将职业教育和学分银行紧密结合在一起。中高本衔接是职业教育学界长期以来一个重要的研究课题，国内学者对此做了大量研究。截至2022年1月29日，依托中国知网数据库（CNKI）以“中高职衔接”为“篇关摘”进行搜索，查到4389条结果，其中仅硕博论文就有163篇。“中高本衔接”的提法最早开始于2013年，共搜索到“篇关摘”为“中高本衔接”的共64条，0条是学位论文；以“中高本衔接”为主题词搜索，学位论文仅1条。以“学分银行”和“中高本衔接”为主题词搜索，仅有4篇最新研究成果。

文献综合分析显示，当前学分银行应用于职业教育中高本衔接的做法在国际上已经成熟，澳大利亚、英国、南非以及欧盟、中国香港等国家和地区属于先行者，总结起来主要有以下三种模式。

第一，学分银行先前学习成果认定模式。先前学习认定是通过学分银行对学习者先前依靠正式教育、非正式教育和培训获得的但未经认可的知识和技能依据学分银行认证标准进行的评估，确定学习者已经达到的某种学习程度（等级、学分等），学习成果存入学分银行，作为继续学习深造的依据。同时，经过认定的学习成果作为学习的基础，不用再重复学习。澳大利亚的先前学习认定实施较为普遍，在中等职业教育某个专业与高等职业教育某个专业之间的纵向衔接中广泛使用。

第二，学分银行资历框架衔接模式。资历框架是学分银行的内核，通过资历框架，可以实现横向沟通各种教育类型、纵向衔接教育层次的体系和制度（江颖，2018）。这种框架体系使学习者在不同类型教育中、不同形式学习中所取得的学习成果获得正式认可，只要知识、技能、能力相当，不同类型的学习成果可以沟通互认，不存在制度性障碍。资历框架能使学习者清楚地看到自身知识、技能和能力水平等级，明确已有的学习成果，衔接更高层次的学习奋斗目标，通过继续学习，可以使自身的能力水平从较低层级上升到较高层级。资历框架在学分银行中的作用是“定位”和“衔接”，职业教育中高本衔接采用资历框架的作用就是明确中高本人才培养的能力基准。

第三，学分银行能力认证单元、认证模式。澳大利亚、英国等国普遍使用这种模式。其中澳大利亚职业教育各级证书的认证通过培训包来实施，培训包基于能力单元而建立，人们可以选择培训的时间、地点与方式，快速获得培训包所认证的资格证书，证书持有者可以在澳大利亚不同州和领地方便地就业。英国资格和学分框架（QCF）标准体系由“单元—资格”二级结构构成，其中，单元是能力认证单元，是标准体系的最基本单位，是资格与学分框架的核心要素。学习者通过学习各个单元获得学分，这些单元按照一定的组合规则构成一定学分的资格。欧洲实施的是职业教育与培训学分转换制度，以“学习效果单元”综合反映学习者所获资格的情况。当学习者完成某学习效果单元后，即可获得该单元的学分并记录在个人成绩单上。学习者可以携带学习档案到任何一所协议学校进行学分转换，从而避免对已经修学内容的重复学习。

近年来，在国家政策引导下，教育部积极响应，针对学分银行建设出台了一系列政策措施。2012 年 6 月，教育部职业教育与成人教育司立项委托国家开放大学开展“国家继续教育学习成果认证、积累与转换制度的研究与实践”项目，研究国家继续教育学分积累与转换制度，即学分银行的体制、机制、框架、标准等，并结合开放大学建设开展实践探索。2016 年 3 月，教育部职业教育与成人教育司要求国家开放大学与地方开放大学、行业企业、院校、社区教育机构和教育培训机构合作开展这一研究，探索不同类型的学习成果认证、积累与转换，从而为国家建立学分银行制度探索经验、奠定基础。

无论是研究项目还是试点工作，均把职业教育中高本衔接作为一个重点内容进行研究和分析。另外，许多地方政府和相关机构也积极开展了学分银行的实践探索，学分银行在一些省份纷纷成立。纵观国内对学分银行在职业教育中高本衔接应用方面的探索研究情况，可发现相关实践具有零散性、局部性、区域性和自发性特征，缺乏国家层面的整体设计和统筹安排，这些都在很大程度上制约了学分银行的长远发展，也为本书深入探讨学分银行建设及应用提供了必要性证明。

二、选题意义

随着《中国教育现代化 2035》和《国家职业教育改革实施方案》的颁布，国家对职业教育日益重视。1+X 证书制度的实施和职业教育国家学分银行的建立，对职业教育中高本衔接理论与实践提出了更高需求。由此可见，关于学分银行在职业教育中高本衔接中的建设，一方面亟须学习借鉴其他国家和地区的成功经验，顺应国际趋势；另一方面要很好地结合我国国情，把握好各利益攸关方的现实需要，从国家层面进行制度的顶层设计和建设，推动其健康和可持续发展。2021 年，党中央、国务院召开了全国职业教育大会。这次大会立足“两个一百年”奋斗目标的历史交汇点，高度评价了我国职业教育的战略地位，全面总结了我国职业教育的重大成就，系统梳理了我国职业教育的成功经验，科学分析了我国发展现代职业教育的历史机遇，全面部署了发展现代职业教育的政策举措。习近平总书记对职业教育工作作出重要指示，在全面建设社会主义现代化国家新征程中，职业教育前途广阔、大有可为。要坚持党的领导，坚持正确办学方向，坚持立德树人，优化职业教育类型定位，深化产教融合、校企合作，深入推进育人方式、办学模式、管理体制、保障机制改革，稳步发展职业本科教育，建设一批高水平职业院校和专业，推动职普融通，增强职业教育适应性，加快构建现代职业教育体系，培养更多高素质技术技能人才、能工巧匠、大国工匠[①]。《中国教育现代化 2035》中强调，要构建更加开放畅通的人才成长通道，完善招生入学、弹性学习及继续教育制度，畅通转换渠道。要建立全民终身学习的制度环境，建立国家资历框架，建立跨部门跨行业的工作机制和专业化支持体系。可见，国家对学分银行的关注点在于将其作为衔接各种成果的纽带和畅通的渠道，学分银行从横向上能够连接学历教育学习的成果和非学历教育学习成果，从纵向上可以打通不同层级的学习成果，实现职业教育中高本衔接。本书通过研究学分银行的制度模式和发展机理，提出实施“框架 + 标准”的技术路径，可以最终建立纵向和横向学习成果互通的终身学习“立交桥”。

（一）切实提高职业教育质量，增强职业教育吸引力

当前，我国职业教育面临两大紧迫任务。第一大紧迫任务是“提高质量”。在“十四五”时期国家建设高质量教育体系的进程中，职业教育是短板，更是关键。国家相关部门领导在全国职业教育大会上多次提到“质量”一词。要从类型特色、产教融合、校企合作、教学改革、打造品牌等方面，抓实抓好现代职业教育高质量发展的具体举措，切实提高职业教育的质量。学分银行建设与应用的初衷就是通过灵活的形式提升职业教育的质量，达到培养高质量人才的目的。因此，在提高职业教育质量的过程中，学分银行将发挥应有的作用，打通不同层级的学习成果，实现职业教育中高本衔接，推进其健康稳步地发展。第二大紧迫任务是“提升形象”，要在提高质量的基础上，改变社会对职业教育的刻板印象，增强职业教育的吸引力，让学生选择职业教育，让用人单位依靠职业教育，逐步形成“上学选职业学校、技能提升找职业学校”的社会氛围，树立职业教育的好口碑。学分银行的建设与应用能逐步改变人们心中对职业教

---

① 《习近平对职业教育工作作出重要指示强调 加快构建现代职业教育体系 培养更多高素质技术技能人才 能工巧匠 大国工匠》，《光明日报》2021 年 4 月 14 日第 1 版。

育的固有印象，通过学习者学习成果的积累与转换，实现职业教育中高本衔接，成就每位学习者的人生价值。学分银行在职业教育的阶段衔接上发挥的作用，可以让有学习能力和有进取愿望的学习者拥有自己的舞台。适应形势的快速发展，切实提高职业教育质量和增强职业教育吸引力，正是本书对学分银行进行深入探讨的意义所在。

（二）有效助力国家相关文件精神落地，为其提供理论支撑

党的十九大以来，党中央、国务院推出了一系列职业教育改革发展的重大举措，具有标志性的文件主要有三个：《国家职业教育改革实施方案》《职业教育提质培优行动计划（2020—2023 年）》《关于推动现代职业教育高质量发展的意见》。这三个文件是职业教育发展的指示灯，学分银行的建设与应用应该时刻遵循文件精神，契合新时代的职业教育发展形势，助力相关文件精神的落地。这三个文件的内在逻辑就是从深化改革到提质培优，再到高质量发展，既相互衔接又逐级递进，明确了"十四五"期间职业教育改革发展政策框架。学分银行支持职业教育中高贯通、专本衔接改革，优化职业教育结构，健全职业教育体系，完善职业教育招生制度，拓宽升学渠道，构建职业教育"立交桥"，促进多方式职业学习、终身职业学习，鼓励技能的学习、提升和转换，避免重复学习，提升学习效率，创新人才培养模式。学分银行在国内很多省市的发展已经显示出了巨大的魅力，在学分银行优越的制度下，越来越多的学习者享受到积累的学习成果带来的满足与喜悦。适应形势的发展，有效助力国家文件精神指导落地，也是本书深入探讨学分银行的意义所在。

（三）满足加快推进学分银行建设与应用的现实需要

对学分银行建设与应用进行研究，是为了让各类职业教育更好地衔接与发展。自 2020 年全国职业教育大会后，职业教育"十四五"时期面临"五大突破"，这也是学分银行建设与应用过程中亟须跟进与探讨的。

第一项突破：推动职业本科教育稳中有进。教育部职业教育与成人教育司将稳步落实党和国家领导人"稳步发展职业本科教育"的指示和高起点、高标准、高质量的要求，重点强化顶层设计、科学设置和打造示范标杆，制定指导意见，明确职业本科教育的办学定位、发展路径、培养目标、培养方式、办学

体制，引导学校在内涵上下功夫，提升办学质量。完善职业本科学校设置标准和专业设置办法，支持符合条件的国家“双高计划”建设单位独立升格为职业本科学校，支持符合产教深度融合、办学特色鲜明、培养质量较高的专科层次高等职业学校升级部分专科专业，试办职业本科教育。目前全国专升本的比例已达 20%，下一步我们将力争让更多的职业学校毕业生接受高质量的职业本科教育。

第二项突破：推进中等职业教育多样化发展。教育服务产业链全链条离不开中等职业教育；现代职业教育体系建设，需要中等职业教育更好地发挥基础性作用。学分银行下职业教育中高本贯通，以学分银行的学分认定、存储、转换为手段，以学习者学分传递、接续升学为主要目的，在中等职业教育、专科职业教育、应用型本科教育之间建立贯通衔接机制。中等职业教育是中高本贯通的起点而不是终点，推动中职学校多样化发展，从单纯“以就业为导向”转变为“就业与升学并重”，抓好符合职业教育特点的升学教育，在保障学生技术技能培养质量的基础上，加强文化基础教育，扩大贯通培养规模，打开中职学生的成长空间，让中职学生就业有能力、升学有优势、发展有通道，这既是党和政府的要求，也是人民群众的迫切期望，更是产业发展对人才层次高移的现实需要。

第三项突破：使“职教高考”成为高职招生主渠道。自 2013 年教育部印发《关于积极推进高等职业教育考试招生制度改革的指导意见》以来，山东、江苏、江西、四川、重庆、福建、安徽等地已对“职教高考”进行试点，并取得了良好的效果，积累了成功的经验。要重点加强考试制度和标准建设、优化“文化素质 + 职业技能”结构比例和组织方式、提高职业本科、职业专科学校通过“职教高考”招录学生比例。推动建立省级统筹、综合评价、多元录取的“职教高考”制度，改善学生通过普通高考“千军万马过独木桥”的现状，使中考分流压力和“教育焦虑”得到有效缓解，促进多方式职业学习、终身职业学习，鼓励技能的学习、提升和转换，构建职业教育中高本衔接“立交桥”，中高本一体化培养模式基本形成。

第四项突破：推动职业教育数字化升级。教育数字化既是大势所趋，又是当务之急，给职业教育的发展带来了历史机遇。我们将在前期工作的基础上，在教育部总体布局下，按照“需求牵引、应用为王、成熟先上、技术保障”的工作原则，以平台升级、资源开发为内容，以条件硬化、应用优化、质量强化为目标，促进职业教育数字化转型整体跃升。

第五项突破：打造职业教育内涵建设工作闭环。内涵建设是职业教育实现高质量发展的根本要求和必然路径，重点加强标准建设、优化专业布局、健全质量保障体系、深入落实《职业学校学生实习管理规定》。发布《职业教育专业目录（2021 年）》配套的专业简介、教学标准、公共基础课程标准、实训教学条件建设标准和岗位实习标准，指导学校创新德技并修育人机制，落实好立德树人任务。

综上所述，教育部关于职业教育的诸多设想和规划为学分银行的建设提出了新的时代要求，更是学分银行在“十四五”时期发展的重要参照，尤其在中高本衔接等实践领域，还有许多可探讨的空间，有助于新时代下职业教育及中高本衔接的高质量发展，本书即在新时代背景下提出相应的建议和意见。

本书以国际上学分银行发展相对成熟的国家和地区，以及我国国家开放大学等学校的学分银行的建设与应用为研究案例，结合职业教育国家学分银行、上海市终身教育学分银行、广东终身教育学分银行、香港资历架构在职业教育中高本衔接应用实际，通过厘清学分银行、职业教育、中高本衔接的概念原理和功能，比较分析国际上学分银行对职业教育的作用与影响，详细梳理国内学分银行在中高本衔接方面已有的成果，结合我国实际发展情况提出相应的对策和建议。

第一章

核心概念界定与理论阐释

学分银行制度是调节政府、社会、学习者、用人单位和教育机构等利益相关者关系的有效机制，无论是学习者个人、行业和企业、院校和教育培训机构，还是社会和国家，都能从制度创新中获益。该制度在我国职业教育中高本衔接上的应用也取得了相应的成绩。厘清相关核心概念和理论，是学分银行建设与应用研究的第一步和逻辑起点。

本章分为两节，主要对本书所涉及的职业教育、学分银行、中高本衔接等核心概念进行梳理与概述，考察这些概念的发展沿革，并探讨学分银行建设与应用涉及的相关理论。其中终身教育理论是学分银行建设与应用的体系建构基础，学习型社会是学分银行建设与应用的社会规划指向，协同创新理论是学分银行建设与应用过程中的路径探索。

第一节　核心概念界定

探讨学分银行建设与应用，我们首先要厘清几个核心概念，如职业教育、学分银行、中高本衔接等，这些概念的内涵和外延及发展沿革对于接下来的讨论至关重要。

一、职业教育的源起、发展和概念界定

职业教育（vocational education），一般是指让受教育者获得某种职业或生产劳动所需要的职业知识、技能和职业道德的教育，包括初等职业教育、中等职业教育、高等职业教育，也叫专科层次职业教育、本科层次职业教育、研究生层次职业教育。职业教育在国外简称 TVET（技术与职业教育和培训），广义上是职业技术教育和培训的总称。职业教育是社会发展的产物，职业教育受益于社会，由于它的目的是满足个人的就业需求和工作岗位的客观需要，同样，社会也受益于职业教育，因为职业教育能推动社会生产力的发展，加快国家产业结构的调整与转型。

改革开放 40 多年来，职业教育在规模与内涵两个维度同时发展，走过了三个阶段：20 世纪 80 年代的中等职业教育恢复与发展阶段、20 世纪 90 年代的规模稳定与内涵初建阶段和 21 世纪以来的体系初步形成与内涵全面深化阶段。2012 年 6 月 11 日，国务院新闻办公室发布《国家人权行动计划（2012—2015 年）》。该计划指出 2012—2015 年，我国将大力发展职业教育，保持中等职业教育和普通高中招生规模大体相当，扶持建设紧贴产业需求、校企深度融合的专业，建设既有基础理论知识和教学能力，又有实践经验和技能的师资队伍，逐步实行免费中等职业教育。2017 年 10 月 18 日，党的十九大报告指出，优先发展教育事业，完善职业教育和培训体系，深化产教融合、校企合作，加快一流大学和一流学科建设，实现高等教育内涵式发展。健全学生资助制度，使绝大多数城乡新增劳动力接受高中阶段教育，更多接受高等教育。

《国家职业教育改革实施方案》（以下简称《实施方案》）提出了一系列解决长期制约职业教育发展体制机制难题的政策措施，明确了深化职业教育改革的路线图，并提出要加强部门沟通、加大制度供给，逐个疏通制约职业教育改革的深层次障碍，逐项落实实施方案的各项任务。《实施方案》指出，职业教育与普通教育虽属两种不同教育类型，但具有同等重要的地位。改革开放以来，职业教育为我国经济社会发展提供了有力的人才和智力支撑，现代职业教育体系框架全面建成，服务经济社会发展的能力和社会吸引力不断增强，具备

了基本实现现代化的诸多有利条件和良好工作基础。随着我国进入新的发展阶段，产业升级和经济结构调整不断加快，各行各业对技术技能人才的需求越来越紧迫，职业教育的重要地位和作用尤为凸显，职业教育的现代化事关新时代教育的现代化。

很多人秉持传统观念，认为职业教育比普通教育低一个层次，学历的含金量不高。持有这种想法的人应该没有接触过新时代的职业教育，对我国当下的职业教育体系完全不了解。职业教育、普通教育指的是教育类型，而不是教育层次，因此，在我国的教育体系中，二者的地位同样重要。职业教育的涵盖面广泛，包括职业学校教育和职业培训。职业学校教育包括各种职业技术学校、技工学校、职业高中（职业中学）等，是学历性的教育。职业培训是非学历性的教育，包括对职工的就业前培训、对下岗职工的再就业培训等。职业教育培养的是应用型人才和具有一定文化水平和专业知识技能的社会主义劳动者、社会主义建设者，与普通教育和成人教育相比较，职业教育更侧重于实践技能和实际工作能力的培养。

我国的职业教育发展较为成熟，有属于自己的法律，因此有法可依。1996 年 5 月 15 日，由中华人民共和国第八届全国人民代表大会常务委员会第十九次会议修订通过，并于 1996 年 9 月 1 日起施行的《中华人民共和国职业教育法》（以下简称《职业教育法》），就是为了实施科教兴国战略，发展职业教育，提高劳动者素质，促进社会主义现代化建设，根据教育法和劳动法而制定的法规。2019 年 12 月，教育部又发布了《中华人民共和国职业教育法修订草案（征求意见稿）》，提出：国家鼓励职业教育领域的国际交流与合作，支持引进境外优质职业教育资源；建立职业教育国家学分银行，推进职业教育各类学习成果的认定、积累和转换；推行学徒制度，鼓励有技术技能人才培养能力的企业设立学徒岗位等。2020 年 5 月，葛道凯代表提出议案，希望在《修订草案》的基础上，进一步加大对《职业教育法》的修订力度。当终身学习、学分银行等理论内涵被更多人熟知后，职业教育的法治化已成为新时代中国特色社会主义教育体系发展完备的题中应有之义。

《国家职业教育改革实施方案》提到了我国职业教育发展的具体指标：到

2022 年，职业院校教学条件基本达标，一大批普通本科高等学校向应用型转变，建设 50 所高水平高等职业学校和 150 个骨干专业（群）。建成覆盖大部分行业领域、具有国际先进水平的中国职业教育标准体系；从 2019 年开始，在职业院校、应用型本科高校启动“学历证书 + 若干职业技能等级证书”制度试点工作。

在“十四五”时期国家建设高质量教育体系的进程中，职业教育是短板，更是关键。我们要遵照党和国家领导人对职业教育工作作出的重要指示，从类型特色、产教融合、校企合作、教学改革、打造品牌等方面，抓实抓好现代职业教育高质量发展的具体举措，切实提高职业教育的质量。

二、学分银行的源起、发展和涵义概述

学分银行（credit bank）是一种模拟或是借鉴银行的功能特点，使学习者能够自由选择学习内容、学习时间、学习地点的管理模式。顾名思义，“学分银行”是储存“学分”的银行，学分在银行里作为一种个人学历的积累资产可以由本人自由提取，学习者将通过多种渠道获得的学习成果实现学分互认、学分累积和学分转换的功能，是一种“储存”学分的过程。在我国，学习成果认证、积累与转换制度通常被称为学分银行制度，是对学习者的各类学习成果进行统一核算的新型教育管理制度，为学习者或学习成果携带者提供获取学历教育证书、职业资格证书和岗位技能培训证书的新渠道，提供自学成才的新途径，提供获得评价和鼓励的新形式（鄢小平，2015）。

学分银行具有与商业银行零存整取的储蓄方式相似的功能，即学习者平时零星学习后通过认证可以得到学分，这些学分像货币一样被存储在国家相关部门授权的机构（学分银行），当达到一定积累程度之后，能兑换相应的学历资格证书或者非学历证书（职业技能等级证书、职业资格证书、岗前培训证书等）。更为形象一点儿地说，学分银行是连接社会教育资源和学习者之间的“立交桥”，学习者可较为自由地选择适合自己的学习资源和途径，促使广泛的教育资源互通有无。根据学分银行制度模式，学习者的学历证书、非学历证书、工作技能、工作经验、文化传承等称作学习成果，能以一定的形式存储在

学分银行，是银行的“资产”。因此，学习者无论在校学习、在职学习、参加技能培训等，都可以通过认证获得学分进行累积，所以，学习者可以不按常规的学期进行学习，学习时间可集中也可中断，还可以半工半读、工学交替，即使隔了几年，曾有的学习经历仍可折合成学分，存于学分银行。以欧洲为例，欧盟的“学分银行”让多国大学的学分可以互认，学生可以实现“校际”甚至“国际”择校，学分银行制度使学习者从固定学习制改变为弹性学习制。正是因为学分银行能突破传统的专业限制和学习时段限制，将技能培训与学历教育结合起来，因此，学分银行制度非常适合应用于职业教育领域，符合职业教育边实践边学习的特点。

根据来源和用途的不同，学分银行中的学分有以下四种类型。（1）原始学分，是由各类颁证机构或各类组织赋予学习者的最初学分。（2）基准学分，是学分银行按照学习成果框架标准对原始学分进行换算所得的学分。（3）实效学分，是由颁证机构认可的、按照一定标准最终实现转换的基准学分。（4）标准化学分，是为便于信息处理和服务于学习型社会，将学习型组织赋予的原始学分进行标准化处理而形成的学分。

有学者认为，学分银行制度是韩国率先提出来的，有学者认为该制度起源于美国，发展于欧洲，成熟于韩国，当然这一制度的源起国家不是本书所要讨论的核心，本书要讨论的重点是这些国家采取学分银行制度的成效。如果成效是积极的，那么引入该制度就是可取的。我国在 2004 年提出学分银行这一概念。2005 年，教育部强调全面实行学分制度和建立学分银行；2006 年又作出在中等职业教育中进行学分银行试点的安排。2010 年，《教育规划纲要》提出“建立学分银行制度”；2016 年，教育部颁发的《关于推进高等教育学分认定和转换工作的意见》提出，探索建立国家学分银行，构建分级认证服务网络，对学习者不同形式的学习成果及学分进行认定、记录和存储。鼓励区域、联盟学校建立学分认定、积累及转换系统。由于我国学分银行建设起步较晚，当前仅有个别地区建设实施，因此，区级、市级甚至省级的学分评定标准、资历框架都没有明确。截至 2020 年 11 月，全国共有 16 个省、直辖市进行了学分银行建设。以我国开设终身教育学分银行较早的上海为例，截至 2020 年 11 月，上海市终身教育学分银行已有 376 万名学习者开户，9.1 万人转换学分。

学分银行认定的学习成果分为学历教育、职业培训、其他非学历教育项目三类。学历教育学习成果是指学习者通过国民教育系列学历教育获得的学分、学位及学历证书等。职业培训学习成果是指学习者获得的职业技能等级证书、职业培训证书和培训项目成绩等。其他非学历教育项目学习成果是指学习者获得的社区教育、老年大学、工作技能、文化传承、竞赛奖励等项目的学分、成绩与学习记录证明等。

存储在学分银行的学习成果至少有以下用处。(1)学习者可以具有一份信息完整、要素齐备的终身学习档案，方便学习者随时查询、随时更新，并终身有效。(2)学习者如果选择到学分银行合作联盟的教育机构继续学习，可以用积累在学分银行中的各类学习成果向该教育机构申请学习成果转换，该教育机构按规定审核后，可以办理成果转换，替代一定的学分，满足条件后学习者可获得相应学历文凭或其他证书。(3)学习者可以就存储的学习成果向学分银行申请出具学习成果认证报告，作为个人继续学习的有效凭证。学习者获得学分并将其存入学分银行的流程如图 1–1 所示。

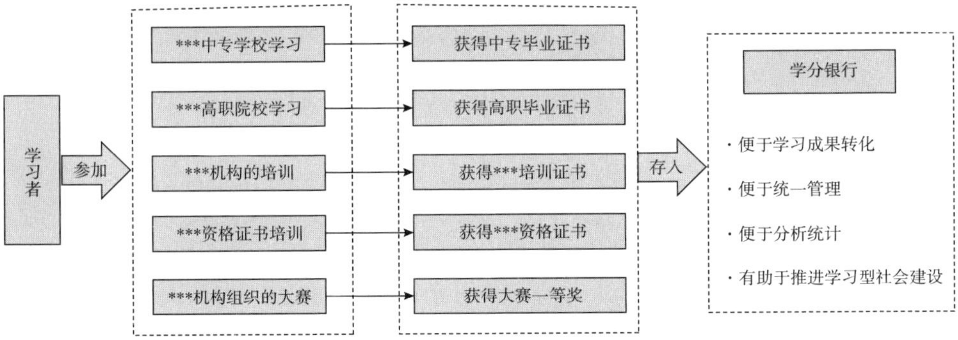

图 1-1　建立终身学习成果档案

学分银行的学分运营大多独立分布于不同的背景系统，学分银行设立的最终目的，就是要打造连通三个不同场景的“立交桥”，实现正规教育、非正式教育和非正式学习的学分互认。因此，制定统一的学分认证标准、国家资历框架是关键。除了打通横向的学习渠道，学分银行还将致力于纵向的区域打通。

衡量学分银行运营成败的关键，在于学分银行的认证成果能否被其他教育机构、企业单位和社会组织认可，即是否具有权威性和公信力。因此，必须遵守“由教育部门统一授权”“具备一定资质”“具有独立的第三方身份”“由法律提供保障”四项基本原则。对我国来说，如何同欧洲、韩国一样，建立统一的资历框架，将是学分银行建设的重点和难点。学分银行认定的资格或职业资格证书能否得到社会认可，关键在于资历框架与行业的结合程度。

三、职业教育中高本衔接发展概述

中高本衔接是指按照建设现代职业教育体系的要求，中职、高职和本科三个教育层次的相互承接贯通，目的是推动中职、高职和本科协调发展，系统培养适应经济社会发展需要的技能型，特别是高端技能型人才。该模式实现了中职、高职和本科的分段衔接，使中职和高职从原来的终点变为阶段过程。中高本衔接的重要性主要包括以下几点：第一，有效的中高本衔接能够促进产业结构升级；第二，中高本衔接得当能够有效提高学生的创新能力，更好地满足现代社会对毕业生技能创新的现实需求；第三，中高本衔接是完善人才培养体系的重要环节，是培养高素质应用型人才的基本保障；第四，中高本衔接是促进毕业生可持续发展的重要手段。

中高本衔接是构建我国现代职业教育体系，体现职业教育改革成效的重要参考指标。长期以来，有关部门和院校围绕中高本衔接进行了大量富有成效的研究与实践，取得了初步的成果，但从总体来看，我国中高本衔接的瓶颈尚未得到根本性突破，政策的支撑和保障以及中高本分散办学的办学体制等方面还存在很多不足。

《国家教育事业发展“十三五”规划》中明确提出，加快发展现代职业教育，着力提升职业教育人才培养质量。因此，未来随着国内智能制造业以及相关行业规模的持续扩张，应用型技术人才需求将会一直保持增长，这在一定程度上扩大了我国高职教育的市场空间。近年来，随着国家的鼓励及规范政策的出台，我国高等职业教育快速发展，学校数量和教职工数量保持稳定增长。

《2020年中国高等职业教育市场分析报告——产业深度研究与投资定位研究》的数据显示，2019年我国高等职业院校达1423所，比2018年增加5所。

无论是基础设施、师资力量还是在校人数，我国高等职业教育都取得了不错的成绩。随着国家对于高职教育的重视程度不断提升，专业种类的创新给高等职业教育行业提供了良好的发展契机。数据显示，中国职业教育行业市场规模将近5800亿元，2014—2019年我国职业教育市场规模总体呈逐年增长态势，年均复合增速为11%，其中学历职业教育2019年市场规模为2110亿元，非学历职业教育规模为3650亿元。2018年我国高等职业教育行业市场规模达到313.2亿元，同比增长8.45%，2020年接近400亿元。在在校生规模方面，仅2020年我国中等职业教育招生人数就达到664.66万人，2019年我国高等职业教育在校人数达到1280万人。

高等职业院校的大力发展起到了较好衔接中职和本科的中流砥柱作用，使学习者能更加顺畅地、无拖延地、无重复学习地从低一层次向高一层次过渡，有利于专业一体化的发展，有利于三个层次的衔接和培养高质量的技术技能人才，提高了劳动质量和整个经济活动领域的劳动生产率，从而提高了整个国家的经济竞争力。

第二节　理论阐释

学分银行模拟银行的功能对学习者的“学习财富”进行管理，目的是谋求教育的开放，按照以人为本的理念，使教育体系和制度能够更好地适合社会对于人才多样化的需求和学习者群体多元化的学习需求，构建人才成长“立交桥”。因此，学分银行制度是体现终身教育理论体系建构、学习型社会建设、协同创新路径探索而采用的有效制度。

一、体系建构——终身教育理论

建立学分银行的目的，在于打破正式学习和非正式学习的界限，这是终身教育最大的特征。它突破了正规学校的框架，把教育看成个人一生中连续不断的学习过程，实现了从学前期到老年期的整个教育过程的统一。

终身教育（lifelong education）是指人们在一生各阶段所受各种教育的总和，是个人所受不同类型教育的统一综合；既包括正规教育，又包括非正式教育。从空间范围来看，终身教育跨越不同的教育场所，包括家庭教育、学校教育和社会教育（国卉男，2018）。联合国教科文组织 21 世纪教育委员会的报告指出，应该将教育视为一个整体来加以设计，终身教育需突破时间和空间的限制，应具有灵活性、多样性和适应性等优点（联合国教科文组织，2001）。《国家中长期教育改革和发展规划纲要（2010—2020 年）》（以下简称《教育规划纲要》）提出，2020 年基本实现教育现代化，基本形成学习型社会，进入人力资源强国行列，构建终身教育体系是世界教育发展的基本趋势。《中国教育现代化 2035》提出了推进教育现代化的八大基本理念和 2035 年主要发展目标。八大教育理念是：更加注重以德为先，更加注重全面发展，更加注重面向人人，更加注重终身学习，更加注重因材施教，更加注重知行合一，更加注重融合发展，更加注重共建共享；2035 年主要发展目标是：建成服务全民终身学习的现代教育体系，普及有质量的学前教育，实现优质均衡的义务教育，全面普及高中阶段教育，职业教育服务能力显著提升，高等教育竞争力明显提升，残疾儿童少年享有适合的教育，形成全社会共同参与的教育治理新格局。

可以看出，我国在教育相关的中长期规划中，将终身教育或学习型社会作为一个非常重要的理念加以推广，主张在人们需要的时候以最好的方式提供必要的知识和技能。终身教育思想已成为很多国家教育改革的指导方针，也是现代教育体系下国际社会极力提倡的学习方式。终身教育体系面向社会全体成员，贯穿人生全程，扩展到社会各个领域，以学习型组织网络为基础，以非正式教育为主体，整合社会各类资源和设施，更加注重把教育、培训、学习同社会的经济、政治、文化、生活紧密结合，是致力于为人的终身发展服务的一种教育体系。

《教育规划纲要》的出台，从国家层面确立了学分银行制度的建立在终身学习“立交桥”建设中的重要作用。在当前的教育形势下，学分银行制度作为一种把终身教育理念转变为现实的有效策略和搭建终身学习“立交桥”的一种切实可行的途径被提到了前所未有的高度。

虽然终身教育的学习形式灵活多样，但对我国来说，终身教育的学习形式主要相对于学校的正规教育而言，更多强调的是非正式教育。我国的传统教育一直重视学校的正式教育，而对非正式教育重视不足，因此导致这一类的教育资源相对短缺，终身教育的个性化学习需求难以得到满足。另外，各个教育系统之间还不能达到资源共享的程度，这也制约了终身教育的发展。学分银行的运行机制和认证方式恰好可以使学习者实现各种学习形式下的学分积累。在实施终身教育的过程中，推行学分银行制度，可以淡化不同类型院校间不同教育层次、不同教育类别之间的壁垒，一方面有利于建立校际专业共建、资源共享的平台，另一方面也可使多种教育资源充分发挥应有的作用。总之，这些将极其有利于终身学习“立交桥”的建设。

二、社会规划——学习型社会理论

学习型社会是 1968 年由美国学者罗伯特·哈钦斯首次提出的。由联合国教科文组织国际教育发展委员会编著，被誉为当代教育思想发展中里程碑的著名报告《学会生存》，也特别强调终身教育和学习型社会两个概念，并把学习型社会作为未来社会形态的构想和追求目标。此后，终身教育和学习型社会的理念在国际社会迅速传播开来，成为许多国家、地区、社会团体推进和实施教育改革和发展的指导原则，成为社会发展和社会进步追求的一个重要目标。

学习型社会是终身教育的理想发展状态。《教育规划纲要》提出：到 2020 年，基本实现教育现代化，基本形成学习型社会，进入人力资源强国行列。学习型社会是我国新时代社会建设的题中应有之义，并不是单指教育领域，而是对整个社会各个层面的要求。学习型社会是未来社会发展的一种社会形态和相对水平，需要逐步实现，持续扎实地创建各类学习型组织，则是构建学习型社会的重要举措。

从我国的基本国情和现实需要出发，提出学习型社会这个具有时代特征的重大课题，是实现社会主义现代化建设新三步走的宏伟目标和战略步骤的重大举措。在教育研究中，我国许多学者也使用了学习化社会的概念，国家领导人也开始高度关注这个问题。上海市曾颁布《上海中长期教育改革和发展规划纲要（2010—2020年）》，明确提出到2020年，率先建成学习型社会。党的十六大把建设学习型社会列为全面建设小康社会的重要目标，作为未来的一种社会形态和社会境界，因此，学习型社会不仅是一个学术的概念或教育的概念，而且是全面小康社会发展的一个重要目标和重要内容。小康社会是未来社会形态的综合性、整体性特征，而学习型社会则是未来社会形态的文化的、教育的特征，它不会自然而然地形成，需要人们根据实践发展的要求，努力建设学习型家庭、学习型组织、学习型企业、学习型社区和学习型城市等。学习型社会的提出和实践，不仅具有与国际社会接轨的普遍意义，而且已经成为建设具有中国特色社会主义现代化伟大事业的一个重要组成部分。

因此，我们应站在时代的高度，引导社会成员转变传统的教育观念，把起点教育、阶段教育扩展为继续教育、终身教育，把学校教育扩展为社会教育、社区教育，由重正规教育、学历教育转变为正式教育和非正式教育、学历教育和职业资格证书教育并行并重，把传统教育扩展并提升为终身学习，完成个人同其自身关系的根本转变，把教育的对象变成自己教育自己的主体，受教育的人成为教育他自己的人，最终实现学习型社会。

三、路径探索——协同创新理论

学分银行制度是一个协同管理系统，是一个较为复杂的系统工程，涉及相关法规制定、政策出台、组织机构、开放的服务体系、管理体系、运行机制、数字化信息平台等方面。协同创新理论要求不同类型教育形式之间的衔接与转换，形成可操作的应用系统，同时，开发与之匹配的数字化信息管理系统平台，最终建立与学分银行制度相匹配的教育行政管理制度体系。首先，出台与学分银行制度相应的法规、政策；其次，设立与学分银行制度相应的行政机构、开放服务体系；再次，建设与学分银行制度相一致的数字化管理平台；再次，建立学分银行制度下的学分银行的立体化运行机制、应用系统；最后，加强对学分银行的实证研究和个案研究。

协同创新是以知识增值为核心，企业、政府、知识生产机构和中介机构等为了实现重大科技创新而开展的大跨度整合的创新模式。协同创新通过国家意志的引导和机制安排，促进企业、大学、研究机构发挥各自的优势、整合互补性资源、实现各方的优势互补，加速技术推广应用和产业化，协作开展产业技术创新和科技成果产业化活动，是当今科技创新的新范式。它通过创新资源和要素的有效汇聚，突破创新主体间的壁垒，充分释放彼此人才、资本、信息、技术等创新要素活力而实现深度合作。协同创新的主要特点有：(1) 整体性，创新生态系统是各种要素的有机集合而不是简单相加，其存在的方式、目标、功能都表现出整体性；(2) 动态性，创新生态系统是不断变化的。

第二章

国内外学分银行建设与应用的经验借鉴

学分银行起源、发展及成熟于国外，我国学分银行制度的产生及其实践的开展得益于对国外先进经验的借鉴参考。学分银行建设的国际经验对于我国本土学分银行制度的创建与运行无疑具有重要的借鉴作用，这也是保证我国学分银行制度顺利运行的基本前提与必由之路。目前，学分银行已经在众多国家和地区，特别是教育比较发达的国家和地区形成了较为成熟的体制机制和运作体系，其中，英国终身教育学分银行、欧洲学分互换与累积系统和澳大利亚的资历框架比较典型，我国一些发达省份和城市的学分银行建设也取得了一定的成绩。

一般认为，学分累积和转换是学分银行制度的主要功能。从时间上来看，最早实行学分转换的国家是美国。20 世纪 90 年代初期，欧洲学分转换与累积系统（ECTS）产生于推进欧洲高等教育一体化、促进欧盟高教区建设的背景下。首届世界终身学习会议于 1994 年在罗马举行，开始在全世界范围内广泛传播“终身教育”的理念与概念。韩国、澳大利亚以及欧洲的一些国家学分银行的建设都比较先进和完善，并且制定了严格规范的课程标准。欧洲的学分银行制度可以使欧洲不同国家学生的学习成果得到有效管理，学生在不同国家学习的学习成果可以进行学分互认；韩国的学分银行制度采用了闭环式的管理模式，为半工半读的学生再学习提供了可能，体现了终身教育的理念；澳大利亚的学分银行制度建立了连贯的、统一的框架体系，制定了统一的课程标准和学分转换的标准，方便了继续教育和职业教育的学生在不同学校之间开展学习（马福生，2018）。

本章分为五节，重点分析了国内外的相关案例。国外分别以英国、欧洲、澳大利亚的学分银行的运作模式为重点分析对象，分析概括其成功的经验，尤其是从中借鉴对我国的学分银行建设有益的部分。国内以建设学分银行较早且成功经验较多的上海市、广东省和香港特别行政区为重点案例进行分析。最后从学分银行先前学习成果认定模式、资历框架衔接模式、能力认证单元等方面总结对我国学分银行建设的启示。

第一节　英国学分银行建设与应用的经验借鉴

20 世纪 60 年代，英国建立了学分银行机制。为了满足社会发展的需求，英国开始扩大高等教育规模。但当时的资格管理制度逐渐暴露出如缺乏顶层设计和政策指引、培训机构数目众多、颁发证书类别复杂、缺乏统一的认定与管理等诸多问题。于是，从 20 世纪 80 年代起，英国对资历证书制度进行全方位、深层次的改革，开始建立国家资历框架体系。自 1986 年推行资历框架以来，英国经历了国家职业资格证书制度（National Vocational Qualifications，NVQs，1986 年）、国家资历框架（National Qualification Framework，NQF，2004 年）、资历与学分框架（Qualifications and Credit Framework，QCF，2008 年）以及规范资历框架（Regulated Qualifications Framework，RQF，2015 年）四个阶段。这使英国在资历框架的构建、普职教育融合、资历框架的专业管理等方面具有十分丰富的经验（张兴、田东平，2020）。

一、英国学分银行制度的运作模式

（一）英国学分积累和转换系统

英国学分积累和转换系统依托于《学分指南》，明确了学分评估、学分测量、学分描述以及学生通过不同途径所获得学分的基本标准，提出了各种学分互换的计算公式。因为学习内容的深度和复杂程度不同，学生的学习能力千差万别，所以英国学分积累和转换系统的框架还提出了“学分等级”的概念，将学分分为不同的等级，不同等级的学分对应不同的积累和转换方法。根据学分水平和学分等级水平的不同，可以按照《学分指南》计算获得学位资格的具体学分要求。同时，英国也开始了学分等值工程建设，对不同学习方式所获得的学分进行课程模块评估，统一评分标准，促进不同院校之间的学分等值评估（崔启迪、余爱云，2021）。

（二）英国的先前学习认证模式（APL）

英国将 APL 分为证书型先前学习认证（APCL）和经验型先前学习认证（APEL）两种类型。获得的认证结果通常有两类。一类是学习者获得参加某一专业、课程或模块的入学资格，另一类是学习者凭借认证结果直接获得学分、免于某一模块或课程的学习。无论是何种认证结果，其本质都是将先前学习的成果转换为现在学习的对应学分，但 APCL 和 APEL 采用的路径各不相同（张知奇，2016）。APCL 通常采用证书测试的方式，简而言之，就是认定学习者通过学习（通常是正式学习）获得的某一证书所付出的工作量和达到的学习效果。APEL 与 APCL 最大的区别在于前者未经过证书测试。APEL 较多采用的认证模式，是在指导教师的建议下，学习者提交一套已有工作经历、能力的描述性材料（包括证人证言、证书和自我鉴定报告等），由评审人对其进行评估以确定上述材料是否足以支持学习者获得入学资格或豁免学分。除这种方式外，也可以采用文献分析、实践测试、知识测试和面试等方式。

（三）英国资历与学分框架（QCF）

资历与学分框架（QCF）是英国于 2011 年 1 月正式运行的一套全新的资历框架。QCF 框架的制定和运行是以对英国之前的全国性经典资历框架——国家资历框架（NQF）进行调整为基础的，致力于实现全纳性的普通教育与职业教育的等值互换，以保证学习者多样化的学习需求，实现教育的终身化和全纳性。QCF 包括 9 个不同的层次，涵盖中等教育、继续教育、职业养成（如学徒制）以及职业和专业高等教育，其最大的特点是包容性，如图 2-1 所示（谷峪、李玉静，2013）。

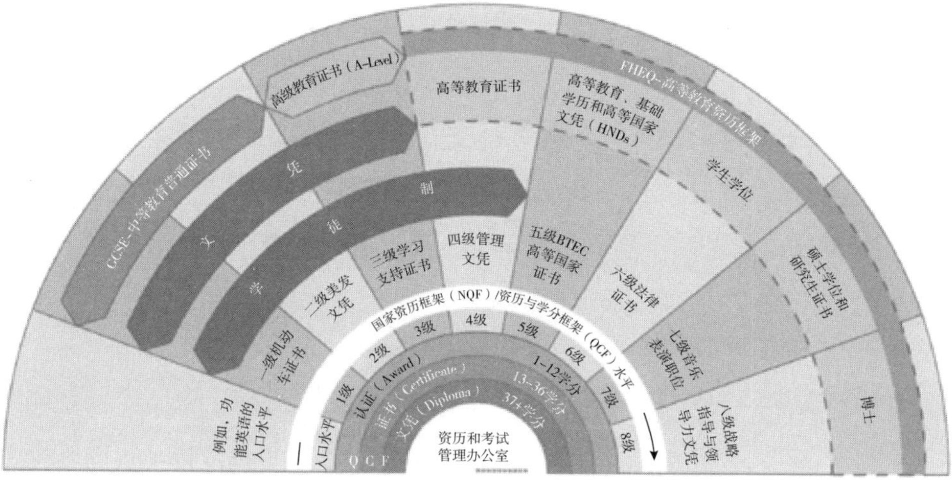

图 2-1　英国的国家资历框架

英国资历与学分框架的运行机制在各种机构组织的共同运行下，依据特定的运行流程进行资历框架的认定，并且有相应的评价保障机制对运行机制进行评估检测，以保障资历框架的有序运行。资历与学分框架的运行机制主要通过其中各相关机构间的相互关系来实现，图 2–2 主要描述了资历与学分框架运行机构之间的相互关系（陈静，2014）。

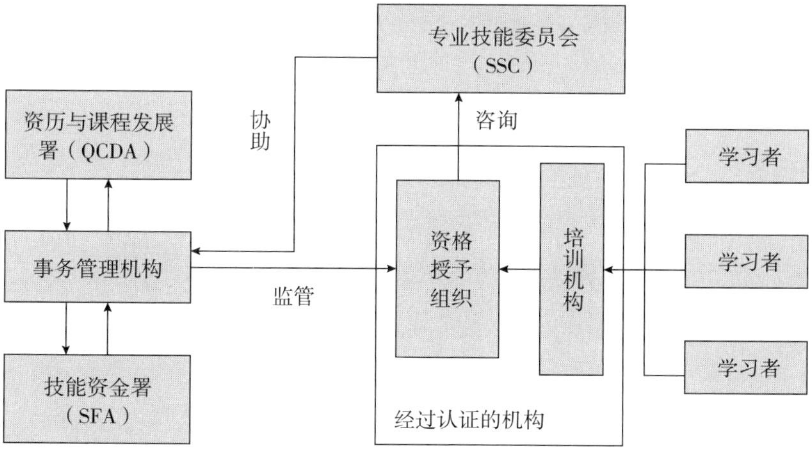

图 2-2　资历与学分框架运行机构间的关系

（四）规范资历框架（RQF）

为进一步发挥资历框架在促进“知识和技能漂移”方面的作用，同时满足学习者、雇主、企业及相关组织日益增多的需求，英国资历与考试管理办公室（Ofqual）根据民众对 QCF 的反馈和先前的讨论结果，针对 QCF 无法支持所有优质资历的设计、无法充分测出职业所需的技能和知识、其评价结果无法得到很好利用等诸多问题，推出了 RQF，并决定从 2015 年 10 月 1 日起正式启用。

RQF 的运行以 QCF 灵活、在线、开放的运行机制为基础，进行了些许的改进和局部的优化，依赖于 Ofqual 开发的在线资历证书分类目录表，即规范资历登记簿（Register of Regulated Qualifications），主要用于规范框架内的各种资历，以保证其质量。与原来 QCF 所不同的是，RQF 对 QCF 运行管理进行了重大的改革。RQF 的运行过程受到了 Ofqual 的监督。Ofqual 如同图书馆管理员，如果发现某一本书被错放或者不是“物有所值”，就通知该书的责任者进行修改更新，如果修改不理想，Ofqual 还有权将该书从书架上最终拿掉，即证书将在资历框架系统中消失。

二、英国学分银行制度建设的评价与借鉴

1997 年“资历和课程委员会”的成立为英国教育资历框架体系的建立打下了基础。2015 年 9 月，英国通过分析在实施资历与学分框架（QCF）过程中的各种缺陷（郭霞、米靖，2016），认为 QCF 的学分过于生硬 ，学分的转换应用率较低，且监管安排导致资源过剩，决定取消 QCF 的监管安排，从 10 月 1 日起开始实行规范资历框架（RQF），RQF 是一个综合的国家资历框架。RQF 涵盖英格兰现有的所有普通和职业资格证书，以及北爱尔兰的所有职业资格证书。它为在资历和考试管理办公室（Ofqual）的监管框架内注册所有资格提供了一个单一而简洁的系统。该框架的具体内容见表 2-1（白玲，2016）。

表 2-1　　规范资历框架与高等教育资历框架

级别	规范资历框架	高等教育资历框架
入门级	入门级证书；入门级生活技能；入门级认定，证书和文凭；入门级功能技能；入门级基础学习	
1	GCSE 成绩为 D–G；关键技能 1 级；NVQ1 级；生活技能 1 级；基础文凭；BTEC 认定，证书和文凭 1 级；基础学习 1 级；功能技能 1 级；剑桥国家 1 级	
2	GCSE 成绩为 A*–C；关键技能 2 级；NVQ2 级；生活技能 2 级；高级文凭；BTEC 认定，证书和文凭 2 级；功能技能 2 级；剑桥国家 2 级；剑桥技术 2 级	
3	AS and A level；高级拓展证书；剑桥国际认定；国际文凭；关键技能 3 级；NVQ3 级；高级文凭；进阶文凭；BTEC 认定，证书和文凭 3 级；BTEC 国家级；剑桥技术 3 级	
4	高等教育国家证书；高等教育证书；关键技能证书 4 级；NVQ4 级；BTEC 高级专业认定，证书和文凭 4 级	高等教育国家证书；高等教育证书
5	高等教育国家文凭；NVQ4 级；高级文凭；BTEC 高级专业认定，证书和文凭 5 级	高等教育文凭；继续教育文凭；基本学位；高等教育国家文凭
6	NVQ 4 级 BTEC 高级专业认定，证书和文凭 6 级	学士学位；本科毕业证书；本科毕业文凭
7	BTEC 高级专业认定，证书和文凭 7 级；奖学金和奖学金证书；研究生证书；研究生文凭；NVQ 5 级	硕士学位；研究生证书；研究生文凭
8	NVQs 5 级；职业资格 8 级	博士学位

英国学分积累和互换机制实质上是高等院校学分系统的建设，有利于学生在不同院校学习获得学分的积累和转换。英国学分积累和互换机制可以为我国学分银行的建设提供借鉴。一是建立全国统一的学分系统框架，将学分作为各大高校学习成果的唯一标准；二是将“以人为本”的思想蕴含其中，学生可以采取“组合”的方式进行学分互换。在不同的学分系统当中都具有不同的学习模块，学生可以根据自身不足和个人爱好选择学习内容和组合形式，从而调动学习者的积极性和主动性。同时，英国学分积累和互换机制还存在着一定的不足，学生们的判断能力和自我把控能力不足，过分以学生为中心不利于学习成果的转化。因此，我国应在以人为本和合理管控上做好平衡。

在我国，各级学历证书和各种职业资格证书之间是不能等同、交换的，借鉴英国的做法，我国首先要建立实现横向融会、纵向贯通、灵活流动的国家资历框架；其次，在该框架内设计各级各类证书流通的通道，加强证书之间的横纵融通。

近些年，虽然我国职业资格问题得到了国家的重视，两年内就取消了319种，但由于缺乏统一的协调部门，所以，目前在我国建立一个专业、统一的协调部门是很有必要的。通过协调部门的统一和规范，保障众多证书的质量。目前，我国许多证书可以在网上查询、认证，但各类证书都有其独自的查询、认证网站，缺乏一个统一的在线认证系统。因此，我国应该开发一个统一的在线认证系统，以使国家能够方便快捷地管理目前所有有效的证书，让仅存的证书高效发挥作用。

英国、澳大利亚等国资历框架层次的评价标准都是基于个体的学习结果的。而从国际教育评估的趋势来看，学习结果导向已经成为大势所趋。因此，我国在资历框架的发展过程中，也应以学习结果为导向制定适应我国国情的各种资格等级标准，在此基础上，逐步形成各个学科领域基于学习结果的学分要求。只有这样，才能发展与国际接轨、同时促进终身学习以及学习者流动的资历框架体系，切实发挥资历框架在构建现代职业教育体系及促进经济发展中的作用。

英国资历框架的建立对规范资格证书，加强职业教育与普通教育以及高等教育的沟通衔接有着十分重要的意义。因此，我国应结合实际，加快学分银行建设，以行业标准为参考，建立起符合我国发展需要的国家资历框架。将职业资格证书与高等教育证书在层级上进行能力对等，对同等级不同类别的证书持有者应同等对待，从政策上摘除各类教育区别对待的有色眼镜。

英国资历框架建设的历程与成功的经验，给我国的最大启示是，要想建立中国特色的现代职教体系，就要结合我国目前各类证书的实际情况，分步骤逐级迈进，紧跟形势持续完善。首先通过建立统一的、全纳性的国家资历框架，把各类资格证书囊括进去，然后打通横纵通道，逐步优化内部结构，不断完善职业资格证书制度建设，构建开放性的、职普高度融合的现代职教体系，从而促进我国职业教育与普通教育的共赢发展。

我国应借鉴国外的经验，在结合本国实际和自身发展特点的前提下，建立有本国特色的国家资历框架，设置特定机构对各类资格证书进行统一管理，利用网络科技使证书管理以及学分认定和互换更加方便快捷。国家资历框架的建立对健全和发展我国职教体系具有重大意义，也将对我国建立终身学习型社会产生积极影响。

第二节　欧洲国家学分银行建设与应用的经验借鉴

欧洲终身学习成果认证、积累与转换制度是随着欧洲终身学习的发展、欧洲教育一体化和人员的国际流动逐步建立起来的，制度主要包括灵活与开放的入学制、学分制、认证制、累积制、转换制以及评价制等在内的弹性学习及教育制度的安排，其核心是终身学习背景下学习成果的认证认可制度、累积和转换制度。同时，利用现代信息技术，建立了较为完备的学分转换与累积信息系统。欧洲终身学习成果认证、积累与转换制度的建立和实施是通过科学合理的制度安排和严密的组织执行实现的。为了实现终身学习发展目标，欧盟委员会及其成员国陆续颁发一系列政策文件，主要包括《欧洲终身学习资历框架》《欧洲学分转换制度》《欧洲职业教育与培训学分转换制度》《认定和承认非正规、非正式学习欧洲共同原则》等。合理的制度安排确保了欧洲国家学分银行的有效运行。

一、欧洲国家学分银行制度的运作模式

20 世纪 90 年代初期，欧洲学分转换与累积系统（ECTS）产生于推进欧洲高等教育一体化、促进欧盟高教区建设的背景下。欧洲的学分银行制度可以使欧洲不同国家学习者的学习成果得到有效管理，学习者在不同国家的学习成果可以进行学分互认。欧盟学分互换系统的核心要义是使欧盟成员国学习者在不同国家、不同院校学习以后的学习成果得到本国认可。要想使在不同院校、不同国家的学习成果得到本国认可，就必须制定一个标准来实现不同学分之间的换算。欧盟的学分互换系统依据课程模块来对学分进行划分，即依据在现有课

程难度下，达到所要求的学习成果所花费的时间，以及学习者的表现来进行排序。连接各个国家之间的学分互换协议，实现欧盟国家与国家之间、院校与院校之间学习成果的认同，是欧盟学分互换系统的实质（崔启迪，2021）。

（一）欧洲终身学习资历框架（EQF）

自2000年《里斯本公约》实施伊始，欧盟就始终把制定有助于不同资格体系的互认，从而促进人员流动的政策作为其优先议程。经过前期研究、广泛征询公众意见和试点，2006年9月欧盟委员会正式向欧盟理事会和欧洲议会建议制定欧洲终身学习资历框架。2008年3月，欧盟理事会与欧洲议会共同以“建议”的形式通过了《欧洲终身学习资历框架》（EQF），制定了涉及各级各类教育和培训体系的欧洲资历框架。框架以实际知识、技术和能力水平为依据对学习成果做出等级评定。欧盟各国可自愿采用《欧洲终身学习资历框架》，以鼓励公民终身学习和跨国流动。

欧洲资历框架将资格划分为八个层级，第一级适用于没有受过教育或培训的人，而第八级则适用于拥有博士学位的人，但每一级并没有具体对应的资格名称，而是基于知识、技能与能力三个维度来描述该级别所应符合的标准，目的在于为不同国家的资格级别提供统一的资历框架进行对接。表2–2仅以第六级为例。

表2-2　欧洲资历框架能力标准描述举例

级别		第六级
能力标准	知识	掌握特定工作或学习领域的先进知识，包括对理论和原理有批判性的认识
	技能	具有在特定工作或学习领域解决复杂、不可预知的问题所需要的先进技能、熟练技巧与创新精神
	能力	管理复杂的技术、专业活动或项目，同时对不可预知的工作或学习内容所作出的决定负责；还负责对个人和团队专业发展进行管理

（二）欧洲学分转换与累积系统（ECTS）

欧洲学分转换系统（European Credit Transfer System，简称ECTS），是世界范围内发展最早，也是欧洲经实践证明成熟的高等教育学分体系。ECTS的发展可以追溯到 1989 年伊拉斯谟计划建立时期，但那时的 ECTS 仅仅具有学分互换的功能。直到 1999 年《博洛尼亚宣言》提出建立欧洲高等教育区的十年目标，允许学习者在任何时间、以不同背景入校，承认他们在不同欧洲高校所获取的学分，通过学分转换和累积制度实现学位制度的灵活性，ECTS 才逐渐发展成学分互换和累积功能结合的核心要素（资虹等，2019）。

ECTS 按照学习者的学习量给每门课程分配学时，并将课程学时与该课程学分相匹配。授课、学习和评价的方法对学习者的学习量都有影响。因此，学习量的计算方法是确定课程学分的关键。确定学习者的学习量分如下四个步骤：（1）确定课程模块（或课程单元）；（2）确定学习者的学习量；（3）通过对学习者的评价来估算学习量；（4）调整学习者的学习量和教学活动。

欧洲学分转换与累积制度不仅能够为学习者提供学分标准，还可以提供表示他们学习水平的等级评定，便于各国国家资历框架（NQF）及欧洲资历框架（EQF）实现对接。学习者的成绩共设 7 个等级。学习者按照考试成绩的高低排序，学校教务部门根据每个等级的比例来确定学习者的学分等级，针对不合格的学习者，也会给予相应的学分级别，具体见表 2-3。ECTS 还规定该学习成果等级不会代替各学校自己的等级划分，如何采认 ECTS 等级由各校自行决定。因此，由于等级的“绩点”由各学校自行决定，所以学习者所获得的学分并不能代替学习者成绩在各学校内的等级。

表 2-3　　ECTS 评估结果的七个等级

ECTS 等级	一般而言达到这一等级的学生所占的比例（%）	定义
A	10	优异：学业表现出众，只犯极少错误
B	25	非常好：高于平均表现，但有一些错误
C	30	好：基本上完成学业，但有一些明显的错误
D	25	尚可：完成学业，但所犯错误需引起注意
E	10	及格：学业表现满足最低标准
FX	—	不及格：在取得学分之前需要做一些工作
F	—	不及格：在取得学分之前需要做相当多的工作

学习协议是指学习者、转出学校和转入学校之间的三方协议。学习者在动身到转入学校学习之前，必须与相关的院校签订这一协议。学习者在转入学校要把学习的课程名称、代码和相应的 ECTS 学分数在协议中详细列出；如果原定学习计划有所改变，也需在协议中注明。学习者、转出院校和转入院校三方都必须在协议上签字，以确认他们同意转入院校为学习者提供的课程计划。学习协议可以保证学习者、转出学校和转入学校三方相互负责，避免在学习者的学习过程中出现争议。

欧洲学分转换与累积制度规定，每个加入该系统的院校都必须为学习者及与其合作的院校提供足够详细的信息。这些信息包括两个部分：第一部分是课程、学校信息；第二部分是学生的成绩单。此外，大多数学校还会附上一份成绩等级评定说明。学习者的学分量和成绩等级分别代表了学习者学习成绩的量和质，较为全面地反映了学习者的学习状况。

（三）欧洲非正规学习与正规学习成果认证制度（VINFIL）

认定和承认发生在正规教育与培训体系之外的学习成果，即承认非正规和非正式学习的价值具有重要意义，这既是构建终身学习体系不可或缺的重要组成部分，也是通过鼓励终身学习，从而促进就业的重要前提。2004 年 5 月，欧盟理事会和成员国政府代表以结论草案（Draft Conclusions）的形式制定了《认定和承认非正规、非正式学习欧洲共同原则》。

《认定和承认非正规、非正式学习欧洲共同原则》充分尊重成员国在认定和承认非正规和非正式学习成果方面的做法，不指定任何一种做法或体系，在强调自愿适用的基础上进行了原则规定。具体包括如下四个方面。

（1）个人权利原则。认定和承认非正规学习和非正式学习成果是自愿的，每个人必须拥有公平的机会和得到公平的对待，个人的隐私和权利必须得到尊重。

（2）利益相关者义务原则。公共或私人的教育培训机构有义务建立辨识和承认非正规学习和非正式学习成果的体系和方法，并向个人提供有关该体系或方式的指导、咨询和信息。

（3）信心与信任原则。认定和承认非正规学习和非正式学习成果的过程、程序和标准必须公平、透明，从而有助于增强学习者的信心。

（4）可靠性和合法性原则。必须充分尊重利益相关者的合法权益，以保证所有利益相关者都能公平地参与。

二、欧洲国家学分银行制度建设的评价与借鉴

欧洲有多个高等教育机构，它们在人才培养目标和层次上存在着巨大的差异，学分的设置和计算方式也各不相同，导致学术成果之间不存在可比性和等值性，学习者的学术成果无法流动、互换和累积。欧洲学分转换系统避繁就简，赋予了学分统一的内涵，即课业负荷量和学习效果，以课业负荷量来监督学习者的学习过程，以学习效果来测量学习者实际学到的知识、技能和获得的能力，以双重的标准规范学习者学术方面的成就，构建了学校与学校之间学业成就互认的基础。

欧洲大部分国家均采用了欧洲学分转换系统或者与欧洲学分转换系统兼容的学分系统，学习者在一家教育机构获得的学习成果可以得到欧洲其他教育机构的认可。总之，欧洲学分转换系统帮助欧洲建立了一个结构统一的学分制和学位制，赋予了学分相同的内涵，夯实了欧洲高等教育机构间学术交流的基础，提高了学术成果的透明性和可比性。

欧洲学分互认与转换系统之所以能成功实行，是因为它有一套科学的学分互认标准，协调的内外管理机制以及循序渐进的实施方案。2014 年 2 月，为了加快建立学分积累和转换制度，国务院常务会议上对此进行了专门的部署，并明确指出，打通中职、专科、本科到研究生的上升通道是我国高等教育学分制度改革的最终目标。作为一种转换工具，欧洲资历框架使该地区的资格更加透明，从而增加了工人和学习者的流动性，促进了终身学习的实际发展。欧盟将学习成果作为一种共同语言引入资历框架，从而为各国之间的资格相互承认搭建了一座桥梁（温珮苓，2017）。

由于我国目前实行的高等教育体制的影响，人们对不同教学质量、不同教育类型的大学之间学分转换的可行性还存在质疑。但笔者认为，随着高等教育的发展，这个问题可以从以下几个方面得到一定程度的解决。其一，树立终身

学习的理念。大学教育只是人生中的一小步，每一次学习体验都是终身学习过程中一个新的起点，因此要使人们了解并认识到在不同排名和级别的学院和大学之间转换学分的可行性。其二，建立起科学的符合我国实际的可以量化和通用的学分标准。虽然我国已经在上海等地进行了学分银行试点，但是在学分互认和转换上并没有形成统一的体系，缺乏科学通用的标准。其三，构建一套完整的保障体系，建立起完善的信息服务平台保障学分银行的顺利运行。其四，加强各大高校之间的联系，通过合作来实现不同院校之间的优势互补、资源共享，并逐步与国际接轨，实现我国成人教育的国际化（吴晓雪等，2016）。

学分银行的建设是一个相对严谨的过程，应该从人们终身学习的实际需要出发，在积极借鉴国际经验和具体实践的基础上进行统一规划和试验。只有认真细致地做好对各类学习成果的有效评估，才能最终实现学分认证、转化、积累和交流的功能和目标。

第三节　澳大利亚学分银行建设与应用的经验借鉴

自 1995 年起，澳大利亚在高等教育名册的基础上建立了国家资历框架制度，并与澳大利亚原有的质量培训框架（AQTF）、培训包（TP）一起组成了澳大利亚的职业教育与培训体系。作为一个综合性的国家资历框架，国家资历框架既包含了高中教育、职业教育与培训和高等教育，又包含了其他 14 种资格类型，并根据其复杂程度划分为 10 个等级。为了满足学习者终身学习的需要，学习者通过先前学习认证等方式实现各级各类资格的沟通与衔接。

一、澳大利亚学分银行制度的运作模式

澳大利亚的资历框架（AQF）从 1995 年开始实施，并于 1998 年、2002 年、2007 年、2011 年和 2013 年进行了多次修订并逐渐成熟，以澳大利亚的普通教育、高等教育、职业教育与培训为中心，来夯实澳大利亚的国家资格体系，确保了澳大利亚的资历框架质量。AQF 拥有系统化的学习路径，具有灵活、透明等优点。

（一）资历框架的内容

1995 年 1 月 1 日，澳大利亚政府发布国家资历框架，并于 2000 年开始在全国推行，具体内容见表 2–4。

表 2-4　澳大利亚国家资历框架（1995 年）

中等教育领域	职业教育与培训领域	高等教育领域	水平等级
		博士学位（Doctoral Degree）	10 级
		硕士学位（Master Degree）	9 级
		研究生文凭（HE Graduate Diploma）	8 级
		研究生证书（HE Graduate Gertificate）	7 级
	高级文凭（VET Advanced Diploma）	学士学位（Bachelor Degree）	6 级
	文凭（VET Diploma）	文凭（HE Diploma）、副学士学位	5 级
	4 级证书		4 级
	3 级证书		3 级
高中教育证书	2 级证书		2 级
	1 级证书		1 级

为有效适应 21 世纪澳大利亚经济结构转型发展和职业教育培训高水平转移的需要，澳大利亚在 1995 年国家职业教育和培训 6 级资格的基础上，于 2005 年将国家职业教育资历框架提高到 8 级，具体见表 2–5。

表 2-5　澳大利亚国家资历框架（2005 年）

中等教育领域	职业教育与培训领域	高等教育领域	水平等级
		博士学位（Doctoral Degree）	10 级
		硕士学位（Master Degree）	9 级
	职业教育与培训研究生文凭（VET Graduate Diploma）	高等教育研究生文凭（HE Graduate Diploma）	8 级
	职业教育与培训研究生证书（VET Graduate Certificate）	研究生证书（HE Graduate Certificate）	7 级
	职业教育与培训高级文凭（VET Advanced Diploma）	学士学位（Bachelor Degree）、高等教育高级文凭（HE Advanced Diploma）	6 级

续表

中等教育领域	职业教育与培训领域	高等教育领域	水平等级
	职业教育与培训文凭（VET Diploma）	副学士学位（Associate Degree）、高等教育文凭（HE Diploma）	5级
	4级证书		4级
高中毕业证书	3级证书		3级
	2级证书		2级
	1级证书		1级

2005年澳大利亚国家资历框架实施后，普通中学的学生、在职员工和失业人员，职业院校和大学学生可以根据自己的学习情况和未来的就业愿望选择国家资格课程，并可以在不同类型的教育和培训途径之间自由流动；在实现澳大利亚高等职业教育多元化、多层次发展的同时，高等职业教育已发展成为一种高等教育类型，即以“大学教育”和“职业教育与培训”为代表的高等教育（陈玉玲等，2016）。

在澳大利亚的国家资历框架中，高中毕业证书只是一种资格类型，并不能作为具体的资格级别纳入。最初澳大利亚政府以高等教育为入手点，整合各级别的高等教育资格，在此基础上拓展到职业教育和培训领域。历时半个世纪的整改，资历框架逐步完善，最终形成了各种教育之间能够完美衔接和沟通的终身教育体系。

学习成果是确定AQF的10个等级中每个等级所包含的内容。学习成果体现在知识、能力和知识及能力的应用方面。每个等级的标准以及对每种资格类型的描述都包括学习成果的三个维度。在澳大利亚的资历框架中，有四类宽泛的一般学习成果受到认可：基本能力、人际交往能力、思考能力和其他个人能力。一般的学习成果是可以进行转换的，学习者可以将这些能力运用到他们的学习、生活和工作中。

（二）资历框架的制度保障

澳大利亚出台了多项政策，以此来保证国家资历框架的顺利实施，并保护各利益相关者的权益，主要包括资格颁发政策、资格转换政策、资格注册登记政策以及资格增删政策。AQF 的政策规定，只有完成全部学习项目的毕业生才有权获得考试合格证书和成绩单，对于只符合部分 AQF 资格要求的学习者，只能获得成绩单。在成果证明的发布方面，如果没有学完整个 AQF 资格的相关课程，就要通过成果证明的方式对学习者的学习成果予以承认，且有利于个人终身学习目标的实现。

澳大利亚政府负责对澳大利亚资历框架进行修订，主要内容包括：（1）签订多边或双边协定以着手进行修订；（2）同意正式开始对资历框架进行修订；（3）利用澳大利亚资历框架委员会的专家和技术咨询来组织协商修订资历框架的进程；（4）签订最终的修订协议。

澳大利亚国家资历框架的管理机构由国家顶层联邦政府自上而下，最后到各个地方政府的相关机构组成，是一个完整的系统。这不仅保证了资历框架的权威性和公正性，也为学习者提供了一个良好的学习氛围，其管理系统如图 2-3 所示。

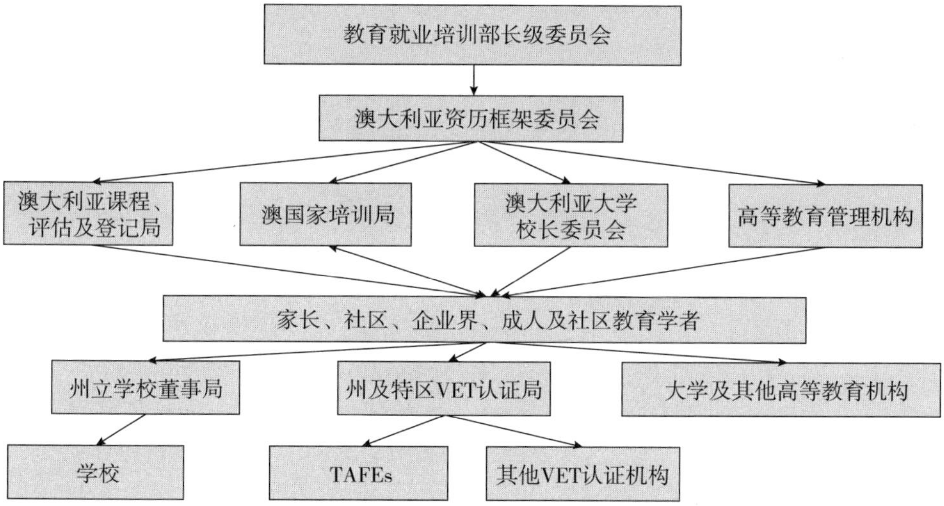

图 2-3　澳大利亚国家资历框架管理体系

（三）资历框架的运行机制

澳大利亚国家资历框架形成了一套多元治理机制，具有政府引领、行业主体、多方参与等特点。国家资历框架建设不是个人行为，政府应牵头协调各部门，积极鼓励工业企业、社会机构和学校参与，扩大对国家资历框架的承认范围，实现所有类型教育的平等。学分转换机制的关键是先前学习成果认证。澳大利亚国家资历框架设计了对先前学习经验及正式学习与非正式学习成果的认证机制，学习者可以在该框架内明确自己的教育水平定位，避免每次获得资格证书时必须从起点开始的重复和浪费的学习行为。澳大利亚国家认证强调学习成果的标准化分类和以能力为导向的操作标准，学习成果的规范分类是科学确定资质等级标准、划分资质类型的前提和基础。所有资格标准都是满足工业和社会发展中的技术变化所必需的，这些变化与工作任务和工作环境密切相关（林晓雯等，2019）。

二、澳大利亚学分银行制度建设的评价与借鉴

澳大利亚国家资历框架体系的演变和设计为我国国家资历框架的构建提供了相对成功的思路。澳大利亚国家资历框架把学习成果作为资格等级的分类标准，将学历资格和职业资格证书衔接起来，并通过统一标准实现资格的互认，促进学习者的持续学习和流动学习。同其他国家和地区相比，澳大利亚资历框架的优点在于除了对能力标准进行总述和分述，还明确要求了学习量。获得澳大利亚资格证书的学习方式非常灵活，主要体现在学习时间和形式上。学习者可以根据自己的需要进行学习。不同教育类型的互联互通能够使学习者拥有接受更广泛教育的机会，他们可以在任何时间和地点进行下一阶段的学习，并获得社会认证。这不仅提高了学习者的学习积极性，而且丰富了学习方式。以行业需求为导向的资历框架是澳大利亚资历框架独有的特点，澳大利亚的国家资历认证框架有充分的行业和利益相关者参与，从建设到实施再到监督和反馈，由政府进行统筹规划，掌控全局，这为资历框架的执行起到了保障和制约作用。

澳大利亚资历框架还促进了教育与劳动力市场之间的良好联系，确保教育符合经济和社会发展的要求，并成功地建立了澳大利亚各级教育体系的“立交桥”。经过 20 多年的改革和发展，澳大利亚的资历框架已经较为成熟，可以为我国国家资历框架的发展提供更先进的经验（管西鹏，2020）。

澳大利亚资历框架的构建使职业教育处于特别重要的地位，最关键的改革是，2005 年澳大利亚将其先前的职业教育资格最高水平等级从 6 级提高到 8 级，增加了职业教育与培训研究生证书和职业教育与培训研究生文凭，并实现了与高等教育研究生证书和研究生文凭对应的同等地位。

从我国的国情来看，职业资格证书和学历证书在市场运行中并不能得到相同水平的认可，两者甚至可能存在一些矛盾。因此结合我国实际，构建国家资历框架是符合我国目前的需求的。通过建立健全国家资历框架体系，可以为中高本培养目标的衔接提供依据；通过融合学历证书和职业资格证书，承认先前学习成果，可以避免中高本课程内容的重复；通过完善制度，明确权责，可以增强中高本衔接的执行力；通过借鉴外国的国家资历框架建设方面的经验，结合我国实际，实现本土化改造，可以为中职本衔接搭建平台（梁丹，2015）。

根据《国务院关于加快发展现代职业教育的决定》的有关要求，建设“适应发展需要、产教深度融合、中高等职业教育衔接、职业教育与通识教育沟通、中国特色、世界一流的现代职业教育体系”已成为我国未来职业教育发展的主要目标。国家资历框架要体现“终身教育”和“终身学习”的理念，以“学习者重心论”为原则，实现学历证书和职业资格证书的整合，加强学历教育与非学历教育的联系，实现职业教育高层化发展。

我国可以借鉴澳大利亚资历框架的制度保障体系，加强政府统筹，建立完善的职业教育质量保障体系，使职业教育满足时代和社会的需要。构建资格标准体系要以学习成果为依据，同时也要避免澳大利亚资历框架出现的“仅以输出为导向”，要重视学习者的受教形式、学习时间内容以及方法等“输入”过程。构建多层次的人才培养结构，发挥企业的主体作用，积极构建企业和职业院校的“命运共同体”。终身教育体系逐步提上日程，要重视先前学习成果认证，保证所有的学习者都可以得到公平公正的对待。此外，要加强国际合作，充分利用“一带一路”平台，提高我国教育对周边国家的辐射力、影响力，构建具有中国特色的国家资历框架。

第四节　国内主要学分银行建设与应用情况

一、上海市学分银行的建设与应用

上海市进行了一系列教育改革并出台了相关发展规划纲要文件，明确要求建立学分银行制度，搭建终身学习“立交桥”，建设终身教育体系和学习型社会。上海市终身教育学分银行的定位是服务市民终身学习。它的建设目标是实现各级各类教育层次和学校之间的衔接与沟通。其中就包含了职业教育中高本的衔接，这一衔接包括了教育结果的认证、积累和转换。作为终身教育的“立交桥”和“交通枢纽”，学分银行制度的最终目标是通过学分银行的建立完善，整合优质资源，让每个学习者获得自己所需的学习资源，通过自身发展带动城市发展和社会进步。

2008 年，上海市充分考虑市民终身学习的现实需求，通过建立一个管理中心（学习成果认定管理中心）、一个服务平台（学习成果转换服务平台）实现市民终身学习“立交桥”的搭建，实现各类学历教育之间、学历教育与非学历教育之间的沟通衔接。教育部在 2010 年与上海市政府签订了《共建国家教育综合改革试验区战略合作协议》，充分优化整合相关教育资源，搭建终身学习的“立交桥”，不断完善终身教育体系（沈中彦，2017）。2012 年，由上海市教委组建并领导的上海终身教育学分银行成立。该学分银行将管理机构设立在上海开放大学，其日常运行和具体措施实施也由上海开放大学负责。上海终身教育学分银行的学分类型有职业培训（部分职业培训证书可转换为学历教育学分）、学历教育和不能转换为学分的文化休闲教育三种类型，同济大学、上海交通大学等高校都加入了学分互认联盟。

上海终身教育学分银行建设大体分为三个阶段：准备与实施期（2011—2012 年）；改进与推广期（2012—2015 年）；完善与服务期（2016—2020 年）。上海终身教育学分银行服务体系的覆盖面最广，职业培训课程的转换学分标准最多。上海市终身教育学分银行的管理组织体系层级分明、职责清楚、结构合理，上海市教委不仅每年对上海终身教育学分银行给予专门的经费支持，还提供相应的法规政策支持，协调推进学分银行的深入开展。为了解决学分积累能力不足、学分转换需求不济、学分认证主体不清晰三大难题，上海终身教育学分银行建立了专门的机构，用于构建开放、平等、协作、共享的学分银行系统。

2011 年 5 月，上海市建立了保证公民进行终身学习的权利、提高教育资源利用率的终身教育学分银行，以适应上海经济社会发展、满足市民多样化学习要求。学分银行为市民建立个人学习档案，建立终身教育学习成果转换服务平台，提供标准指导服务，明确学习成果认定转换规则和相关标准，提供学分认定的转换指导服务。为了使学分银行管理中心能够最大限度地实现与业务的衔接，与客户端迅速融合，学分银行推行扁平化管理，以此来提升用户的体验效果，提升服务水平。2012 年 7 月，上海市终身教育学分银行（以下简称“上海市学分银行”）揭牌，成为国内首家省级学分银行。

学分银行学习成果转换标准体系包括学历教育课程学分转换标准（21 个本专科专业）、非学历证书认定为学历教育课程学分的标准（423 个非学历证书对应 50 个本专科专业的部分课程）、学历教育课程学分替换国家职业资格证书考证的标准（29 个本专科专业对应 33 个考证项目）等。学分银行的学习成果转换通道有下列几种：（1）普通高校、高职院校、成人高校之间的学分转换；（2）自学考试与高校之间的学分互认；（3）中职与大专、高职与专升本衔接的学分转换；（4）非学历证书认定为学历教育学分；（5）非学历培训项目认定为学历教育学分；（6）学历教育学分替换国家职业资格证书考核项目；（7）学历教育与国家职业资格培训的“双证融通”。

对社会而言，资历框架有利于促进教育公平，引导和规范教育培训市场，促进劳动力质量提升和社会经济发展。对个人而言，资历框架有利于引导终身学习，学习者不同的学习成果得到认可，避免了重复学习。上海市学分银行已为 321.6 万名学习者建立了个人学习档案，积累学习成果超过 6004.4 万条，实现了全市高校、自学考试、国家职业资格培训等学习成果的存入；开展各类教育之间的学分转换，转换学分的人数超过 7.3 万，转换学分的课程为 15.6 万门次，认定非学历证书 10.7 万张次，转换 57.9 万学分、1042 万个学时，实现了各类教育的沟通衔接，促进了优质教学资源的共享，推动了人才培养模式的改革。

近年来，浙江、云南、辽宁等多个省份筹建的学分银行，在功能定位、组织架构、运行方式、信息化平台等方面，都不同程度地借鉴了上海市学分银行的模式。上海市学分银行的建设成果已经在国内产生了示范与推广效应，也为国家学分银行建设提供了先行先试的成功经验。

二、广东省学分银行的建设与应用

广东省终身教育学分银行主要以广东开放大学为实践主体。广东开放大学有整合职业教育中高本衔接社会资源的优势，利用学分银行职业教育中高本衔接机制，与行业企业、普通高校合作开发面向就业岗位需要的技能标准和课程资源，实行职业教育中高本衔接、职业导向一体化（陈晓曦等，2016）。

2017 年 12 月，基于广东终身教育资历框架，广东开放大学以公开招标的方式，启动了汽车业、机械制造业、冷链物流和工业自动化系统等行业（领域）资历等级标准制定的试点工作，委托相关研究机构、教育机构、行业企业等代表组成联合体，共同制定行业资历等级标准。2020 年 12 月，广东省以团体标准的形式在全国团体标准信息管理平台发布了汽车业（后市场）、机械制造业两项行业资历等级标准。物流业（冷链）、工业自动化系统两项资历等级标准已经完成初稿，即将正式发布。

在人才培养方案的衔接方面，广东开放大学采取本科专业与合作高职院校对口专业共同制定一体化人才培养方案的办法，将本科课程完全嵌入专科课程，通过明确职业教育中高本衔接目标和规格合理确定培养目标和规格，实施现场教学和远程教学。广东开放大学已有的本科专业与国家级和省级示范、骨干高职院校相同或相近专业开展试点，作为职业教育中高本衔接协同育人试点；同时还依托职业教育中高本衔接的品牌专业设计培养方案，推进品牌专业设计专本一体化人才培养方案，开展“3+1”一体化模式协同育人试点。

在教学管理领域，学习者的学习和管理均在对口的试点高职院校进行，制定一套完备的保障体系来监控职业教育中高本衔接试点的教学质量。首先，通过控制专业核心课程，实行统一课程资源、统一教学平台、统一教学过程、统一考核评价。其次，保证中高本衔接办学基本条件，并联合教研室定期开展教学检查。再次，职业教育中高本衔接课程体系和知识点做到有效衔接，形成以职业需求为导向的职业教育中高本衔接课程体系。最后，提供完善的质量标准。制定专门的职业教育中高本衔接管理规范和质量保障指标体系来保证教学质量。

（一）广东省学分银行的基本定位

广东省终身教育学分银行是广东省所有社会成员的学分银行，为终身教育服务，其基本定位包括目标定位、规格定位和功能定位。广东省终身教育学分银行的目标定位是实现各级各类教育之间的沟通和联系；该学分银行被列为全省社会成员的省级学分银行，并与国家学习框架相联系；其功能定位是实现学习成果的认证和转化、学分积累和学分交换。它是识别和积累学生终身学习成果的管理中心，也是转变学习成果的服务平台。

广东终身教育学分银行建设的成绩可圈可点。亮点之一是 2017 年 3 月发布的《广东终身教育资历框架等级标准》。它是我国首个由政府相关部门、各类教育机构和相关行业企业共同建立的标准化资历框架，也是我国首个具有标准化特征的地方资历框架。2019 年，联合国教科文组织将其作为优秀典型案例进行了详细介绍（刘增辉，2022）。

（二）广东省学分银行的基本框架

2016 年，广东省发布了《广东终身教育资历框架级别标准征求意见稿》，基本形成了覆盖基础教育到博士学位的 9 级资历框架。2017 年 3 月，广东省质监局批准发布了《广东终身教育资历框架等级标准》，这是我国第一个省级资历标准。这一框架纵向划分为 7 个等级，如图 2–4 所示（高洁等，2018），将广东省的终身教育体系划分为普通教育、职业教育、培训及业绩三种不同的类型，并从知识、技能和能力三个维度建立每个等级的标准，形成各级各类资历成果认证、积累与转换的共同参照依据，提高各级各类资历成果的可比性和转换性。同时，广东省以地方标准的形式发布广东终身教育资历框架，分批建立了近 60 万个终身学习账户，在全省开展学分认定和转换试点工作。在职业教育领域，拟成立广东职业教育学分银行，探索包括中高职贯通培养衔接课程学分累积机制的学分银行机制。

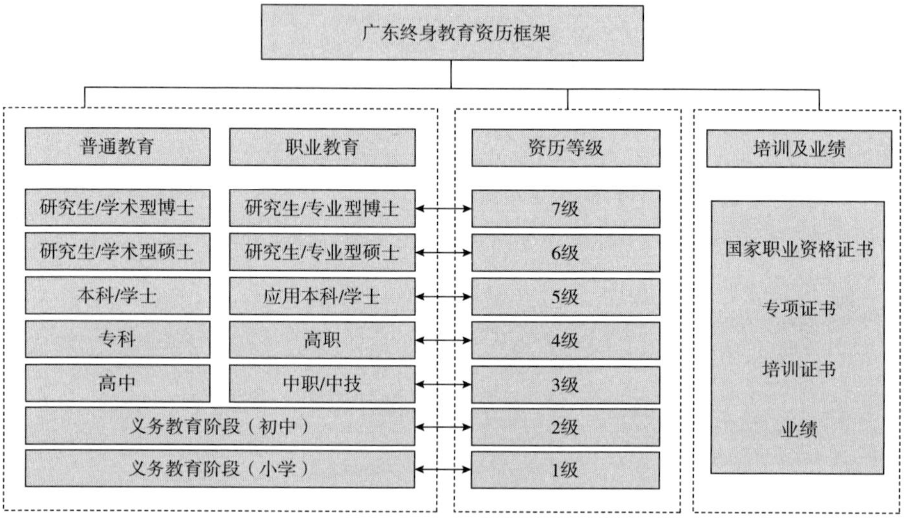

图 2-4　广东省终身教育资历框架关系图

广东资历框架是广东省构建终身教育体系的基础性支持制度，具有国际上通行的资历框架功能及特点，为各级各类教育间的纵向和横向沟通衔接提供了共同的参照（李雪婵等，2019）。在广东发布终身教育资历框架后，广东省正式开始了汽车行业和机械生产能力标准的试点开发。除学习和借鉴国际经验外，广东试点行业的能力标准还具有区域性和标准化的特点。研究机构包括教育和研究机构、各级高等教育机构、行业协会、专业能力评估机构、技术标准化机构和其他市场机构，最终以集团标准的形式发布。

广东终身教育学分银行建设为国家学分银行建设提供了广东经验。第一，体制机制建设要先行；第二，资历框架建设是核心；第三，政府支持是关键。

三、香港特区资历架构的建设与应用

2004 年，香港政府宣布建立资历架构，并于 2008 年 5 月在香港实施资历架构，具体如图 2–5 所示。目前，香港资历框架已经发展到一个较为完备的阶段，已实现与新西兰、澳大利亚、欧盟等国家和地区资历框架的对接。香港资历框架的教学体系分为七个层级，具有四维指标通用标准，实现了根据行业职位进行开发的行业能力标准，学习者获得一定量的学分之后即可得到相应的资历认定。同时，香港资历框架还建立了相对完整的运行机制、质量保障机制及沟通衔接机制。内外互通的学分累积与转换制度是香港资历架构政策的内核，主要通过过往资历能力认可机制及学分累积与转换机制来实施。目的是协助市民继续学习，并订立学习目标以提高香港员工的素质，使他们的学习更专业和多元化。

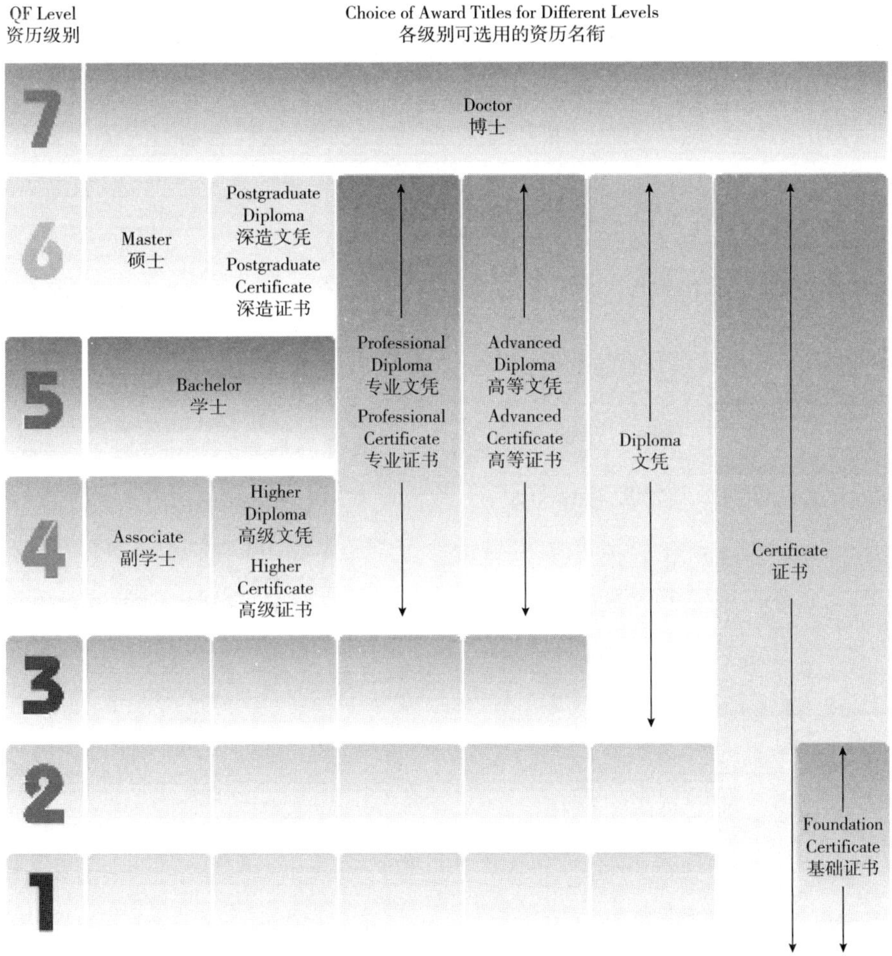

图 2-5 香港资历架构

这是一个涵盖学术、职业和继续教育领域的七级资历体系，至 2014 年 5 月，由 227 所培训机构颁发的约有 7450 个培训机构资历，已通过素质保证机制及在资历名册登记。在现行的资历架构的质量保证机制下，评审资历资格有两个途径：具有自行评审资历资格的大学可自我评审；经香港学术及职业资历评审局（评审局）进行评审。

资历架构认可的课程与资历必须通过素质保证程序，资历架构下负责评审的机构包括：（1）香港学术及职业资历评审局；（2）具备自行评审资格的院校（主要包括受政府资助的大学）；（3）联校资质检讨委员会。

香港的资历架构包括资历学分以及学分累积和转换体系，资历学分代表了每个资历所需要的学习任务量，是一种“通用货币”，能帮助学习者明确获得该资历应付出的时间成本，进行学分转换时，最大限度地减少学习者的重复学习，并促进学习者在不同领域、资历等级和类别之间的合理流动。香港特区政府还推出一批“学分累积与转换”的“奖励计划”与“支援计划”，着重解决人力资源、物力资源、财力资源、信息资源等问题，且香港特区行政长官在 2014 年施政报告中宣布，每年拨款设立专用的资历架构基金，目的是推行资历架构的不同计划或措施，促进其可持续发展；同时，香港教育局成立资历架构基金督导委员会，负责基金的政策、策略及管理，并向教育局局长提供意见。

（一）香港公开大学案例分析

香港公开大学是全香港九所可自行评审资历资格的高校之一，不仅具有一套完善的质量保证机制，而且已编制质量保证手册，详细列出质量保证的政策和程序。公开大学审批新版课程文件中，一定要列明资历架构的资历级别、资历级别通用指标与预期学习成果的配对。待大学教务会审批课程后，课程资料便会转送给香港学术及职业资历评审局，并自动纳入香港资历名册之中。公开大学所有学士、硕士及博士课程已纳入香港资历名册之中。

除了资历级别的确定，在资历架构下学分还可以累积及转换。香港教育局在 2012 年 10 月宣布推行资历学分，让学习者清楚知道资历名册内各资历所需的学习量。公开大学一直都有公立大学学分承认机制，以辅助质量保证机制。公开大学学分承认基本原则如下：（1）只适用于同等资历级别的课程，例如申请学分承认的公开大学课程是学士级别课程，则学习者之前学历不能低于资历级别第五级；（2）学习者取得之前学历所需的学习时长；（3）学习者之前学历必须是通过修读及考试而取得的。

（二）香港银行业实施资历架构案例分析

香港作为国际金融中心，银行业占重要的一环，并且是香港经济的重要命脉。2012年9月发表的全球金融中心指数中，香港全球排名第三，仅次于伦敦及纽约。据统计，截至2014年12月，香港共有约200家认可机构。香港银行业推行资历架构进程见表2-6。

表2-6　香港银行业推行资历架构情况

时间	事件
2006年8月	成立银行行业培训咨询委员会
2008年5月	推出资历名册，载列行业相关的课程资料
2009年6月	就零售银行门类《能力标准说明》草拟本展开为期三个月的业界咨询
2010年1月	完成撰写零售银行门类《能力标准说明》
2011年3月	草拟企业/商业银行门类《能力标准说明》
2012年12月	就企业/商业银行门类《能力标准说明》草拟本展开为期三个月的业界咨询
2013年4月	完成撰写企业/商业银行门类《能力标准说明》
2015年1月	就私人银行门类《能力标准说明》草拟本展开为期三个月的业界咨询

香港特区政府积极与各地的资历架构当局及素质保证机构进行沟通、交流和合作，一方面提供一个基准促进资历的互认，并与其他经济体系的资历架构步调一致，以确保香港资历架构健康成长和发展；另一方面通过与各地资历架构当局合作来提升香港资历架构的国际形象。

第五节　经验与启示

梳理总结国内外学分银行建设与应用的经验与启示，在我国职业教育中高本衔接领域主要形成了学分银行先前学习成果认定模式、学分银行资历框架衔接模式和学分银行能力认证单元模式。这些模式的构建对下一步全面推进国家开放大学及全国职业教育提供了全新经验借鉴。

一、学分银行先前学习成果认定模式

随着社会的发展，人们学习、工作以及生活的节奏越来越快，没有人愿意浪费时间、精力和金钱再去学习已经掌握的知识。先前学习认证在各国有着不同的称谓，但是大多是指对先前学习成果的认可。先前学习成果的确定基于这些理念，并由一些权威机构在某些方面进行。欧盟委员会认为，先前学习成果认证是减轻辍学、提高教育公平性和降低社会流动风险的重要举措（岑建，2020）。

美国是世界上最早实施先前学习认证的国家之一。美国采用 PLA（Prior Learning Assessment）一词来表示先前学习认证。1974 年，先前学习评价出现在美国的高校中，被当作扩大高等教育入学机会的手段。在美国实施先前学习认证后，英国受其影响，从美国引进了先前学习评价。英国的高等教育界把握时机，利用先前学习评价在高等教育领域实践的良好契机，适时引入与推动，取得了良好的效果。

在加拿大，先前学习评价通常被称为 PLAR（Prior Learning Assessment and Recognition）。由于加拿大的教育是省级政府责任制，因此各省在推广实施先前学习评价时形成了独具特色的学分转换体系，这为先前学习评价的学分转换打下了良好的基础。

近二三十年，先前学习评价在不少发达国家、地区以及国际组织被当成发展终身学习的重要政策来推行。先前的学习认证不仅提供了促进和实现终身学习的具体方式，还为成年人提供了更多接受高等教育的机会。先前学习认证对个体的职业发展产生了重要的影响。在职人员由于工作原因离开学校时间比较长，对传统的课堂学习不再熟悉，先前学习认证使学习者个体不需要重复学习他们已经掌握的知识和技能，有利于把重点放在尚不具备且急需进行培训的知识与技能上。先前学习认证对高等教育机构办学起到了重要的促进作用，使高校更加注重成人教育和继续教育的发展，赋予学生更多的自主学习权，改变以分数论成败的现象，并推动了以能力为基础的培训和更加灵活的课程设计。先前学习认证促进了国际应用领域人才的流动和交流。不同国家的教育标准和培训目标存在差异，而先前学习评价可以通过对不同国家的培训标准和目标进行充分评估，更好地沟通不同国家之间的教育，确保为跨国学习者提供更大便利，促进国家间人才培训。

二、学分银行资历框架衔接模式

自 1995 年以来，澳大利亚花了五年时间在全国范围内全面实施澳大利亚资历框架（AQF）。AQF 将基础教育、职业教育和培训以及高等教育等不同层次和类型的教育资格纳入单一体系。整个框架将大学、职业教育和培训以及中小学教育联系起来。对以往学习和工作经验的认可是指学生通过学习、培训、工作经验和生活获得的相应知识和技能可以转换为资格学分。

2002 年 11 月，我国香港特区开始酝酿建立“资历框架”，并于 2008 年 5 月正式推行。香港的资历框架分为 7 级，不仅给出了应当掌握的知识和能力目标，也指明了学习和发展的可能路径。目前，香港已有 12 个行业成立了行业培训咨询委员会。资历框架是一个反映能力水平的等级体系，包括了等级设定、各个等级的能力水平描述。2012 年，香港开始实行资格名衔计划（Award Titles Scheme，简称为 ATS），规范和简化了 HKQF 中各种资格名衔授予制度。资格名衔计划与学分及各推进阶段的操作指南结合使用，其中包括如下一些方面的规定。例如，学位证书包括 6 级资格；1、2 级资格也叫基础证书资格；文凭仅用于 3 ~ 6 级资格；文凭类课程必须修满 60 个以上的学分，而证书课程则没有最低学分要求（王全珍等，2016）。

资历框架迅速发展是终身学习社会发展的必然趋势，表明各国的教育改革方向基本一致。目前，各个国家和地区的学分银行资历框架开发的程度和水平各异，但这些资历框架的出台，也将有助于相关工作的开展。英格兰、威尔士、苏格兰等地实行的资历框架是国家层面的，或者是省级和州级层面的。有的资历框架实现了各种教育之间的横纵贯通，而有的只涉及了某一领域，如继续教育和职业教育。我国经济发展不平衡导致各地区教育发展水平不一，东部沿海地区和西部内陆地区存在较大差异，难以建立统一的国家资历框架。具体来说，可以在社会化程度高、条件比较成熟的地方进行试验，在国家宏观政策的指导下鼓励各地区、各领域自行进行有益的探索，先构建区域和行业的资历框架体系。于我国而言，要建立国家统一的资历框架管理制度，需要政府进行适度的干预；建立国家职业资格能力标准，要求各方积极参与；构建职业资格证书和学历教育衔接互换制度；实行标准化和多元化的职业资格考评；规范就业市场，严格就业准入。

三、学分银行能力认证单元模式

英国资历与学分框架（QCF）的标准体系由“资格—单元”二级结构构成，其中，单元（Unit）就是学习单元或学习模块，是 QCF 的核心要素，是 QCF 标准体系的基本单位。每个单元根据学习者的学习结果对应 QCF 框架的等级以及所包含的学习量，被赋予一定量的学分。所有的学习单元都使用相同的模板，包括标题、框架等级、学分值、所属行业等要素。学习者通过学习各个单元经过考核后获得学分，学习者通过积累单元的学分按照一定的组合规则构成资格，成为学习成果认证的系列组合成果之一。

学分银行能力认证单元是具有连贯而明确的学习结果和评价标准的内容模块。它是用于学习成果认证的最小单位，每一个认证单元都用通俗易懂的语言描述对知识、技能和能力的要求。所有的认证单元都使用相同的认证单元模板进行描述，包括学习结果（学习者理解与知晓程度）、评价标准（详细规定学习者是否满足某等级的学习结果）以及学分制与学习成果框架等级等（鄢小平，2015）。认证单元是不同类型的学习成果间相互转换的参照和依据。根据认证单元可以组合出不同类型和水平的学习成果；根据认证单元开发学习资源（培训）并贴上标签；根据认证单元可以对不同类型的学习成果进行比较，得出科学、合理、有效的学习成果相互转换关系（即转换规则）。

学分银行能力认证单元在学历教育领域的应用主要表现为三种模式，其一是学分认证模式，该模式主要是单向认可，也就是学习者可以通过学分银行认证，把自己已经获得的某一学历教育机构的学习成果，转换成另一个学历教育机构的相应专业所对应的课程学分；其二是学分互认模式，该模式主要为双向或多向互认，也就是两个或者两个以上的学历教育机构之间对相应增加的课程进行互认，通过认证单元对各高校专业课程进行重组，形成双方或多方的互认课程；其三是纵向衔接，主要适用于不同层次学历教育之间的纵向衔接，为职业教育的学习者（中等职业教育、高等职业教育和应用本科）的学业提高提供了向上的渠道。

学分银行能力认证单元在不同层次学历教育之间纵向衔接的应用，主要依据不同等级的认证单元，搭建中职、高职和应用本科等不同层次专业之间内容不重复、经过优化且上下连通的职业教育类专业课程体系。通过学分银行认证单元组合模式，将系列课程分解成学习成果单元并标准化，以最小单元来比对并实现互认。从世界上各个国家的实践和实施效果来看，这些最小单元的学习成果一般都具有详细的名称、性质、内容、等级、学分等要求，并通过科学的编码方式将其信息化。学习单元认证组合模式可以使学生在进行学分转换时目标更明确、信息更透明；同时也能降低课程的开发成本，博采众长，实现教育资源的集约和优化。

第三章

国家开放大学学分银行的建设与应用

建设终身教育体系和学习型社会，已成为人类历史发展的客观趋势和必然选择。很多国家都将建设学分银行制度视为推进全民终身学习的有力“抓手”。从本质上讲，学分银行制度就是学习成果认证、积累与转换制度。《国家中长期教育改革和发展规划纲要（2010—2020 年）》明确提出，要搭建终身学习“立交桥”，促进各级各类教育纵向衔接、横向沟通，提供多次选择机会，满足个人多样化的学习和发展需要，建立学分银行制度。《中华人民共和国国民经济和社会发展第十三个五年规划纲要》也提出，要促进不同类型学习成果的互认和衔接，畅通继续教育、终身学习通道。在职业教育领域，学分银行建设日益受到广泛关注。《现代职业教育体系建设规划（2014—2020 年）》在总目标中明确提出，到 2020 年，形成适应发展需求、产教深度融合、中职高职衔接、职业教育与普通教育相互沟通，体现终身教育理念，具有中国特色、世界水平的现代职业教育体系，建立人才培养“立交桥”。立足职业教育现实需求，完善职业人才衔接培养体系，形成多种方式、多次选择的衔接机制和衔接路径，推动现代教育体系基本建立、教育现代化基本实现，是落实党中央、国务院以及教育部相关部署的重要改革任务。学分银行制度对于建设现代职业教育体系、加快实现职业教育现代化以及建设学习型社会、进入人力资源强国行列具有重大意义。它作为全民终身学习的动力机制，是推进学习型社会建设的有力抓手，是提高国民素质的有效途径。学分银行制度通过推进教育供给侧改革，推动教育市场和劳动力市场之间的融通，促进各级各类教育之间的沟通与衔接，搭建人才成长“立交桥”，为社会成员提供多样化学习机会，促进教育公平，增强人民群众教育获得感。

本章分为两节，主要论述了国家开放大学学分银行建设实践和国家开放大学学分银行在职业教育中高本衔接中的应用，分别从学分银行制度模式和技术路径、构建学习成果框架、学分银行制度架构和应用模式等方面总结分析了国家开放大学学分银行建设实践。关于国家开放大学学分银行在职业教育中高本衔接的应用方面，主要分析了学习成果认证单元，AP 课程，中高本课程一体化设计，学习成果认证、积累与转换等重点领域及相关内容。关于学习成果转换的相关内容可以参考由笔者执笔的《学习成果转换指导手册》，附在本书后。

第一节　国家开放大学学分银行建设实践

2012 年，国家开放大学在教育部指导下开展了以资历框架为核心的学分银行制度探索研究，建立了面向全国开放大学系统和部分行业系统的学分银行。国家开放大学研制了 10 层级的学习成果框架作为基准标准体系，制定了《学习成果转换指导手册》等一系列方法工具；联合检验检测行业、中国物流与采购联合会、中国邮政集团公司培训中心等 20 多家行业协会共同合作制定基于学习成果框架的认证标准，并应用于学习成果认定与转换。2016 年，教育部开展高等职业教育学习成果积累与转换试点工作，国家开放大学联合宁夏职业技术学院、山东商业职业技术学院、辽宁装备制造职业技术学院等 15 所高职院校，共同探索学分银行在高职和应用本科衔接中的应用；建立起了学分银行信息化管理平台。此外，开放大学还在全国建立了 74 家学习成果认证分中心（认证点），覆盖 30 个省、自治区、直辖市，23 个行业，为 2200 多万名学习者建立了学习成果账户，面向系统内在校学生及社会学习者开展学分认定和转换业务。

一、学分银行制度模式和技术路径

通过对国际上 15 个国家 / 地区的相关研究与实践情况进行研究分析，总结出国际上的三大模式，即基于国家资历框架、基于协议以及基于国家立法的“学分银行制”制度模式。结合我国国情，立足主体需求和本土化创新，提出了以“资历框架”为引领的学分银行制度模式和“框架 + 标准”的技术路径。所谓“框架”就是学习成果框架。“标准”是学分银行制度蕴含的标准体系，包括各种各样的行为决策制度、规范、条文、准则等，是各级各类学习成果进行认证、积累与转换的依据，其中最重要的是学习成果框架等级标准和认证标准。它具有以下优势：（1）资历框架能够实现各种学习成果的统一价值比较，可以解决因体制障碍造成的教育市场与劳动力市场脱节的问题；（2）不同体系（市场）均参照统一标准开发资源，可以打破各种教育（培训）的界限，实现不同教育之间的纵向衔接和横向沟通；（3）建立具有公信力的标准，可以规范培训市场，提高教育培训质量，促进教育教学改革；（4）基于独立且具有权威性的基础标准，可以有效推动优质资源共享，促进教育公平；（5）该路径可以保证学分银行制度的有效运行和可持续发展。

二、学习成果框架

学习成果框架与国际上通行的“资历框架”一样，包括等级、等级描述、学分以及领域和类型等内容。学习成果框架通过学习成果等级描述和相应的标准为各级各类学习成果提供共同参照系，使各级各类学习成果得以互认与转换。国家开放大学学分银行的学习成果框架由等级、等级描述、类型、领域、基础标准与工作标准等要素构成。按照学习成果的复杂程度建立了具有资历框架性质的、从低到高 10 级的学习成果框架。学习成果框架经过教育部继续教育学习成果认证、积累与转换试点，职业教育学习成果认证与转换试点和国家开放大学系统内部实践和验证，对原来的框架不断地进行完善和修订，于 2021 年 12 月发布了 6 级学习成果框架，可参见图 3–1；学习成果框架等级描述指标表，可参见表 3–1。学习成果等级描述指标表明每个不同的学习成果在不同等级上对知识、技能和对知识与技能的运用能力要求的复杂程度。再结合国家开放大学的认证单元描述学习结果、评价标准、学分值及学习成果框架等级等要素。

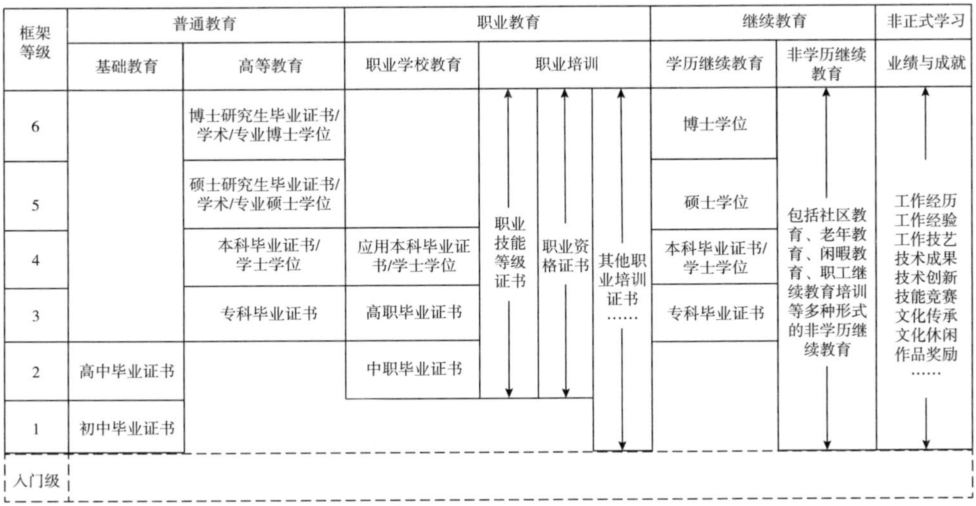

图 3-1　学习成果框架

表 3-1　学习成果框架等级要求

等级	知识	技能	能力
入门级①	——		
1	具备进一步学习或初始工作需要的基础知识	具有能够完成一个学习或工作领域常规工作的基本技能	在高度结构化的环境下，在他人指导下，完成学习或工作任务，展示有限自主性
2	具备一个学习或工作领域必备的基础知识	具有能够完成一个学习或工作领域常规工作的基本技能，并能在特定情况下完成较为复杂的工作	在变化的但可预测的环境下，独立完成学习或工作任务；指导他人常规工作，承担评价和改进学习或工作的有限责任
3	具备一个学习或工作领域必备的基础理论和专门知识	具有一个学习或工作领域的基本技能和专门技能；并能够在特定情况下，运用专门技能完成较为复杂的工作	在不可预测的环境下，管理及指导他人工作；检查及提升自己和他人的工作表现

① 此等级设置为开放级，便于和其他类型的框架对接，对其知识、技能和能力不做具体描述。

续表

等级	知识	技能	能力
4	具备一个学习或工作领域全面的基础理论和专门知识，并对相关理论和原理进行批判性理解	具有一个学习或工作领域的专门技能和特殊技能；能够熟练运用基本技能和专门技能完成较为复杂的工作	在不可预测的环境下，管理复杂的技术或专业性活动/项目并做出决策；能够管理自己及小组专业方面的发展
5	具备一个学习或工作领域坚实的基础理论和系统的专门知识，并对一个领域和交叉领域的知识形成批判性认识	具有一个或多个学习或工作领域的专门技能和特殊技能；能够熟练运用基本技能和专门技能完成较为复杂的、非常规性的工作；在技术技能方面有所创新	在复杂多变、不可预测以及需要新策略的环境下，管理和改变学习或工作环境；促进专门知识或实践的发展，并对团队整体工作表现负责
6	具备一个学习或工作领域坚实广泛的基础理论、系统深入的专门知识，了解交叉领域最先进、最前沿的知识	具有至少一个学习或工作领域的关键技能；能够熟练运用基本技能和特殊技能、在本职业的各个领域完成高度复杂的、非常规性的工作；在技术攻关和工艺方面有创新	在全新和不可预测的环境下，在学习或工作前沿，表现出高度的权威性、创新性、自主性、学术性和职业操守，并持续不断地致力于新观念和过程的发展

三、学分银行制度架构

国家开放大学设计了以学习成果框架为内核的学分银行制度架构，可参见图 3–2。为了保证学分银行制度的有序运行与规范实施，围绕职业教育学分银行制度的核心要素、技术工具以及组织结构等，构建了一套完备的制度架构，包括内核、运行与保障三部分。学分银行制度以度量规则、运行规则和支撑规则，实现学习成果的认证、积累与转换。

（一）制度内核

制度内核由学习成果框架和标准体系组成，可参见图 3–3。标准体系是开展学习成果认证、积累与转换的一系列标准按其内在联系形成的有机整体，包括基础标准和工作标准。基础标准包括学分标准、单元标准和学衔标准。工作标准包括业务规范和业务流程。

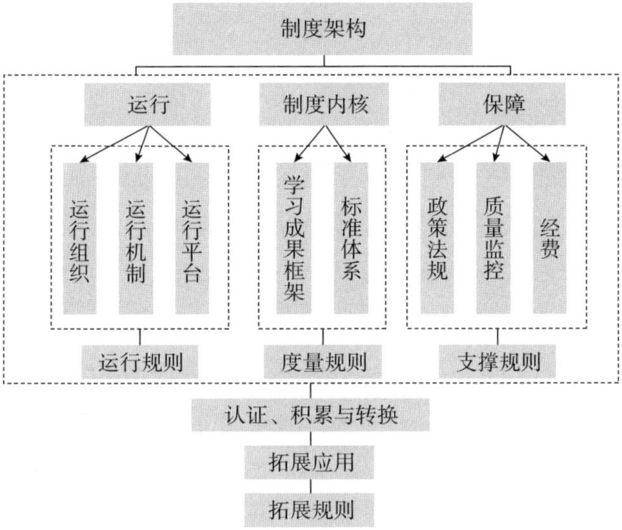

图 3-2　制度架构

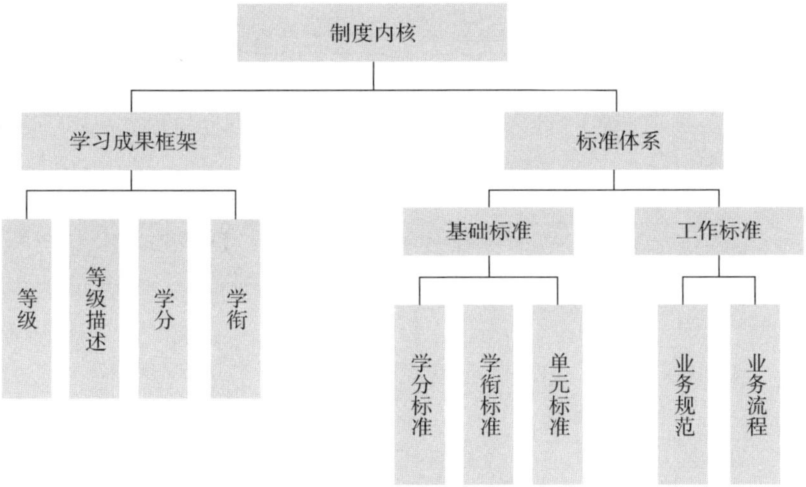

图 3-3　制度内核

（二）制度运行

学分银行制度通过运行组织、运行机制和运行平台的建立和运作得以正常实施。运行组织是运行的主体，包括决策层、管理层以及执行层，具体可参见图 3–4。

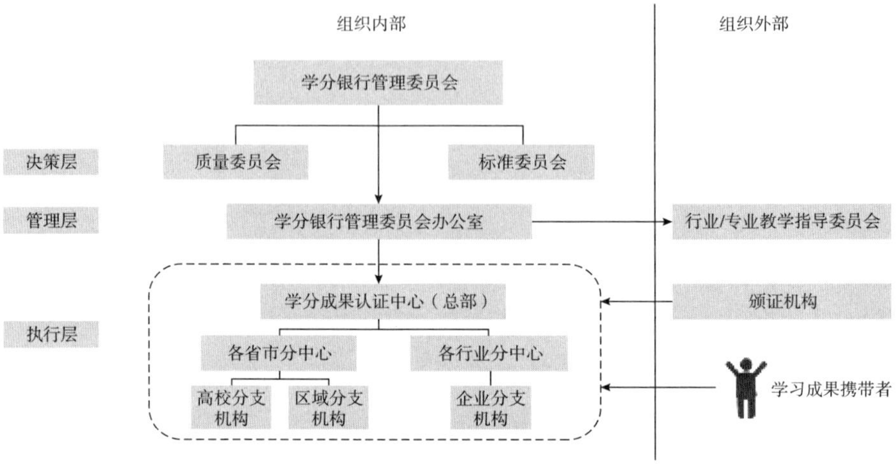

图 3-4　组织结构

学分银行覆盖学习成果互认联盟建设、标准制定和业务受理三大业务。其业务接受管理委员会办公室、质量委员会和标准委员会的指导监督，三大业务之间通过信息平台支撑，最终实现学习成果认证、积累与转换，具体参见图 3–5。

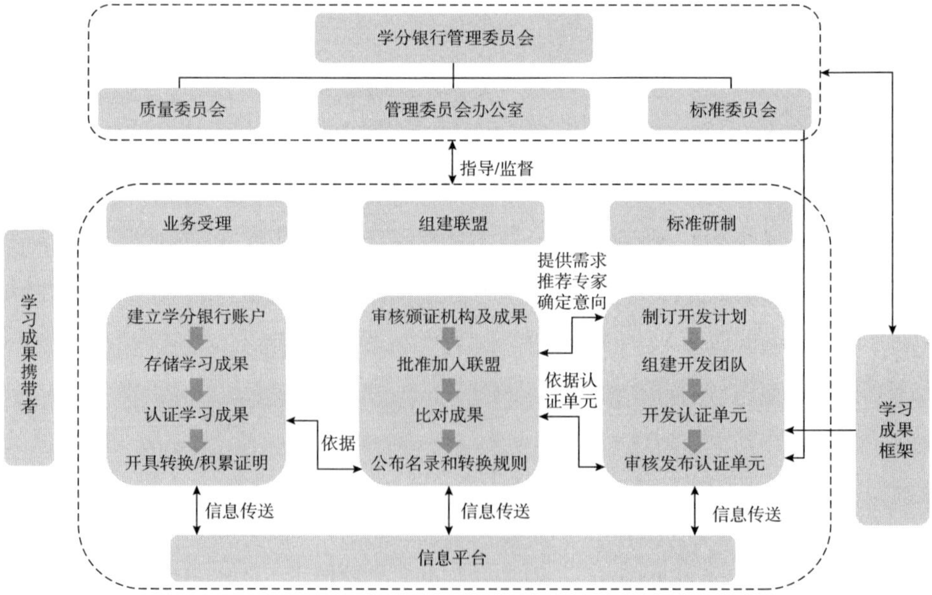

图 3-5　运行机制

运行平台包括一站三平台，即门户网站、工作平台、服务平台和交易平台，具有云架构、云计算、云服务、大数据、智能化、诚信安全和多终端融合等特点。运行平台可以为全社会提供政策、资讯、咨询和信息查询等服务，为公众和机构提供信息管理、业务办理等服务，为管理人员、业务人员和专家提供数据导入、审核、发布和评审等服务，为领导和监管机构提供监控与风险评估等服务。

制度保障包括政策法规、经费和质量监控。质量保证体系是开展学习成果认证、积累与转换的生命线。为了保证学习成果认证、积累与转换的公信力，在全面质量管理的理念指导下，我们构建了内外部相结合的质量保证体系，具体可参见图 3–6。

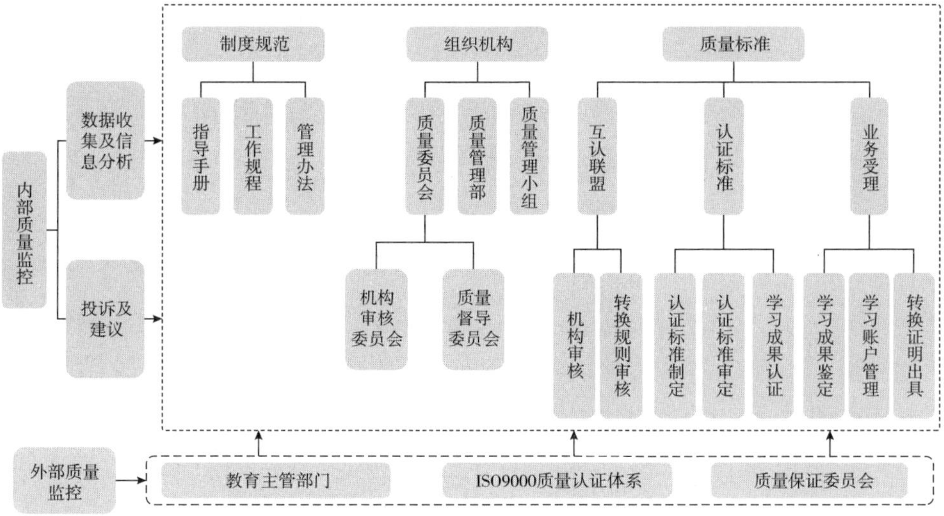

图 3-6　质量保证体系

四、学分银行建设与应用成果

国家开放大学通过学分银行建设与应用，形成了以学分银行制度推动职业教育教学改革的典型应用模式和拓展服务。我国职业教育类型复杂多样，国家开放大学全面探索了终身学习“立交桥”的横向沟通和纵向衔接，主要包括：学历教育与非学历教育之间的课程置换模式和双证融通模式、同层次学历教育课程之间的单向认定和互认模式、不同层次学历教育之间的纵向衔接模式、无一定形式学习成果的认定模式、MOOC 课程的学分认定模式以及同等学力认证模式等。

此外，学分银行制度架构可以为政府、行业、企业提供各种终身学习的信息化定制、大数据分析、档案管理以及能力测评等拓展服务，具体可参见图 3–7。此外，学分银行还可以整合社会资源，通过资源标签和“前店后厂”的教育理念将学习资源和学习成果认证在更大范围内共享，为学习者提供可靠的教育服务，还能够提供个性化学习路径指引，引发学习者学习方式的改变，使终身学习成为可能。

2017 年 8 月，中央军委正式印发《军事职业教育改革实施方案》，方案中提出了学分银行的建设要求。军事职业教育的学分银行必须与军队职业教育平台紧密衔接，实现在线学习和非在线学习学分的统一管理，实现在线学习和非在线学习教育注册终身有效，相互认证学习成果，有效累积学分，方便转移更改和其他功能。过去，我军各类教育都有相应的学习成绩、评估结果或证书。与学分银行系统对应后，就会产生成绩互认、学分积累和转换的问题，因此必须建立科学合理、权威有效、严密完善的学分认定、兑换、累积、折算等操作的体系，保证学分银行中存储学分的含金量（徐国峰等，2021）。

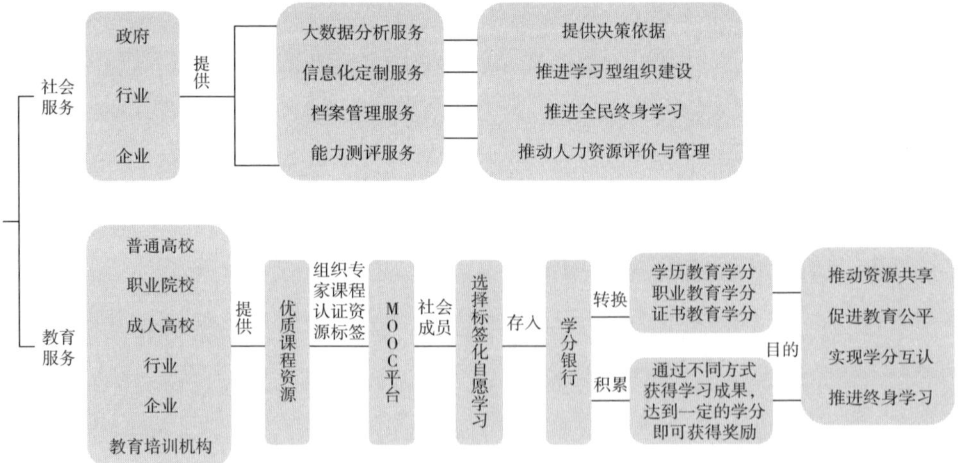

图 3-7　拓展服务

（一）从国家层面进行了学分银行制度顶层设计

国家开放大学学分银行着眼于国家层面，构建了以“学习成果框架”为引领的职业教育国家学分银行的制度模式和“框架 + 标准”的技术路径等，为国家学分银行和资历框架的建立提供了基础性的架构和突破性的验证实践。近期，教育部已经正式委托国家开放大学在现有工作和成果的基础上开展“国家学分银行和资历框架建设研究”，使其能够真正为全世界最大的职业教育和培训体系建设做贡献。

（二）突破了体制机制的藩篱

学习成果框架涉及多个领域和行业，管理主体多样。要系统解决不同类型学习成果的互通互认，必须从国家层面突破体制机制障碍。我们通过机制创新，以学习成果为导向，通过教学标准与职业标准的有效对接，创新提出了学习成果认证、积累与转换系统解决方案，有效解决了教学标准与职业标准严重脱节、职业院校人才培养的标准与行业企业用人标准错位等问题。

（三）制定学习成果认证、积累与转换的准则和依据

学分银行能力认证单元是用于学习成果认证的最小单位。我们在制定认证单元时，探索了具有实用价值和现实意义的开发方式，逐步形成了混合式、切片式、迭代式等多种认证单元开发方法，创建了各级各类学习成果具有公信力的比对标尺，为学习成果认证、积累与转换的实施奠定了基础。

（四）职业教育国家学分银行落地实施

《国家职业教育改革实施方案》中提出加快推进职业教育国家“学分银行”建设的相关任务。为了落实这一任务，国家开放大学举全校之力，立足职业教育改革实施方案相关精神，超常规推进，主要做了以下两方面的工作。

一是制定完成职业教育国家学分银行试点方案和操作指南。经过深入研讨以及多次征求试点院校、培训评价组织、职教所领导、专家的意见，形成了《职业教育国家学分银行试点方案》和《职业教育国家学分银行操作指南》，分别明确了指导思想、基本原则、目标任务、试点内容等，以及职业教育国家学分银行的核心业务和各机构的职责分工等。

二是建设两大平台。围绕试点任务，开发了职业教育国家学分银行信息平

台（学分银行平台）、职业技能等级证书信息管理服务平台（X证书平台）两大平台。两大平台通过一体化设计、业务无缝对接、数据实时共享，实现一号申请、一站式受理、一网通办。两大平台的建设与开发为试点任务的顺利推进提供了重要保障。目前，X证书平台已为32个省级教育行政部门（包括新疆生产建设兵团）、1156所试点院校建立业务管理账号，为14（5+9）家培训评价组织提供信息门户、业务管理账号，为教育部（职教所）提供综合业务管理账号。学分银行平台为1860所院校和14家培训评价组织开设机构账户。1000余条参加BIM、WEB证书考试的学生数据已存入学分银行，学分银行还为其开设学生空间和个人账户。

第二节　国家开放大学学分银行在职业教育中高本衔接中的应用

学习成果框架是打通各级各类教育的有效制度和工具，是职业教育各个阶段衔接的“立交桥”。学分银行具有开放性、公平性、终身性和服务性等特点。学分银行完善的法规、制度，在政策上保证了中高本衔接“立交桥”的搭建；学分银行的运行机制和管理方式克服了“立交桥”建设过程中的阻碍因素；学分银行强大的网络信息平台，为“立交桥”的搭建提供了落脚点（高洁等，2014）。

国家开放大学学分银行采用“框架＋标准”的技术路径。所谓的“框架”就是学习成果框架，是以学习成果为导向，框定不同教育系统、不同层次和类型资格的制度平台（高洁，2018），用于统一规范、约束和整合教育资格证书、职业资格证书以及培训证书等。“标准”是学分银行制度蕴含的标准体系，包括各种各样行为决策的制度、规范、条文、准则等，是各级各类学习成果进行认证、积累与转换的依据，其中最重要的是学习成果框架等级标准和认证标准。等级标准就是等级描述指标，是学习成果框架框定学习成果等级的文件，是学习成果框架在行业的具体体现，依托行业而制定，一般从知识、技能以及能力三个方面来体现。知识是指通过学习、研究、实践获得的，经过提升、总结与凝练的系统认知。技能是指在学习、研究、实践中应用相应的知识、技术和方法完成任务和解决问题的能力。能力是指在应用知识和技能的过程中表现出来的综合素质。认证标准是对学习者学习成效进行核定的准则，是学习成果框架等级标准在各个行业的具体体现，认证标准是通过认证单元来实现的，认证单元是认证标准的核心组成部分。本文所论述的标准主要指的是学习成果框架等级描述指标与认证标准。到目前为止，国家开放大学学分银行已制定认证单元 2000 多个。

“框架 + 标准”路径的选择是保证学分银行制度运行质量的有效机制，既有利于当下，又有利于未来的可持续发展。国家开放大学的学习成果转换流程如图 3–8 所示。

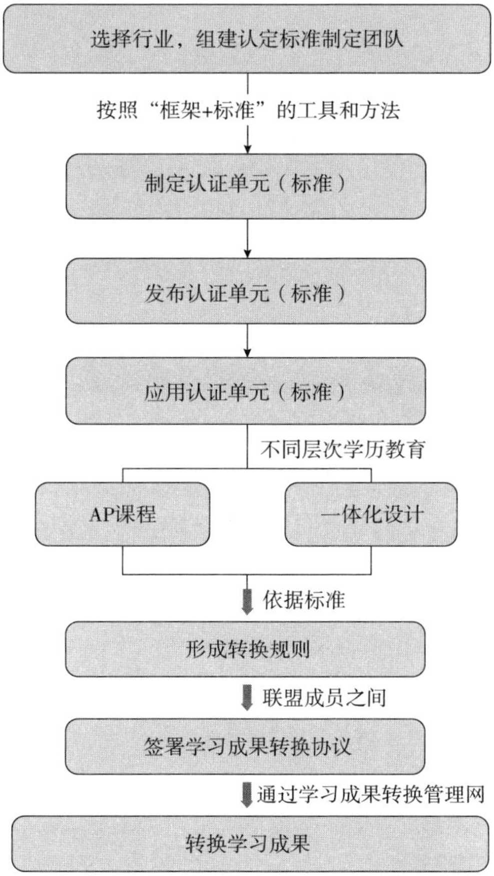

图 3-8　国家开放大学的学习成果转换流程图

一、制定能力认证单元

（一）组建认证单元制定团队

为保证认证标准既体现岗位能力，又能科学合理地进行考核，标准制定团队须由行业、企业、院校（包含中职、高职和本科）等多种机构的专家参与认证标准的研究编制过程，多方位、多视角综合考虑认证标准应该满足的要求：行业、企业的专家立足行业内企业、企业内职业的要求，院校学科专家立足专业的角度考虑标准的科学性、合理性和可操作性，保证衔接课程与市场的需求相吻合。

（二）广泛充分的调研分析

专家团队需要深入企业调研，了解该行业在市场上的岗位职能设置和人才需求缺口。广泛收集数据，并采用大数据分析等方法，建立岗位人才成长阶梯，图 3-9 是市场营销领域从业人员人才成长阶梯，也就是在该行业中员工晋升或成长的路径。通过分析不同阶段从业人员的最低学历水平要求，确定该岗位上岗的最低能力水平要求，将其与学历教育等级进行对接。如此，不仅可以从行业和市场维度确定该行业内的等级划分，而且可以完成与学历教育学习成果的有机对接。

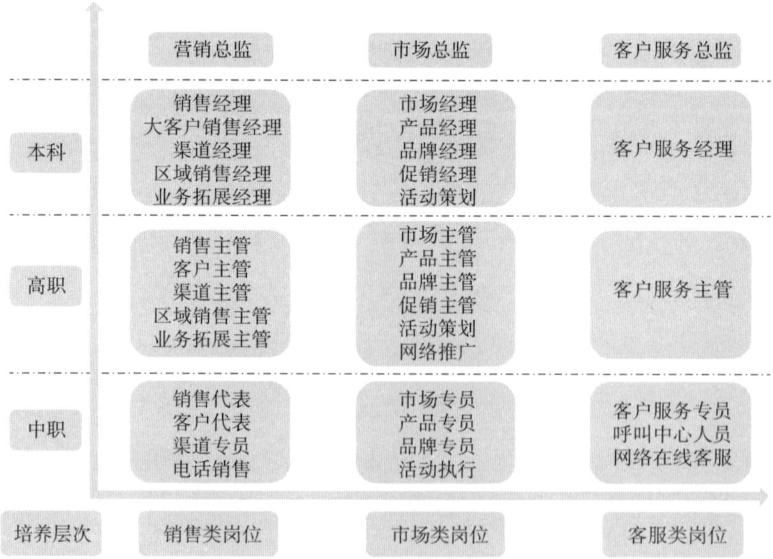

图 3-9　市场营销领域从业人员人才成长阶梯

（三）单元化设计认证标准

学分银行学习成果的类型多种多样，包括学历证书、职业技能等级证书、职业资格证书、职业培训证书、社区教育老年教育培训证书、工作经历、工作经验、工作技艺、技术成果、技术创新、技能竞赛、文化传承、文化休闲等，因此，使岗位技能模块化，以单元的形式呈现认证标准，更加适合学分银行学习成果的认定。单元化的认证标准叫认证单元，是学习成果认定的最小单位。认证单元具有较高的独立性和内聚度，可独立测度、独立认定，也可以组合使用。

专家团队要在调研的基础上对整个行业进行切分和归类。行业是指从事国民经济中同性质的生产或其他经济社会的经营单位或者个体的组织结构体系，如林业、汽车业、银行业等。行业中的经营单位或个体虽然性质相同，但是其生产要素的侧重点不同，因此在同一行业中，又可以划分出若干不同的行业方向。代表着行业方向的经营单位或个体中又包含不同种类的分工，根据不同的任务分工，可将行业方向划分为不同的职能。综上所述，行业结构表的结构层次依次为行业、行业方向、职能，以市场营销为例，其行业结构如表 3–2 所示。

表 3-2　　市场营销领域行业结构表

行业	编码	行业方向	编码	职能	编码
商业	SY	市场营销	YX	市场	SC
				销售	XS
				客服	KF
		……	……	……	……

认证单元的核心内容包括名称、编码、应用范围、等级、学分、学习结果、评价标准等，市场营销领域的认证单元可参见表 3–3。其中，认证单元的核心部分是学习结果和评价标准的描述。学习结果是指学习者成功完成本单元预期目标后所获得的信息、知识、价值、技能、能力等的总和，从知识、技能和能力三个维度来体现。评价标准是对学习者所达到的学习结果的考核，用来衡量学习者是否达到相应学习结果的要求。

表 3-3　　市场营销领域认证单元

名称	品牌策划
编码	1SYYXSC0606A
应用范围	商业→市场营销→市场
等级	6
学分	2

学习结果	评价标准
1. 掌握品牌策划的相关概念和原理 2. 掌握品牌策划基本流程和基本方法 3. 会进行品牌定位和设计 4. 能进行品牌营销策划	1.1 描述品牌的定义和内涵 1.2 描述品牌策划的内容 2.1 描述品牌策划的基本流程 2.2 描述品牌策划的基本方法 3.1 使用市场分析工具进行品牌的营销环境分析、客群分析和竞品分析 3.2 使用品牌定位的策略进行品牌定位或者再定位 3.3 依据品牌定位提炼品牌的核心价值 3.4 依据品牌渊源及产品特点写出品牌故事 3.5 使用品牌要素设计的标准进行品牌形象设计 4.1 根据企业现有资源及品牌定位进行产品体系设计 4.2 提炼产品的卖点 4.3 设计产品的形象 4.4 制定或调整产品价格 4.5 依据产品特点进行渠道选择

（四）严谨科学的评审流程

认证标准体现了学分银行的公信力和权威性，因此需要严格的评审和严谨的流程。学分银行认证标准要在国家标准框架下，依据国家标准建设的法律、制度、文件的有关规定来制定。其政策依据主要有《中华人民共和国标准化法》《中华人民共和国标准化实施条例》《国家标准管理办法》《全国专业标准化技术委员会管理规定》。其技术依据主要是 GBT 1.1—2020《标准化工作导则第 1 部分：标准化文件的结构和起草规则》。编制认证标准本着公开、透明的原则，建立在人力资源市场调研和社会实践的基础上，通过调查、论证、验证等方式，保证标准的科学性、规范性、时效性，广泛征求各方意见，按照立项、起草、征求意见、审查、批准发布、实施、复审、废止的流程进行编制，以市场营销领域为例制定的认证单元可参见表 3–4。

表 3-4 国家开放大学审定通过的市场营销领域制定的认证单元（矩阵表）

学习成果等级＼职能	对应学历层次	市场	销售	客服
6	博士	市场战略分析 1SYYXSC0601A 市场战略规划 1SYYXSC0602A		
5	硕士	市场预测 1SYYXSC0501A 营销策略创新 1SYYXSC0502A 营销策略创新 1SYYXSC0503A 品牌战略创新 1SYYXSC0504A 品牌策略创新 1SYYXSC0505A 网络营销大数据解析 1SYYXSC0506A	消费心理与行为模式分析 1SYYXXS0501A 渠道系统开发 1SYYXXS0502A	客户管理战略创新 1SYYXKF0501A 客户关系管理模型创新 1SYYXKF0502A
4	应用本科	组织实施市场调研 1SYYXSC0401A 分析预测调研数据 1SYYXSC0402A 营销战略策划 1SYYXSC0403A 公共关系管理 1SYYXSC0404A 品牌更新、延伸与组合 1SYYXSC0405A 品牌防御、评估与管理 1SYYXSC0406A 网络营销调研 1SYYXSC0407A 网络营销组合策略设计 1SYYXSC0408A 网络营销推广 1SYYXSC0409A	谈判准备 1SYYXXS0401A 谈判开局 1SYYXXS0402A 价格磋商与协议达成 1SYYXXS0403A 销售队伍管理 1SYYXXS0404A 销售区域管理 1SYYXXS0405A 设计渠道系统 1SYYXXS0406A 管理渠道系统 1SYYXXS0407A 评估渠道系统 1SYYXXS0408A	客户关系管理战略制定 1SYYXKF0401A CRM 系统应用 1SYYXKF0402A

续表

学习成果等级 \ 职能	对应学历层次	市场	销售	客服
3	高职	设计调研问卷 1SYYXSC0301A 设计抽样方案 1SYYXSC0302A 实施市场调研 1SYYXSC0303A 整理调研数据 1SYYXSC0304A 撰写调研报告 1SYYXSC0305A 品牌策划 1SYYXSC0306A 品牌推广 1SYYXSC0307A 数字化媒体策划 1SYYXSC0308A 数字化媒体应用 1SYYXSC0309A	售前准备 1SYYXXS0301A 寻找顾客 1SYYXXS0302A 接近顾客 1SYYXXS0303A 推销洽谈 1SYYXXS0304A 销售计划制订 1SYYXXS0305A 销售人员业务指导与激励 1SYYXXS0306A 选择销售渠道 1SYYXXS0307A 渠道成员开发与管理 1SYYXXS0308A 促销活动策划与实施 1SYYXSC0309A 公共宣传策划与实施 1SYYXSC0310A	客户服务 1SYYXKF0301A 客户沟通 1SYYXKF0302A
2	中职	市场营销观念 1SYYXSC0201A 市场细分与目标市场选择 1SYYXSC0202A 市场营销 4P 策略 1SYYXSC0203A 调查问卷设计 1SYYXSC0204A 调查数据采集 1SYYXSC0205A 调查数据整理统计 1SYYXSC0206A 短视频制作推广 1SYYXSC0207A	消费者的心理活动分析 1SYYXXS0201A 产品选品 1SYYXXS0202A 直播销售 1SYYXXS0203A 粉丝引导转化 1SYYXXS0204A 社交营销 1SYYXXS0205A App 营销 1SYYXXS0206A 小程序营销 1SYYXXS0207A 线上、线下客户寻找 1SYYXXS0208A 客户拜访 1SYYXXS0209A 合同签订 1SYYXXS0210A	客户接待 1SYYXKF0201A 客户资料管理 1SYYXKF0202A 客户投诉处理 1SYYXKF0203A 语料收集、维护及清洗 1SYYXKF0204A 客户语料转写标注 1SYYXKF0205A

续表

学习成果等级 \ 职能	对应学历层次	市场	销售	客服
1	初中	问卷发放 1SYYXSC0101A 数据统计整理 1SYYXSC0102A	商品介绍 1SYYXXS0101A	

二、设计 AP 课程

学习成果有效衔接的前提是中高本的课程具有一定的可衔接性，否则就无法达到中高本学习成果转换的目的。国家开放大学设计并采用了 AP 课程（高级可替代课程）以实现学历教育课程学习成果的纵向衔接。具体做法是依据行业制定的学分银行学习成果认证单元，搭建职业教育中高本衔接之间内容不重复、经过优化且上下连通的职业教育中高本衔接专业课程体系，在高一层次的专业中设置 AP 课程，确定选课或先修 AP 课程的条件，针对高中毕业生和同专业的专科毕业生确定补修课程。具备条件的学习者可以选择国家开放大学开放本科相关专业的 AP 课程学习，通过考核，可将其存入学分银行，进入高一层次的专业学习，即可转换 AP 课程的学分，避免重复学习。

在实践中，AP 课程的来源可以分为两类。其一，国家开放大学直接提供 AP 课程，职业教育中高本衔接相关专业学生可直接采用。其二，国家开放大学没有直接指定 AP 课程。在这种情况下，可以采取两种方式，一是直接采用开放教育中职业教育中高本衔接相应的课程和教材，二是结合高职的特点，对现有的教材进行改革，使之在教学内容上能够与职业教育中高本衔接教育本科教学要求大体一致。按通识课和专业课分类认证。对于专业课学分，认定原则为课程与人才培养方案中的课程名称相同或相近，且教学内容相似率达到 80% 以上。无论在学时上还是在教学内容上，采用这种方式都能够为评价结果提供较为可靠的支撑。

以市场营销专业为例，（高职阶段的课程 +AP 课程）达标后，进入本科可免修相应的课程，具体见表 3–5。

表 3-5　　　　市场营销专业学分银行高职与本科 AP 课程设计

<table>
<tr><th colspan="3">高职阶段</th><th colspan="3">存入学分银行</th><th colspan="2">本科阶段</th></tr>
<tr><th colspan="3">AP 课程先修条件</th><th colspan="3">AP 课程</th><th colspan="2">高一层次
免修课程</th></tr>
<tr><th>课程名称</th><th>认证单元</th><th>学分</th><th>课程名称</th><th>认证单元</th><th>学分</th><th>课程名称</th><th>学分</th></tr>
<tr><td>市场调查与分析</td><td>设计调研问卷
设计抽样方案
实施市场调研
整理调研数据
撰写调研报告</td><td>3</td><td>市场调查与预测</td><td>市场调研活动管理
调研数据分析与预测</td><td>2</td><td>市场调查</td><td>3</td></tr>
<tr><td rowspan="3">品牌策划与推广</td><td rowspan="3">品牌策划
产品规划
品牌推广</td><td rowspan="3">4</td><td rowspan="3">营销策划</td><td rowspan="3">营销战略策划
品牌管理
公共关系管理</td><td rowspan="3">3</td><td>市场营销策划</td><td>3</td></tr>
<tr><td>品牌营销</td><td>3</td></tr>
<tr><td>营销案例分析</td><td>3</td></tr>
<tr><td rowspan="2">数字化媒体营销</td><td rowspan="2">数字化媒体策划
数字化媒体应用</td><td rowspan="2">2</td><td rowspan="2">网络营销</td><td rowspan="2">网络营销组合策略设计
网络营销推广</td><td rowspan="2">3</td><td>网络营销</td><td>3</td></tr>
<tr><td>广告管理</td><td>3</td></tr>
<tr><td>推销技巧</td><td>售前准备
寻找顾客
接近顾客
推销洽谈</td><td>3</td><td>商务谈判策略</td><td>谈判准备
谈判开局
价格磋商与协议达成
招投标</td><td>3</td><td>商务谈判策略</td><td>3</td></tr>
<tr><td rowspan="2">销售管理基础</td><td rowspan="2">销售计划制订
销售人员业务指导与激励
销售渠道选择与开发
促销活动策划与实施
公共宣传活动策划与实施</td><td rowspan="2">3</td><td rowspan="2">销售管理</td><td rowspan="2">销售团队管理
销售区域管理
渠道系统设计
渠道系统管理
渠道系统评估</td><td rowspan="2">3</td><td>销售管理</td><td>3</td></tr>
<tr><td>渠道管理</td><td>3</td></tr>
<tr><td>客户服务与沟通</td><td>客户服务
客户沟通</td><td>2</td><td>客户关系管理</td><td>客户关系管理战略制定
CRM 系统应用</td><td>3</td><td>客户关系管理</td><td>3</td></tr>
<tr><td colspan="2">学分合计</td><td>17</td><td colspan="2">学分合计</td><td>17</td><td>学分合计</td><td>30</td></tr>
</table>

三、中高本课程一体化设计

一体化设计是指依据不同等级的认证单元，搭建中职、高职、应用本科等不同层次的专业之间内容不重复、经过优化且上下衔接的职业教育类专业课程体系，同时设计出中职、高职和本科之间的衔接课程。设计衔接课程就是针对不同类型学习者，需要补修相应的课程学分，方可进入下一阶段学习，如对于高中毕业生或普通专科生就是如此。一般来说，这些衔接课程设置在低一层次的专业教学计划中，职业类的学习者进入高一层次学习时，就可以免学这些衔接课程。

（一）设计衔接课程

根据不同等级认证单元和不同类型学习者的特点，设计中职与高职、高职与本科之间的衔接课程，形成中职、高职、本科之间的衔接课程与认证单元编码的对应关系（基于 6 级学习成果框架设计）。

中职、高职和本科的教学团队，将本校现有的专业课程标准与相同等级的认证单元进行比对，如图 3–10 所示，若认证单元与课程内容相差不大，则适当调整课程内容，若两者相差太多，则需要根据认证单元的内容重构目前的课程体系。

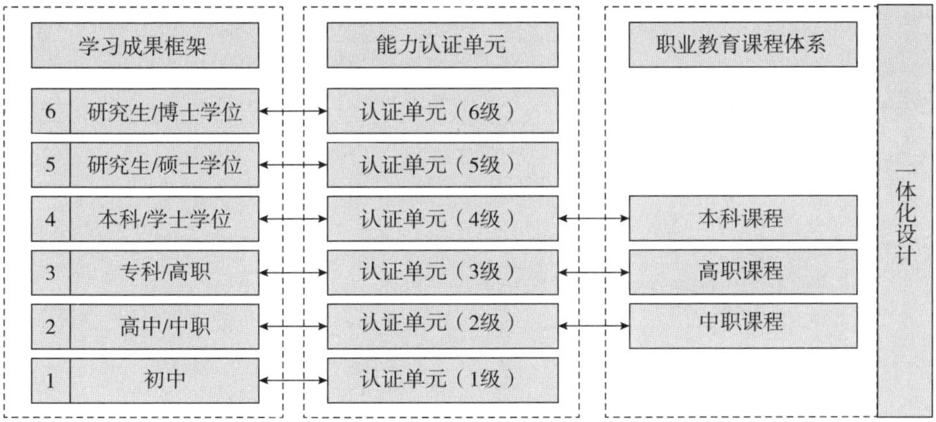

图 3-10 一体化设计课程与学习成果框架关系

以市场营销专业为例，其编码对照表见表 3–6。

表 3-6　认证单元名称与编码对照表

<table>
<tr><td colspan="4">中职</td></tr>
<tr><td>专业名称　市场营销</td><td></td><td>开设学校</td><td>山东商业职业技术学院</td></tr>
<tr><td>课程名称</td><td>学分</td><td>对应认证单元名称 + 编码</td><td>单元学分</td></tr>
<tr><td rowspan="3">市场营销实务</td><td rowspan="3">4</td><td>市场营销观念 1SYYXSC0201A</td><td>1</td></tr>
<tr><td>市场细分与目标市场选择 1SYYXSC0202A</td><td>1</td></tr>
<tr><td>市场营销 4P 策略 1SYYXSC0203A</td><td>2</td></tr>
<tr><td rowspan="3">市场调查实务</td><td rowspan="3">3</td><td>调查问卷设计 1SYYXSC0204A</td><td>1</td></tr>
<tr><td>调查数据采集 1SYYXSC0205A</td><td>1</td></tr>
<tr><td>调查数据整理统计 1SYYXSC0206A</td><td>1</td></tr>
<tr><td>消费者心理分析</td><td>3</td><td>消费者的心理活动分析 1SYYXXS0201A</td><td>3</td></tr>
<tr><td rowspan="4">互联网营销实务</td><td rowspan="4">2</td><td>产品选品 1SYYXXS0205A</td><td>0.5</td></tr>
<tr><td>直播销售 1SYYXXS0206A</td><td>0.5</td></tr>
<tr><td>短视频制作推广 1SYYXSC0208A</td><td>0.5</td></tr>
<tr><td>粉丝引导转化 1SYYXXS0207A</td><td>0.5</td></tr>
<tr><td rowspan="3">数字互动营销</td><td rowspan="3">2</td><td>社交营销 1SYYXXS0208A</td><td>1</td></tr>
<tr><td>App 营销 1SYYXXS0209A</td><td>0.5</td></tr>
<tr><td>小程序营销 1SYYXXS0210A</td><td>0.5</td></tr>
<tr><td rowspan="3">推销技术</td><td rowspan="3">3</td><td>线上线下客户寻找 1SYYXXS0212A</td><td>1</td></tr>
<tr><td>客户拜访 1SYYXXS0213A</td><td>1</td></tr>
<tr><td>合同签订 1SYYXXS0215A</td><td>1</td></tr>
<tr><td rowspan="3">客户服务实务</td><td rowspan="3">2</td><td>客户接待技巧 1SYYXKF0201A</td><td>1</td></tr>
<tr><td>客户资料管理 1SYYXKF0202A</td><td>0.5</td></tr>
<tr><td>客户投诉处理 1SYYXKF0203A</td><td>0.5</td></tr>
<tr><td rowspan="2">智能客服数据标准</td><td rowspan="2">2</td><td>语料收集、维护及清洗 1SYYXKF0204A</td><td>1</td></tr>
<tr><td>客户语料转写的标注 1SYYXKF0205A</td><td>1</td></tr>
<tr><td>总学分</td><td>21</td><td></td><td>21</td></tr>
<tr><td colspan="4">高职</td></tr>
<tr><td>专业名称　市场营销</td><td></td><td>开设学校</td><td>山东商业职业技术学院</td></tr>
<tr><td>课程名称</td><td>学分</td><td>对应认证单元名称 + 编码</td><td>单元学分</td></tr>
<tr><td rowspan="5">市场调查与分析</td><td rowspan="5">4</td><td>设计调研问卷 1SYYXSC0401A</td><td>1</td></tr>
<tr><td>设计抽样方案 1SYYXSC0402A</td><td>0.5</td></tr>
<tr><td>实施市场调研 1SYYXSC0403A</td><td>0.5</td></tr>
<tr><td>整理调研数据 1SYYXSC0404A</td><td>1</td></tr>
<tr><td>撰写调研报告 1SYYXSC0405A</td><td>1</td></tr>
</table>

续表

高职			
专业名称	市场营销	开设学校	山东商业职业技术学院
课程名称	学分	对应认证单元名称 + 编码	单元学分
品牌策划与推广	4	品牌策划 1SYYXSC0406A	2
		品牌推广 1SYYXSC0407A	2
数字化媒体营销	2	数字化媒体策划 1SYYXSC0408A	1
		数字化媒体应用 1SYYXSC0409A	1
推销技巧	4	售前准备 1SYYXXS0401A	1
		寻找顾客 1SYYXXS0402A	1
		接近顾客 1SYYXXS0403A	1
		推销洽谈 1SYYXXS0404A	1
销售管理基础	3	销售计划制订 1SYYXXS0405A	0.5
		销售人员业务指导与激励 1SYYXXS0406A	0.5
		选择销售渠道 1SYYXXS0407A	0.5
		渠道成员开发与管理 1SYYXXS0408A	0.5
		促销活动策划与实施 1SYYXSC0409A	0.5
		公共宣传策划与实施 1SYYXSC0410A	0.5
客户服务与沟通	3	客户服务 1SYYXKF0401A	2
		客户沟通 1SYYXKF0402A	1
总学分	20		20

本科			
专业名称	市场营销	开设学校	国家开放大学
课程名称	学分	对应认证单元名称 + 编码	单元学分
市场调查与预测	2	组织实施市场调研 1SYYXSC0701A	0.5
		分析预测调研数据 1SYYXSC0702A	1.5
营销策划	3	营销战略策划 1SYYXSC0703A	1.5
		公共关系管理 1SYYXSC0704A	0.5
		品牌更新、延伸与组合 1SYYXSC0705A	0.5
		品牌防御、评估与管理 1SYYXSC0506A	0.5

续表

本科			
专业名称 市场营销		开设学校	国家开放大学
课程名称	学分	对应认证单元名称 + 编码	单元学分
网络营销	3	网络营销调研 1SYYXSC0507A	1
		网络营销组合策略设计 1SYYXSC0508A	1
		网络营销推广 1SYYXSC0509A	1
商务谈判策略	3	谈判准备 1SYYXXS0501A	0.5
		谈判开局 1SYYXXS0502A	0.5
		价格磋商与协议达成 1SYYXXS0503A	2
销售管理	3	销售队伍管理 1SYYXXS0504A	1
		销售区域管理 1SYYXXS0505A	0.5
		设计渠道系统 1SYYXXS0506A	0.5
		管理渠道系统 1SYYXXS0507A	0.5
		评估渠道系统 1SYYXXS0508A	0.5
客户关系管理	3	客户关系管理战略制定 1SYYXKF0501A	2
		CRM 系统应用 1SYYXKF0502A	1
总学分	17		17

（二）制定一体化专业培养方案

根据不同等级的认证单元，搭建中职、高职、本科不同层次专业之间内容不重复、经过优化且上下连通的职业教育类课程体系，形成纵向衔接的一体化专业培养方案。专业培养方案既要符合国家专业教学基本要求，也要符合各院校的专业设置要求。

为适应经济社会快速发展的时代趋势和推进职业教育改革发展，需要用一体化设计的理念和方法进行中高职课程的设计。近年来国外的实践证明，构建中高职一体化课程体系有诸多优势，有利于培养目标的实现，有利于开发一体化的课程标准、编写一体化的教材，有利于教学内容的相互衔接、相互渗透，有利于职业能力的培养，也有利于教育资源的节约，还有利于中职、高职两个层面职业教育的共同健康发展和进一步发挥高职在职业教育中的引领作用。实现中高职课程衔接一体化设计，主要有以下措施：一是构建纵向和横向的二维拓展的课程内容；二是确立“能力递进”的课程建设目标；三是分级实施中职与高职阶段的教学和管理；四是以学分银行为载体，使中高职课程一体化设计的实现更加顺畅（高洁，2014）。表 3–7 为市场营销中高本衔接课程设置。

表 3-7　　市场营销专业中高本衔接课程设置一览表

中职	高职	本科
市场营销实务	市场调查与分析	市场调查与预测
市场调查实务	品牌策划与推广	营销策划
消费者心理分析	数字化媒体营销	网络营销
互联网营销实务	推销技巧	商务谈判策略
数字互动营销	销售管理基础	销售管理
推销技术	客户服务与沟通	客户关系管理
客户服务实务		
智能客服数据标准		

四、学习成果认证、积累与转换

（一）学习成果认证、积累与转换的相关概念

学习账户是学分银行账户的简称，主要包含学习者的基本信息、已有学习成果（学历教育、非学历教育和无一定形式学习的成果）信息、业务切割信息（学历教育与非学历教育学习成果之间的转换、不同教育机构之间学分互认与转换以及无定式学习成果学分认定与转换等）。建立学习账户是开展学习成果认证、积累与转换工作的基础。

1. 学习成果存储

学习成果存储是指学习者在学分银行建立学习账户并激活后，将已有的学习成果存储在学分银行。在学分银行存储的学习成果，学习者根据需要，可以随时提出认证和转换申请。

2. 学习成果认证

学习成果认证是依据学习成果框架，对各级各类学习成果的核定、评价和认可。具体方式是将学习成果通过与学习成果框架的基准标准进行比对，将其转换为基准学分。学历教育和非学历教育学习成果按照统一标准认证即可，但对于不能采用统一标准的无定式学习成果需单独认证。

3. 学习成果积累

学习成果积累是指学习者将不同时间取得的学历教育学习成果、非学历教育学习成果以及无定式学习的成果，在学分银行进行存储和认证，经过认证的学习成果，可进行积累。积累到一定程度，可根据学习成果转换规则和相应的标准进行转换。

4. 学习成果转换

学习成果转换是指为达到一定资格的学习要求，按照一定的标准和程序，将学习者携带的同一级别或高一级别的学习成果学分转入颁证机构的过程。学习成果转换可以使学习者在不同背景和不同时间从事的学习活动具有可比性。学习者在一种背景和一个时期获得的学习成果在获得评估并授予学分后，可以通过学分转换的方式在另一种学习背景和另一个时期得到相关机构的验证和承认，并作为资格要求的一部分，这样既增强了学习灵活性和选择性，又拓展了学习空间，还提高了学习效能。

（二）基本流程

学分银行接受社会和机构成员前来办理学习成果认证、积累与转换业务。学习账户的账号采用 18 位的有效身份证号（如学习者使用其他类型的证件时，由学分银行统一进行编码）。

1. 学习账户建立

学习者可以携带本人有效证件（身份证等）及需要认证、积累与转换的学习成果（证书等）原件等材料前往学习成果认证中心（认证点）开户。也可以登录学分银行信息平台，点击学习账户注册按钮进行账户申请，填写个人有效身份信息，并上传注册时选择的有效证件的扫描件或清晰照片作为审核依据。

2. 学习成果存储

学习者可以携带学习成果原件和复印件到国家开放大学学习成果认证中心或任何一个分支机构的业务专柜进行办理，也可以通过登录学分银行信息平台，在线填写《国家开放大学学习成果信息登记表》，同时上传学习成果的扫描件。

3. 学习成果认证

（1）认证申请

学习者可以携带学习成果原件、复印件，填好的《国家开放大学学习成果认证申请表》以及有效身份证件到国家开放大学学习成果认证中心或任何一个分支机构的业务专柜进行办理；也可以通过登录学分银行信息平台，在线填写并提交《国家开放大学学习成果认证申请表》。同时上传学习成果扫描件（已经上传的就不需重复上传）。

（2）材料审核

学分银行依据学习成果认证规定对学习者提交的学习成果认证申请材料进行初审和复审。

（3）出具学习成果认证证明

学分银行组织学历教育和非学历教育专家依据相关认证标准分别对学历教育和非学历教育的学分进行认定，最后出具国家开放大学学分认证证明。

4. 学习成果积累

学习成果积累有两种情况，一种是经过认证的学习成果积累，另一种是未经认证的学习成果积累。经过认证的学习成果按照基准学分积累在个人学习账户。未经过认证的学习成果一般是针对学习型组织，学习型组织成员的培训成果可以按照其提供的原始学分进行积累，但为便于统计分析和信息化管理，学分银行要按照一定的规则将原始学分转化为标准化学分。

5. 学习成果转换

学习者携带《国家开放大学学分银行学习成果认证证明》到学习成果互认联盟机构或协议备案机构办理成果转换手续，这些机构可以对认证证明全部或部分认可，被认可后的学分即为实效学分。学习成果互认联盟机构人员或协议备案机构要将其业务办理信息录入学分银行信息平台，或由学分银行根据用户需要，全程为用户办理成果转换手续。

6. 档案整理与建立

学分银行须定期整理用户办理业务产生的纸质档案和电子档案，根据档案管理规定区分类别、密级及管理要求，做好档案归档与保管工作。

总体来说，当前职业教育中高本衔接学习成果的认证、积累和转换工作处于探索阶段，国家开放大学致力于在学分银行体系框架内，整合贯通职业教育中高本衔接学习成果认证，并在实践中不断完善，满足学习者终身学习的需要。

第四章

学分银行制度在中国的发展

尽管学分银行制度的概念和运作模式受国外先进做法的影响较大，但经过这么多年的建设发展，学分银行制度在我国已经很好地实现了本土化，可以较好地适应我国职业教育和其他领域的相关发展，符合终身教育和学习型社会发展本质要求。随着学分银行建设和应用的深入发展，暴露出的一些问题也应引起我国学界的重视，要不断总结经验、吸取教训。

本章主要阐述了学分银行制度在我国建设的合理性和正确性。无论是从国际发展趋势来说，还是从我国职业教育改革、教育领域的多元探索来说，学分银行制度都有其合理性，大量成功实践充分证明该制度的有效性。通过相关案例系统分析了我国现阶段学分银行制度建设与应用的现状和存在的一些问题。

第一节　学分银行制度在中国建设的合理性

随着我国进入“十四五”发展规划阶段，国家教育事业发展的“十四五”规划具有新的时代特征和继往开来的里程碑意义，主要体现在“四个第一”上：在历史上，这是迈进新时代的第一个教育事业发展五年规划；在指导思想上，这是深入贯彻习近平新时代中国特色社会主义思想和党的十九大精神的第一个教育事业发展五年规划；在奋斗目标上，这是开启全面建设社会主义现代化国家新征程的第一个教育事业发展五年规划；在世界格局上，这是正处于百年未有之大变局中的第一个教育事业发展五年规划。职业教育领域的发展也将驶入快车道，通过学分银行制度的保驾护航，中高本衔接会迎来新的发展。

一、学分银行建设是顺应国际发展趋势的必然选择

国际上，大多数国家学分银行都是以学分制为基础的。学分制是学分银行制度的基础，学分银行制度是学分制的延展、升级。西方国家多年前开始实行学分制，随后这一制度在世界高等教育范围内不断发扬光大。当前，已有很多先进国家对学分银行的建设进行了积极的探索和大胆的实践。

美国学分银行制度最早起源于美国的大学和社区院校的学分互认机制。美国的教育改革肇始于19世纪中后期，20世纪80年代，美国开始建立大学和社区学院的学分互认机制，这就是学分银行机制的雏形。英国学分银行机制的建立起源于20世纪60年代。英国最先开始开展学分累积与转换机制是在开放大学，以课程模块化制度将课程进行有机划分，学生们可以按照模块进行学习并获得相应的学分，达到一定的学分积累后即可获得相应的证书。同时，英国开放大学的学生还可以利用在其他学校学习所获得的学分进行累积。

国际上一些国家在中高本衔接方面有一些经验可供参照。比如，英国的中高本职业教育衔接通过单元衔接模式来完成，就是把中等职业教育和高等职业教育的课程相互融合之后进行重新划分，制定出相互衔接的教学单元，其目的是降低相同课程的重复率，提高教学效率。美国中高本职业教育衔接是通过课程或者大纲直接衔接的模式来完成的。这种模式可以减少重复学习，节省学时，有利于对学生进行实践训练，为中职毕业生进入高职学习提供了便利条件。澳大利亚采用“培训包”衔接模式，“培训包”的开发由澳大利亚国家行业培训咨询委员会、行业协会和企业共同完成，“培训包”使职业教育与培训的体系更加标准化，职业学校的教育内容与行业的要求更加紧密结合，更重要的是使教学模式和学习方式更加灵活。日本中高本职业教育的衔接是对口入学的模式，最有特色的就是高等专门学校五年一贯制。在高等专门学校五年的学制内，中等职业教育课程集中在前三年，高等职业教育的专业科目集中在后两年，随着年级的增长，专业课逐渐增多，基础课逐渐减少，课程设定充分考虑

到课程的逻辑体系以及学生的接受能力，为中高本衔接奠定了良好的基础。

欧盟不同国家教育系统的复杂多样，给欧盟学分银行的建设带来严重阻碍，为推进高等教育的有效联动，实现资源共享，促进学生的交流和发展，欧盟国家开始寻求探索学分转换机制的良好契机。伊拉斯谟计划和博洛尼亚进程应运而生，成为欧盟学分转换系统建立的重要举措，有利于学生在欧盟国各大高校流动学习、资源共享，打破了不同国家之间的教育壁垒。

学分银行建设是国际社会推动终身教育理念、建设学习型社会的重要内容。随着社会的变革和科学技术的飞速发展，终身教育和终身学习的理念得到普遍认同和高度重视，很多国家开始将推动落实终身教育理念、建设学习型社会作为国家教育体系的重要内容。

美国在19世纪末期开始创设的社区学习机构非常强调实用性，因此在“二战”后的美国教育中效果突出。美国社区学习机构的建设和发展体现的是职业教育的重要功能，正是终身教育的最初实践。

韩国在20世纪末期的教育改革中提出了关于促进开放式终身教育社会和教育体系的革新设想，这一设想就是通过授权相关教育机构进行学分互认，确认除正规教育之外的其他所有非正式教育的学习成果，由此促进终身教育社会的形成。

将目前社会上所有正规教育、非正式教育结合，衔接好家庭教育、学校教育、社会教育，连接好曾经泾渭分明的教育体系，整合教育资源，做到资源共享，学分银行制度无疑是最适合的一项制度。

二、学分银行建设是我国职业教育改革的重要举措

我国在20世纪80年代已经开始探索职业教育领域的改革。当时发布了《关于同意试办三所五年制技术专科学校的通知》，提出“试办五年制专科教育”“建立层次分明的职业技术教育体系”等方针，有了国家的支持和规范，职业教育有了较大程度的发展，不过一直处于不温不火的状态，没有更加具有激励性的、符合中高本衔接的职业教育政策出台。后来，教育部印发《现代职业教育体系建设规划（2014—2020年）》和《关于积极推进高等职业教育考试

招生制度改革的指导意见》，提出要“加强中职教育基础地位、优化高职教育结构和完善职业人才衔接培养体系”“建立和完善多样化的高等职业教育考试招生方式”等，逐步拓宽中职学校毕业生升入高职学校学习的渠道。在推进我国职业教育改革的进程中，尤其在中高本衔接的理论构建、现实应用方面，学分银行都发挥了至关重要的作用。

（一）学分银行的优势是可以充分调动学生自主学习积极性

充分调动学生自主学习积极性，在中高职教育中十分重要。学分银行制度的灵活性有利于保持职业教育学习者的学习兴趣。教育的根本目的其实并不是让学习者一味地追求学历，而是让其对所学专业抱有持久的兴趣，在兴趣和理想的感召下逐步实现学以致用。学习者有时忙于自己的学历课程而忽视对自己所感兴趣的一些非学历课程的学习，因为学历课程可以得到国家机构的正规认证。学分银行制度的实施，可以让学习者根据自己的爱好，去选择一些曾经不被“认证”的科学文化知识进行学习，通过学分银行所累积的学分加以认定。学分银行制度可以使更多的学习者在不同领域受到认可，学习者自然会产生获得感和幸福感，有利于促进其自身全面发展。

（二）学分银行制度可以变革传统职业教育中高本衔接的方式

前文说过，中高本衔接并不是完全地一一对应，而是广义的衔接，如很多中高职的专业与本科专业并不能对应，课程体系、培养目标等也有这样不能完全对应的情况出现。学分银行恰恰是为更好地促进非学历教育而服务的，学分银行制度可以通过创新中高本衔接方式，突破职业教育中不同层级教育类型之间的壁垒，达到真正的畅联和融合、资源共享。所以，学分银行制度是发展职业教育中高本衔接不可或缺的一种制度。

（三）学分银行制度可以保证职业教育中高本衔接的政策支持

学分银行是以政府为主导的，面向全民的各类学习成果的管理与服务机构。学分银行为各类教育培训成果提供权威认定，为实现各类学历教育之间、非学历与学历教育相沟通提供了理论依据和操作平台。因此，学分银行的管理模式为中高本衔接“立交桥”的搭建扫除了障碍，可以保障中高本衔接的渠道畅通。有了学分银行制度的保障，学习机构可以设置大量学习者感兴趣的课程，学习者通过选课、学习，得到学分，积累学习成果。

（四）学分银行信息服务平台是实现职业教育中高本良好衔接的载体

学分银行信息服务系统是以数字化学习平台为依托，通过服务平台建立个人学习账户，实现个人的学习成果储存、学习信用管理的主要功能，是连接各级各类教育的通道，是能保证学习者、各类教育培训机构以及学分银行管理机构之间沟通的综合信息服务系统。职业教育中高本衔接完全可以借助学分银行信息服务平台，真正做到有据可循。服务平台可以为学习者提供各类高校和教育机构资源信息，以及个人学习成果认证、存储、转换的信息，推进学习者各方面的学习成果认证及积累转换，激发学习者跨地区、跨机构进行学习的动力，帮助学习者进一步选择与自己相适应的学习方向和学习资源等。

三、学分银行创建是我国教育多元探索的选择

学分银行制度是我国教育体系多元探索的结晶，经过自 20 世纪 80 年代开始的职业教育改革，根据多种招生模式、教育模式、衔接模式探索出符合国际潮流、符合中国特色社会主义教育事业的管理制度。

（一）学分银行健全完善了我国中高本衔接模式

学分银行制度已经被纳入国家与地方层面的政策和规划中，是国家明确规定的顶层设计和制度构想。我国中高职大致分为“一贯制”式、“分段制”式和对口招生式三种模式。“一贯制”式中高职衔接模式是指学习者在一所中等职业院校或者高等职业院校学习五年，毕业后可以获得高等职业院校毕业证，招生来源主要是初中毕业生。“分段制”式中高职教育衔接模式是中等职业院校和高等职业院校进行合作，学习者先在中等职业院校学习，而后转到高等职业院校学习，中职院校和高职院校一般通过签订培养协议，协商具体共同培养事宜。中职学生升入高职学校前必须参加由高职学校组织的自主招生转段考核，并且中职学校学生参加转段考核的人数与高职学校招生人数之比为 1.5 ~ 2。这就意味着中职学校有部分学生转段考核后无法升入高职学校继续学习，而必须进入社会进行就业，因此中职学校在对学生进行人才培养时无法完全执行中高本学校一起设计的“中高本衔接三二分段一体化人才培养方案”，

导致中高职衔接不到位，现代职教体系“立交桥”没有真正建立起来。对口招生式中高职教育衔接模式是高职院校通过对口专业的招生考试来招收学习者，招生对象为中等职业院校毕业生。招生考试是由当地教育行政部门统一组织的，学习者就读的中等职业院校与报考的高等职业院校之间不存在合作关系。利用学分银行制度，可以实现中高职学习成果的互认与衔接。把学分银行引入中高职衔接教育中，探索完善学分制管理，建立学分积累和转换制度，有利于促进很多中高本专业的各级各类教育纵向衔接、横向沟通、搭建终身学习“立交桥”。

（二）学分银行制度打破了中高本衔接的各种约束和限制

学分银行制度的建设能够破除办学管理体制障碍、破除专业限制、减少教育资源耗费、破除封闭学习时段的限制、打破职业资格的藩篱。学分银行的建设是由国家或地方政府牵头整合的，这一管理模式能够突破中职、高职、本科等不同管理部门的归属问题，进而打破不同层次教育之间的层级和壁垒。学分银行的衔接采用的是认可学习成果和学分的方式，可以减少学校或教育机构对专业和教学计划的改造、对课程调整时产生的经济成本，通过直接的标准化学分转换，认可学习者的学习成果，减轻学习者的时间成本和学费负担。学分银行通过学历资历框架制度，利用标准化的层级定位和标准化的学习成果有效衔接中高本，提高中高本之间的关联性。通过资历架构，可以明确学习者所处的层次，在层次之内，通过不同知识、技能、能力维度标准对每一门课程或每一个知识单元进行评价，因此，学分银行模式的建立，能够纵向衔接教育层次、横向贯通教育类型，增强评价中高职教育学历及职业能力衔接的科学性和合理性。

（三）学分银行制度使全民学习、终身教育成为可能

学分银行制度的实行，符合我国教育事业的发展规划，使全民学习终身教育成为可能。学分银行让“学分”这一原本只存在“象牙塔”里的概念走入社会，普通大众也可以通过自己选择的多种教育方式获得学分，积累成学习成果，获得社会认可，而不必纠结于学历的限制。教育是百年大计，要坚持把立德树人作为中心环节，把思想政治工作贯穿教育教学全过程，实现全程育人、全方位育人。学分银行制度除了充分发挥学校教育的积极作用，还引入家长、

社会参与机制，将家长的鼓励、社会的引导体现在学生个人成长过程之中，同时注重学生个人成长过程的正向评价与过程积累，全方位、多维度、立体式助力学生品德养成。

通过学分银行制度的标准建设，探寻不同类型职业教育学习成果互认和转换的新型教育管理模式，加快职业教育改革和发展步伐，培育社会经济发展真正需要的素质全面发展的人，是一个重要的时代课题。

第二节 我国学分银行制度建设现状及问题

目前我国关于学分银行建设与应用等问题的研究还处于起步阶段，基本是以终身教育为理论框架，在全国各地已经取得一定的成绩，对于职业教育的长足发展起到了至关重要的作用，但具体的教学体系、国家支持政策、经费保障等问题还有许多亟须厘清的地方。

一、学分银行制度建设发展的现状分析

从我国目前学分银行的建设实践来看，大部分采用的是“框架＋认证”的模式，将资历框架标准和学习成果认证相结合。与很多国家学分银行建设的不同之处在于，我国学分银行的服务群体除了受过高等教育的学习者，还有一些中、低学历者。这恰恰体现了我国学习型社会的建设成就。

学分银行受众面广泛，践行学习型社会。借鉴国外学分银行的建设经验，我国在基于资历框架和学习成果认证制度的基础上引入了该制度，全国各地的实践探索表明我国学分银行建设以来，受众广泛，民众接受程度较高，包括普通高校、职业院校、成人高校、行业、企业、教育培训机构等的学习者。如马鞍山市烟草公司学分银行整合企业内外部各类培训资源，使职工可以有针对性并灵活自主地进行继续教育和职能培训，员工获取的学分直接与内部考核激励制度和职位晋升挂钩，从而促进员工不断提升自身职业素养（王海东等，2017）。另外，以国家开放大学为例，为了落实职教 20 条和配套 1+X 证书制度试点，国家开放大学搭建了职业教育国家学分银行平台，所有参加 X 证书试

点的学生都可以在学分银行同步建立个人学习账户，这些证书同步存入其学分银行的个人学习账户，经过学分银行认定后，就可转换为相应学分（张伟远，2020）。其目的就是通过资源共享向社会面或一部分适合的学习者开放课程，互认学分，如图 4–1 所示。

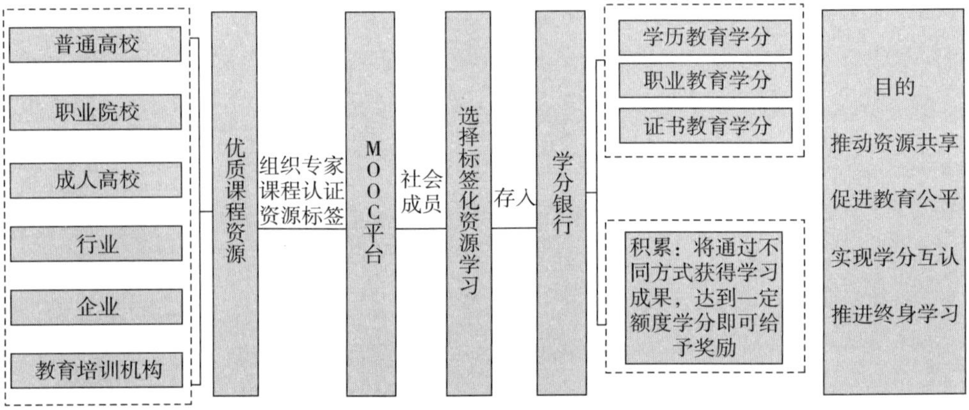

图 4-1　探索资源共享与学分互认、合作机制以及商业模式

学习成果的认证是学分银行建设的主要内容。从目前我国学分银行的建设实际来看，在协议体或高校联盟内的学校和机构是可以实现学分互认、成果认证的，如国家开放大学、某区域的电大系统不同层次的开放教育、一定范围的城市社区教育等。但还没有形成大范围、全方位的适合新时代终身教育体系的学习成果认证，还没有一个被广大民众所认可的认证学习成果的权威机构。

学分银行的国家政策支持力度持续加大。从《国务院关于印发国家教育事业发展“十三五”规划的通知》到《国家中长期教育改革和发展规划纲要（2010—2020 年）》，国家一直强调构建体系完备的终身教育，使学历教育和非学历教育协调发展，职业教育和普通教育相互沟通，职前教育和职后教育有效衔接。从目前来看，理论界普遍认为学分银行是搭建终身学习的“立交桥”，是打通各类教育进出渠道的有效制度和工具。

二、学分银行制度建设发展存在的问题

学分银行是在国外很多国家倡导的“学分制”基础上进行建设的，并不是我国原创的。作为借鉴的一种新事物，其在我国的生根发芽需要一个长期接受、调适的过程。除相关研究成果不多之外，学分银行本身的建设也是错综复杂的。除了国家的顶层设计，还要求全体社会成员接受终身学习的理念，真正形成建设学习型社会、学习型城市、学习型家庭的社会风气。

（一）学分银行的学习成果缺乏社会公信力

这是学习者的学习成果没有被社会范围的广泛认可造成的。学分银行在某些地区确实取得了丰硕的成果，如上海、广东等地，在某些高校联盟也实现了学分互认。但若想实现更大范围的成果认证和学分互认，需要建立一个权威的、被民众所认可的机构，这个机构可以是国家层面设立的，也可以是国家授权具备资质的第三方独立的认证机构。

（二）关于学习成果积累、学分转换与学分互认的国家资历框架标准还未建立

学习成果可分为学历教育和非学历教育两大类，每一类都可以分成若干学习单元，每一单元对应不同等级的知识、技能和能力，学习者积累足够多的某一资格证书所要求的学习单元学分后，即可获得相应证书。理论上，通过基于学习成果框架的认证单元（标准）组合非学历证书体系和学历教育课程体系，实现两类学习成果之间的无缝衔接，即为融通。先在学习成果框架中找出与学习成果相对应等级的认证单元，依据对应的认证单元组合开发学历教育专业课程体系和教学内容，也可以开发非学历证书的标准，如表 4–1 所示。就目前的实际情况看，基于学习成果框架的认证标准只是在一定范围内试点，比如国家开放大学学分银行联合 20 多家相关行业机构制定认证标准，广东终身教育学分银行和江苏省终身教育学分银行在学分银行标准建设方面也做了有益的尝试。但还没有在国家层面的统一设计，因此，我国需制定一套基于国家资历框架的学分积累、转换与认证的统一标准体系，从而促进各类学习成果之间的互通。

表 4-1　　依据认证单元组合证书和专业课程体系

非学历证书	学历教育专业（课程体系）			
单元 1、单元 2 单元 3、单元 4 单元 5、单元 6 单元 7、单元 8 单元 9、单元 10 单元 11、单元 12 单元 13、单元 14 单元 15、单元 16	双证课程名称	涉及单元	单元学分	课程学分
	课程 1	单元 1/3/7	3	3
	课程 2	单元 2/4	2	2
	课程 3	单元 5/8/9/10	4	4
	课程 4	单元 6/11/12/16	4	4
	课程 5	单元 13/14/15	3	3

（三）学分银行的建设仍需要细化的政策出台

国家出台的有关终身教育的意见目前都是方向性的指导意见，缺乏细化的可操作的实施细则，严重影响了学分认证和转换的进程。尤其要在学习成果认证的框架和标准上达成共识。不能只有“好好办”的态度，还要有“一定办好”的行动和政策支持。无论是国家指导政策层面，还是具体的教育部门，都要继续完善有关学习成果积累、转换与认证的指导文件，并配套相关政策。

（四）学分银行相关的质量监控体系还不够健全

健全相关质量监控体系是学分银行建设的重要保障。我国的学分积累是面向全社会的，门槛相对于学历教育较低，因此，要充分保证学习者学习成果的质量才能有助于下一步的学分互认、资历取得或证书的认可。这就要求对学分银行的运行质量进行监督和检查，保证学分银行的社会认可度。

第三节　基于学分银行建构中高本教育衔接的现状及问题

在我国传统教育体制下，中高本教育系统缺乏有效的衔接途径，很多研究者也一直致力于该领域的相关研究，只不过囿于体制机制、课程设置等具体问题还没有寻找到最优的途径。学分银行制度模式下，引入中高本教育衔接，通过开放的平台、灵活的学习形式打破之前该领域的一些屏障和壁垒。虽然如此，学分银行在建构中高本衔接过程中依然存在一些尚需改进的问题。

一、基于学分银行建构中高本教育衔接的现状分析

学分银行解决了中高本衔接中的招生难题。中职的学生入学门槛相对较低，而高职教育一般只招收具有高中学历的学习者，本科教育更是对学习者的资历有较高要求。如果中职毕业的学生想继续到高职就读，那么在传统教育体制下就会困难重重。而学分银行制度则可以帮助中职学生通过学习成果的积累，获得被认证的学分，并将其储存到自己的终身学习账户。这样，中职的学生在进入高职阶段学习时，就可以通过认证的学分补足在中职阶段课程与高职不能衔接的缺陷，继而深造自己。高职与本科的衔接也是如此。

学分银行制度采用的灵活学习形式助力中高本衔接的高效运行。传统教育体制下，中高本衔接的专业设置契合度低，妨碍了衔接的有效性。而学分银行沟通了各级各类不同层次不同类型的教育，能有效破除专业选择的障碍。学生可以在学分银行资料库中学习自己感兴趣的课程，完成学习后取得相应的成绩，通过银行对成绩及学分的认定与转换，最终获得的学分可以与高职院校中相应专业的学分进行转换，从而拓宽了专业选择的范围，实现学生的个性化发展。此外，中高本现行的学分制缺乏灵活性，在实践层面较死板。如学生的学习年限被严格规定。而学分银行学分认定不受学习年限的限制，只要修够一定的内容，通过学习成果认证，就能获得学习成果认证证书，灵活自主。在学分银行里，每个学习者都具备个人终身学习账户。所有的正式、非正式的学习成果都可以在学分银行里进行储存、认证与转换，学习者可以根据自己的时间安排学习，从而实现个性化的定制学习（江颖，2018）。这样避免了教育资源的浪费，实现了教育资源共享，提高了学习效率，真正达到国家采用学分银行制度的目的。

学分银行制度助力中高职学习者学习成果的认证与认可，为进一步与本科衔接奠定扎实的基础。对中职、高职学习者学习成果的认证和认可是学习者进行继续教育的坚实保障。在学分银行制度下，中职、高职的毕业生可以通过学分的积累和转换为进一步的学习深造提供依据，也是对学习者所有学习成果的一种社会认可，是践行终身教育的前提。通过目前我国学分银行的院校联盟、

试点项目等政策，学习者可以直接凭借积累的学习成果进行深造。

二、基于学分银行建构中高本教育衔接存在的问题

基于学分银行制度的种种优越性和灵活性，其在我国中高本教育衔接中受欢迎程度较高，但作为一个发展时间不算长的新生制度，需要我们探究的问题依然较多。

学分银行在中高本教育衔接中仍有一定的体制机制壁垒。我国大部分院校主体采用的依然是班级授课制。即使是新冠肺炎疫情防控期间，线上课程的安排也是以班级授课的形式，上课时间固定。这就限制了有兴趣选学其他课程的学习者，他们不敢贸然增选其他课程，因为担心班级内的课程修不满学分，传统的固定时间地点的授课形式依然在人们心中根深蒂固。虽然互联网教育飞速发展，但要想转变这个观念不是一朝一夕的事情。因此，需要在学分制、年限、授课制等体制机制层面破除壁垒，平衡诸多因素。相关教育部门应该充分吸收国外各大教育机构学分银行制度实施的经验，再结合我国的具体情况完善落实学分银行制度。

学分银行在中高本教育衔接过程中实践难度依然很大。各个教育机构、院校的教学质量不一，因此，在没有认可度较高的评价机构进行认证的前提下，教学质量好的学校就对其认为教育质量低的院校学生的学分认可度低，进而阻碍了学习者的再教育。缺乏权威的认证机构、缺乏公认的学分互认标准体系都阻碍了学分银行的推广。

依据学分银行认证标准建立的中高本衔接课程以能力为引领，寻求兼容灵活的课程设计体系，如图 4–2 所示。模块化的课程体系应该分层次建设，教育系统应当基于资历框架为低层次和高层次的人群设立不同的课程标准，体现中高本课程间的连续性、顺序性和整合性。连续性可以保证学生对各阶段学习的认知特点；顺序性保证了学生在选修课之前对基础专业课的学习，这样通识性课程的学习才能更连贯；整合性避免了资源的浪费，可以有效地减少中高本课程重叠现象的发生。

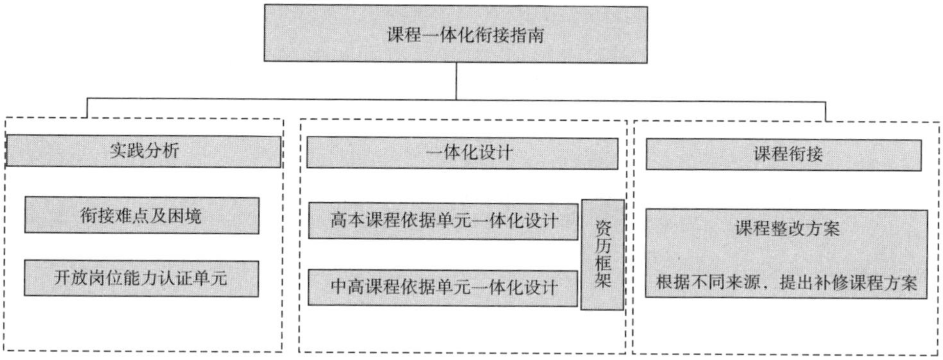

图 4-2　中高本课程一体化设计衔接指南

学分银行制对于学生的自主学习能力及可持续发展有着重要的作用，它是中高本衔接史上的重要转折。为更好地运用学分银行制度实现中高本“立交桥”衔接，适应终身教育需要，保证学习的终身性、广泛性、多样性，要勇于发现学分银行实施过程中遇到的问题，尤其是学分互认和转移中存在的问题，以便采取合理的措施，进一步促进中高职有效衔接。

第五章

学分银行的运行机制

学分银行模式模拟了银行的一些功能，参考了银行的单位管理系统的一些特征，将学分量化、识别为一个对象单元，基于一定的评价和管理系统，积累不同类型的学习成果并进行经验转换。对于学分银行建设来说，建立科学的运行机制具有十分重要的意义。

本章分三节，主要就学分银行的运行机制展开论述，首先是学分银行运行机制的特点、影响因素和基本功能。其次是学分银行的运行体系，包括学分银行信息化服务平台运行、学习者学习账户与终身学习档案的运行和学分银行的扩展服务模式运行。最后系统研究了学分银行的管理制度，包括学分银行管理办法及工作规范、学习成果认定、积累与转换办法和学分银行档案管理办法。

第一节　学分银行运行机制的特点、影响因素和基本功能

一、学分银行运行机制的特点

一般来说，学分银行运行机制的特点主要包括权威性、规范性、开放性、灵活性、通用性和复杂性，详见表 5–1。

表 5-1　学分银行运行机制的特点

特点	具体内容
权威性	学分银行对学习成果进行评估、认证和管理，应按照相关管理制度和方法进行操作和运行
规范性	主要体现在学分的认定上，学分银行建立了科学合理的认证标准和规则，确立了学分认定的条件、规范等。对于学分的积累和转换，还建立了规章制度，总结了标准流程，制定了相应的规章制度和管理办法
开放性	学分银行打破了传统教育的封闭模式，通过对学习成果的认证、积累、转换为学生提供了更多的学习机会，拓展了传统教育的时空界限，真正实现了“有教无类”；它还提供了整合和交流不同类型教育和不同教育机构的实用方法
灵活性	这主要体现在学分银行承认学生的个体差异，尊重学生在教育过程中的主导地位。允许学生在指定的学分银行系统内，根据自己的特点和需要，自主灵活地选择学习内容，形成自己的知识结构和能力体系
通用性	学生通过学分银行交换的各种学习证书适用于全国各地，由合格专家组成的学分银行理事会确保并控制证书的使用效果
复杂性	学分银行的管理和服务非常复杂，需要改革各种教育管理制度，涉及学生账户的创建和使用、学分的确认、积累和转换等；此外，各类教育培训的宏观管理和微观管理必须有相应的观念更新和制度创新

二、学分银行运行的影响因素

学分银行运行的影响因素主要包括人和组织因素、物的因素以及载体因素，详见表 5–2。

表 5-2　学分银行运行的主要影响因素

影响因素	具体内容
人和组织因素	学习者、合作者、政府等
物的因素	学分、学分认定、积累与转换标准及相关的制度与协议、系统平台、专业与课程、证书、资金等
载体因素	政策与法规、文件批文、合作院校联盟公约、管理制度、利益分配制度等

三、学分银行的基本功能

学分银行的基本功能主要是对学习者的各类学习成果进行存储、认定、积累和转换，并提供学习咨询、学习成果查询和信用保证等公共服务（郭富强，2019），如图 5–1 所示。

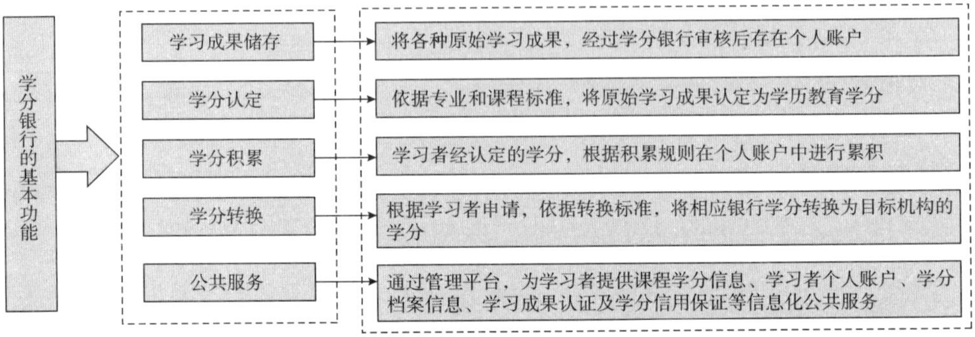

图 5-1　学分银行的基本功能

第二节　学分银行的运行体系

学分银行是按照一系列标准进行学分存入与积累、按照一系列协议进行学分转换来运行的。从相关领域国内外大量理论与实践来看，高效完备的学分银行运行体系，往往是建立在先进的信息化服务平台、学习者学习账户、终身学习档案以及学分银行的扩展服务基础之上的。学分银行的运行体系如图 5–2 所示。

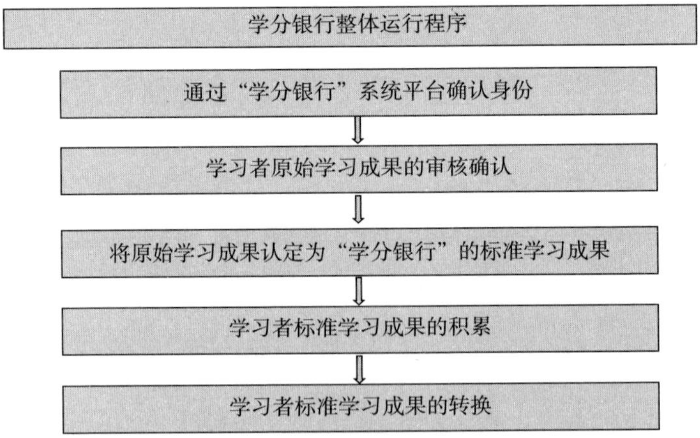

图 5-2　学分银行整体运行程序

一、学分银行信息化服务平台运行

2020 年 1 月，职业教育国家学分银行信息平台顺利开通，国家开放大学学分银行定位于服务信息平台，总结、利用和完善已有研究与实践成果，搭建职业教育国家学分银行制度框架，聚焦职业教育领域，服务 1+X 证书制度试点，开展职业教育国家学分银行建设；顺应国际趋势，结合中国国情，同步探索构建国家资历框架，为建立具有中国特色的国家学分银行奠定基础。随着职业教育国家学分银行建设的推进，学分银行在中高本衔接中将会是一个重要部分。目前，已为 73 家培训评价组织、4076 家试点院校、32 家省级教育行政部门、273 家地市级教育行政部门建立了业务管理账户。

在学习成果互认联盟总体框架下，组建资源共享与学分互认联盟。借用 MOOC 机理建设标签化的在线课程学习平台，按照在线课程认证（评价）指标和准入标准，对各试点单位提供的试点课程资源进行认证，学习者可以在平台上任意选择课程资源学习，经考核合格可获相关颁证机构授予的学分或所获课程学分可被有关机构认可，以此探索课程认证、资源标签的路径与方法以及资源共享和学分互认机制。

通过建立格式统一的终身学习成果档案要素模板，设计网络平台功能架构，撰写网络平台需求分析报告，开发并运行网络平台，来实现网络平台建设以及与异构系统的互联互通。实施路径为建立统一格式的终身学习成果档案，探索建立网络平台与各类学习成果管理系统、各教务管理系统以及公安部的“公民网络身份识别系统”（eID）、人力资源和社会保障部的“国家职业资格证书全国联网查询系统”、教育部的“中国高等教育学生信息系统”等异构系统之间的数据对接或互联互通机制。最终形成格式统一的终身学习成果档案要素模板，形成网络平台与异构系统之间的数据对接或互联互通机制。

（一）学分银行信息服务平台设计原则

首先是系统安全原则。对于学分银行信息管理平台来说，它不仅信息量大，还涉及大量个人隐私，所以学分银行的信息安全尤为重要。不仅要做好服务器安全、物理设备安全、网络设备安全、防范黑客入侵和病毒入侵等方面的工作，还要加强应用中的系统防范和数据安全。

其次是平台开放性原则。由于学分银行是面向全体公民和各类教育培训机构以及相关的人才评价和管理机构的，因此，平台要能提供标准化的开放接口，支持多平台接入，实现与各级各类平台数据对接。

最后是满足海量数据处理原则。学分银行的目标是为终身学习人才的成长搭建广泛的“立交桥”。它面向整个社会的成员、教育和培训机构以及雇主。为了实现终身学习过程的可追溯性，要在一级整合不同相关异构学习平台的数据，形成关于用户的大量信息，因此，有必要支持海量数据处理。

（二）学分银行信息服务平台总体架构

为确保学分银行信息平台有效服务于学习成果的认证、积累和转换，在分析主要功能的基础上，设计平台的总体架构，学分银行信息平台的用户需求和业务需求。从三个层次的通用标准架构来看，学分银行信息平台的总体架构也可以分为以下三个层次。

1. 基础数据服务层

学分银行涉及所有人的生活，面对的是所有公民。它拥有大量的用户，分布广泛，数据类型复杂，将形成大量的数据。为了高效处理海量数据，需要特别设计基础数据服务层，主要包括海量数据并行管理与分析、基于大数据自适应分片粒度的数据管理与分析处理方案和多任务间的并行数据处理，以及多个节点之间的数据并行处理等。该技术的核心是利用数据挖掘技术对异构数据进行重组。

2. 业务逻辑处理服务层

学分银行信息管理平台的核心是业务逻辑处理层。该层级旨在为平台的业务服务提供不同的功能，主要包括学分转换标准制定、机构申请与管理、学分成果认定与转换、教育机构管理与动态评估、学分模型转换、人才信用度和职业能力评估体系以及人才推荐、就业服务、招生招聘、职业培训、网络课程资源等服务功能。学分银行信息服务管理平台不仅对学习成果进行存储、积累和转换，还应提供个性化的职业培训、就业导向，为社会成员提供创业和其他服务的指导，以及对教育机构和商业联盟的人才结构和教育资源管理的分析。此外，它还提供了一个有针对性的人才评估模型，可对人才成长的多个因素的可视化数据进行相关性分析。

3. 应用服务层

学分银行应用服务的主要功能是管理学分银行的所有活动。从认证层次上分为：学分银行认证管理中心、学分银行认证管理分中心和学分银行认证管理站（点）。其主要功能包括各级教育机构的学分认证、各类培训机构的学分认证和学习者参与各类社会活动的学分认证。作为一个高级商业管理组织，学分认证管理中心主要负责管理和认可教育机构和国家认可专业的学分，以及根据社会的就业动态，为不同层次、职业和年龄的人设计永久性教育和培训系统。

二、学习者学习账户与终身学习档案的运行

个人学习账户是指学校、培训机构或者学习者本人在学分银行建立的个人账户，记录学习者终身学习的成果。学习账户拥有记录和累积功能，对学习者在数年内的连续或间断学习所获得的正式（规）和非正式成果进行记录并且加以累积。学习账户可以作为记录学习成果、认证继续教育学分、确定技能水平（包括专业技能和其他技能相关领域的评估）、促进就业、资助和奖励学习的依据。

终身学习档案以学分积累与转换为基础，通常用于记录学习者的基本信息、学习经历和已经取得的学习成果等。通过建立终身学习档案，可以促进正式和非正式学习成果的认证和积累，有利于提高教育的透明度和就业率；可以提供更为全面、准确的学历教育、非学历教育数据，有利于教育管理部门把握教育发展的整体格局，科学决策；可以提供教育需求的基础数据，有利于教育服务机构为学习者提供有针对性的教育服务，提高办学水平和服务质量。

当学生注册为学分银行用户时，他 / 她可以向学分银行提交他 / 她的原始修订学分申请，以便根据规则进行确认和转换为标准银行学分，银行学分将自动进入个人学习账户并自动累积。每个学分都有与之相对应的学习经验和内容。根据学分银行中每个标准学分对应的转换内容学生可以拥有相应的权利。他们可以要求学分转换，也可以不使用学分转换。学分银行作为终身学习管理的一种有效模式，能够实现学习者学分的积累和转换，对学习者的学习成果进行认证，使学习者获得一定的学习凭证。学分银行不仅能够建立学习档案，促

进各类学习成果之间的相互转换，激发学习者不断向前，还可以为不同类型的学习者提供终身学习的服务，有助于构建终身教育体系和学习型社会，有助于社会的发展。

三、学分银行的扩展服务模式运行

20 世纪中叶，发达国家开始纷纷建立学分银行体系，20 世纪末基本形成了具有自身特色的扩展服务模式和认证服务体系，并产生了广泛的影响。

1. 南部地区教育委员会

由美国南部地区教育委员会成立，通过了社区学校互认（SREB）政策，其 16 个成员国的远程教育机构和公立学校通过通用转换机制相互联系和认可。

2. 欧洲学分转换和累积系统（ECT）

由欧盟委员会管理，主要用于高等教育，通过课程学分进行认证，并可在参与国进行分配和转换。

3. 澳大利亚资历框架（AQF）

由澳大利亚资格委员会管理，主要用于义务教育后普通和职业教育。它通过统一的国家课程规则、学分转换规则和资格认证基本信息系统得到保障。

4. 韩国学分银行制（ACBS）

由韩国政府的国家终身学习学院管理，主要用于高等教育的继续教育，由《学分认证法》支持，并由教育部及其认可的教育机构认证。

5. 英国资历与学分框架（QCF）

由英国资格监管机构和专业能力委员会管理，主要用于职业教育和培训，通过建立学分评级单位体系得到认可，以及由认可机构颁发和认证。

第三节　学分银行的管理制度

一、学分银行管理办法及工作规范

学分银行制度是通过模拟和借鉴银行的功能和特点，将学分作为计量单位，按照学分银行统一的标准，来实现学习者各类学习成果的存储、认定与转换的学习激励制度和教育管理制度。

学分银行为各机构单位和全体市民服务，通过开展学校之间、学校和企业之间的交流与合作，探索不同类型的学习成果的存储、认定和转换，推进学历教育和非学历教育、推进职前教育和职后教育以及各级各类教育的衔接和融通，构建终身教育平台，服务学习型社会的建设。

（一）功能定位

学分银行负责机构和个人学习账户的建立和管理。与机构用户合作，制定转换学习成果的方法，并实施学习成果转换。提供与个人学习成果的存储、识别、积累和转换相关的服务，创建终身学习档案，进行学习成果登记，解决关于学习信誉和学习成果证明的问题。

（二）组织架构

学分银行设立管理委员会和专家委员会，由管理中心、管理分中心、联盟成员单位组成。管理委员会负责学分银行的调整，研究解决学分银行面临的困难和问题，指导和监督有关学分银行的政策和措施的实施，完成教委委托的其他工作；专家委员会负责询问学分银行的政策、制度、规则和重要问题，进行转学分纠纷的裁决，负责学分银行信息平台的建设和发展咨询，完成管理委员会委托的其他工作。

（三）管理运行

学分银行应当实行系统统一的管理。学分银行涵盖的各级组织都尊重标准和准则，尊重质量标准，认真履行任务，开展务实细致的工作。学分银行可以对各分中心和成员单位进行检查、评估。学分银行应建立学习成果信息数据库，个人学习成果应在分中心、成员单位初步审查或城市中心审查后存入学分银行。

学分银行应建立学历教育、非学历教育、非正式学习和其他形式学习成果的存档、识别和转换系统。学生获得的所有类型的学习成果都可以存储和积累在学分银行中，并根据某些规则进行确认和转换，作为学习者获得学分、免修免考课程和获得专业资格证书的基础。

（四）经费保障

学分银行建设资金纳入年度预算专项资金，并按原融资渠道分别予以担保。学分银行应坚持财务制度，加强财务管理、审计，落实内部审计制度，合理、严格使用资金，确保资金的高效使用。

（五）学分体系设计

实施学分银行制度的重点和难点是建立严密、可量化、可操作的科学学分体系。在制定课程体系时，可以参考省级以上教育行政部门制定的学分银行相关政策，研究不同地区学分银行建设的经验，特别是专业学院在这方面的优势，组织 985 和 211 大学专家设计标准化课程体系。这个标准化系统应该是一个动态的课程体系，每年都要根据社会需求、教师和学生需求以及学术发展需求进行审查和更新。

（六）质量管理体系设计

高效的学分银行体系的定期推广和深入发展离不开可靠的质量管理体系的支持。不同的教育形式对应不同的教育质量保障模式，在进行质量管理体系设计时，应该随时监督与检测输入保障、过程保障和输出保障这三个保障教育质量的衡量指标（缪芸芸，2018）。

二、学习成果认定、积累与转换办法

目前，根据我国继续教育领域学习成果的不同呈现形式，我们将学习成果分为学历教育学习成果、非学历教育学习成果和无一定形式学习成果三种类型。学历教育学习成果是学习者通过普通高等院校、中高职院校、成人高校以及网络教育机构获得的，主要呈现形式为毕业证书、学位证书、肄业证书、课程结业证书等。非学历教育学习成果是学习者通过教育培训机构、职业技能鉴定机构和参加全国统一考试获得的，主要呈现形式为国家职业资格证书、国家等级考试证书、岗位技能培训证书和培训项目等。无一定形式学习成果是学习者通过平时工作与生活积累的学习成果，没有固定呈现形式，通常表现为工作经验、工作经历、工作技能、技术创新、技术成果、发表作品、文化传承和竞赛奖励。

学习成果的认证、积累和转换是构建教育体系和终身学习社会的重要支撑和环节，也是当前教育体制改革创新的契机和起点。通过教育部职业教育与成人教育司委托国家开放大学开展的“国家继续教育学习成果认证、积累与转换制度的研究与实践”项目的研究与试点等专项工作，我们已经看到，尽管这一体系在不同国家的表现形式不同，但大多数都采取了由政府主持或支持的资历框架体系的形式，以比较各种学习成果的统一价值为核心和方向。总之，学习成果的认证、积累和转换是这样一个过程：个人将其学习成果存储在学分银行，但只有通过学分银行认证的学习成果才能进行有序转换，认证应至少与资历框架的级别相对应。根据实质等同原则，如果个人持有的机构的学习成果被其他机构认可和接受，学分和课程的转换可根据相应的规则进行。学分制可以为个人终身学习提供服务，个人的学习成果可以根据不同情况进行组合。学习成果转换的基本流程如下。

（1）具有颁证资质的学历教育和非学历教育机构按照《学习成果互认联盟章程》和《学习成果互认联盟工作规程》的要求，填写入盟申请表。提交机构相关信息、资质材料以及申请转换的学习成果相关信息和材料等。学分银行组织专家按照《机构审核工作规程》的要求，对机构（包括学习成果）进行审核，审核通过，即可加入联盟。通过学习成果转换管理网向社会发布机构名册和学习成果名录。

（2）联盟机构之间协商确定需要转换的学习成果，机构双方填写学习成果转换意向表，经过双方签字盖章后，提交给学分银行。

（3）试点单位组织专家按照“框架 + 标准”的工具和方法，制定分行业领域的认证单元（标准）。

（4）按照不同类型、不同层次学习成果之间的转换需求，选择应用路径，制定各式各样的转换规则。

（5）根据学分银行提供的学习成果转换协议模板，转换机构之间签署学习成果转换协议，签字盖章后，机构双方留存并提交 1 份给学分银行，以便提供学习成果认证、积累与转换服务。

（6）通过学习成果转换管理网向社会发布经过标准委员会审议的认证单元，

发布颁证机构之间签署的转换规则（李静等，2020），参见图 5-3。

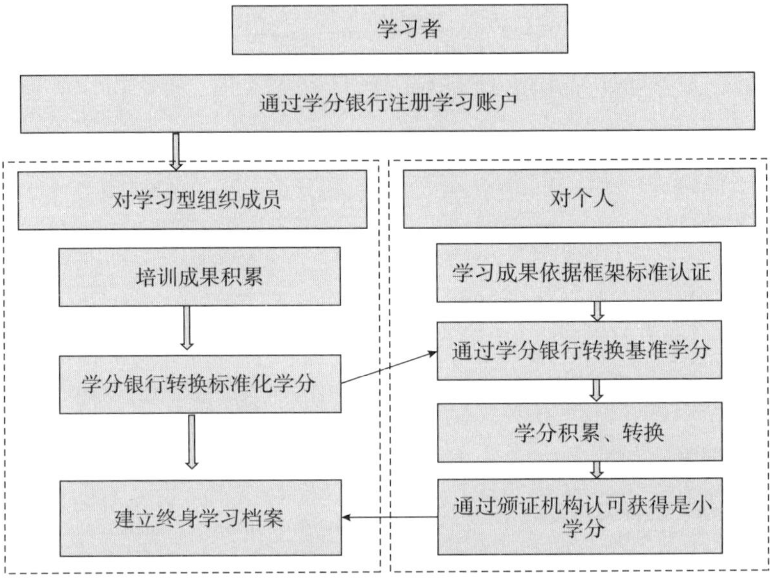

图 5-3　学习成果积累与转换示意图

在学分银行的功能模型中，学分的流动主要分为两种方式：认证和转换。所谓学习成果认证，是指根据学习成果的标准认证，将学生不同类型的原始学习成果识别为学分银行学时学分（标准学分）的过程。所谓学分转换，是指根据学分转换规则，将存储在学分银行的标准课程的学分转换为接收机构相应课程的学分、证书或文凭的过程。转换是从学分银行内部到外部的过程，是学生使用学分的主要方式。转换的目的，一是实现标准课程学分到目标机构的转移，主要是解决在不同教育机构课程互选、学分互认的问题；二是标准课程学分到相关证书的转换，实现学校教育与职业岗位的沟通；三是学习者存储在学分银行的标准学分累积到一定程度，可到目标机构兑换学位证书，实现多方式学习与学历教育的沟通（郭富强，2016）。

结合我国的国情，我们认为学习成果认证、积累与转换制度应以资历框架为引领，以“框架 + 标准”为技术路径。框架，指的是学习成果框架，也称资历框架。标准，指的是认证标准，认证单元是认证标准的核心内容，认证标准是通过一个个认证单元实现的，包括认证单元和转换规则。“框架 + 标准”是指学习成果框架下的学习成果，依据认证标准进行认证、积累与转换。

三、学分银行档案管理目标与办法

终身学习档案是学习成果的载体、学分认定的凭证，是档案工作长期忽视的管理对象。应在省域学分银行制度框架下，分析终身学习档案内涵、价值，研究终身学习档案的产生路径及管理对策，为“构建服务全民终身学习的教育体系”提供具有公信力的档案管理和利用服务（王子鹏，2021）。

中共十九届四中全会强调，要建立为全民终身学习服务的教育体系。学分银行在促进各级各类教育的纵向联系和横向交流，实现学历和非学历学习、正式学习和非正式学习成果的相互承认和转化，建立终身学习的“立交桥”，以及构建终身学习教育体系中发挥重要作用。目前，上海、江苏、浙江、广东、福建、云南、四川、黑龙江等地已开展了以地方开放大学（大学广播电视）为基础建设省级学分银行的实践。

在特定的业务流程中，学习成果是确定学分的基础，学习成果的载体是终身学习档案。学分银行必须做好“学分”和“终身学习档案”的测绘工作，并同步存储。由此可见，学分银行具有档案的属性。档案馆是集中管理特定领域档案的专业机构，而学分银行可以被视为集中管理终身学习档案的专业机构。基于此，学分银行体系的功能是管理终身学习档案，以档案馆的权威为基础保证学分的可信性。学分银行将终身学习档案（学习成果）转换为可量化的学分，用于数字化管理和使用。

（一）学分银行档案管理目标

终身学习强调学习与生活的有机结合，包括学习者各个阶段的学习活动，包括正规学习、非正规学习和非正式学习，形成正规学习档案，非正规学习和非正式学习档案。非正规和非正式学习档案通常不由专门机构管理，基本处于原始的状态，没有机构对其进行保障。作为各级各类教育纵向衔接和横向沟通的“立交桥”，学分银行不仅可以管理正规的学习档案，还可以为非正规和非正式学习档案提供灵活识别、积累和转换学分的服务。整合和管理学生的永久性学习档案已成为唯一的选择。基于此，管理终身学习档案的目的是利用学分识别这一核心环节，实现以学习者为中心（例如，以学生为档案管理单位）。

（二）学分银行档案管理办法

终身学习档案管理用于学分的认定、积累和转换。获得学分的方式决定了终身学习档案的保存方式。目前获得学分的主要方式有两种：方法一是持有国家系列结业证书、专业资格证书、科研成果、竞争性奖项和学分银行认可的其他文件及学分银行认可的学分，方法二是学生在学分银行指定的电子学习平台上累积在线学习学分。整个学习过程由学习平台记录。

针对方法一，学分银行与许多教育机构有映射关系，学分识别需要教育档案部门的合作。大学档案馆是唯一颁发档案证书的机构。大学档案部门颁发的学习证书更具可信度。档案部门为学生发放学习证明材料，并帮助学分银行确定学习成果的真实性。学分银行不仅要把学习成果转换为学分，还要做好归档管理工作。由于学分银行和教育机构的学分转换规则可能会被修订或废除，学分银行需要打包和存储学分、终身学习文件，以支持学分和学分转换规则。

针对方法二，学分银行和电子学习平台是一对多的关系。对于自建的学分银行电子学习平台，可以通过捕获、集成、合并、记录和审计跟踪等链接管理学分数据。对于非学分银行自建的电子学习平台来说，进行学分识别和学分转换相对困难。学分银行必须为不同的数据源（包括电子档案数据库、其他数据库和非结构化数据库）确定终身学习电子档案。最好的解决方案是通过数据组合或数据集成方式，建立学分银行与教育机构电子学习平台的无缝对接和集成。然而，业务系统的对接在实践中是一个非常复杂和困难的问题。作为过渡性安排，学分银行可要求非自建电子学习平台按照学分确认与转换规则生成关键节点格式的电子文件，供学习者提交学分银行进行学分确认。

第六章

学分银行学习成果认证标准建设

对不同类型学习成果的认证、积累与转换是建立学分银行制度，实现各级各类教育纵向衔接、横向沟通的重要基础。学习成果认证标准的建立是对学习成果进行认证、积累与转换的前提条件，只有制定学习成果认证标准这部“交通法规”，才能确保终身学习“立交桥”畅行无阻。学习成果认证标准是基准框架—资历框架运行的基本元素，只有准确界定学习成果认证标准的内涵及其要素，设计出科学、实用的学习成果认证标准要素模板，才能使资历框架有效运行起来。通过对各级各类学历教育和非学历教育培训的学习成果进行认证，能够促进各类教育活动的沟通与衔接，有助于发挥人的潜能，最终形成一个终身学习的有机体系，提升国家的整体教育水平。

本章分为两节，主要研究了学分银行资历框架、认证单元和学分银行的认证标准建设；从资历框架、认证标准的界定、学习成果认证要素、学习成果认证单元及单元要素模板展开学分银行资历框架的描述。关于学分银行认证标准建设，则主要从制定原则、建设思路、建设内容和支持与保障几方面展开。

第一节　资历框架与认证单元

一、资历框架

资历框架是继续教育各级各类学习成果的共同参照系，通过相关标准和规范，促进各类学习成果的沟通和衔接，实现学习成果的积累与转换。目前，越来越多的国家将资历框架作为教育质量保障体系的重要组成部分。英国、澳大利亚、新西兰、马来西亚等国家和中国香港先后提出了自己的资历框架，包括资历等级结构、技能要求和实施措施等。各个国家（地区）资历框架的出发点和架构存在不同，如澳大利亚教育质量保障体系与运行机制的资历框架是由教育部门主导的，出发点是学生拥有的教育资历要与其从事的工作相对应；中国香港的资历架构是由岗位需求主导的，即不同岗位需要不同的资格；英国则体现了两个体系的对接。虽然存在一些差异，但它们也有很多共同的特点。首先是对先前学习经历的认可。资历框架所包含的资历不只局限于学历和培训所取得的资历，从业人员在岗位上积累的技能、知识和相关工作经验，也可以通过各行业“过往资历认可”机制获得确认，获取适当的资历，从业人员可以按照自己的资历起点，在不同阶段进修，以获取更深厚的资历。其次是学分累积和转移系统的构建。为方便终身学习，从业人员需要灵活的学习模式，以便兼顾本身的工作和家庭责任。资历框架下的学分累积及转移制度可灵活地配合个人需要，尽量减少重复学习。借助于该制度，从业人员可以系统地累积不同课程的学习及培训学分，再把累积到的学分转换成认可的资历。

根据经济合作与发展组织（OECD）的观点，资历框架指的是资历开发和分类的工具，其依据是一系列的学习成果级别标准。它可以表明资历的不同级别和不同资历的可比性。围绕这一核心，为了充分实现对资历的有效管理、开发、分类、比对等，不同的学者从不同的视角对资历框架进行了全面的构建和解读：资历框架作为一个标尺，通过为学习成果设定共同的参照标准，能够使资历的水平和复杂程度更易于接受；通过建立资历的统一标准，增加资历的透明度和可比性，有利于实现不同资历的科学比对；通过设定统一的标准，能够有利于规范、管理资历市场，有利于推动与国际教育标准的对接，实现教育培训的有序、高质量发展。资历框架作为一个桥梁，有利于促进资历的互认。资历框架使学习者通过多样化的学习路径取得的成果进行有序的衔接和转换，拓宽学习者的学习通道，推动终身学习的发展。同时，还可以使教育市场和就业市场精准匹配，促进人才的跨地区、跨国流动。资历框架作为一个阶梯，能够为学习型组织的人才培养以及人才的自我成长提供清晰的发展路径。通过资历框架，企业、行业等学习型组织能够建立更为高效、完善的人力资源开发计划，也能够为个人的成长提供职业生涯指引。

目前，学分银行认证资历框架已成为国际性学习成果互认互通的重要桥梁。如图 6–1 所示，在我国终身教育资历框架体系设想图中，资历框架把各类学习成果统一到一个框架内，进行统一的资历等级划分，制定相应的等级标准。资历等级的划分以普通教育系列为参照，基于普通教育系列的学历教育等级由低到高划分为 7 级，包括小学、初中、高中、专科、本科、硕士和博士。不同国家和地区可以根据各自教育体系和培训特征，在 7 个等级中增加相应级别，如有的国家的资历框架中，本科级别又分为学士和荣誉学士两个等级，这两个等级都对接其他国家或地区的本科等级。在资历框架等级的基础上，为了保证各类学习成果的可比性和可转换性，需要建立资历框架中每一等级的通用标准。等级标准通常从知识、技能、能力三个维度表述，这三个维度是对接的核心指标。不同国家和地区可以根据本地的情况，基于不同专业或职业领域的特征，增加相应的维度，如教师行业可以增加态度和情感维度。资历框架等级标准中的知识、技能和能力的术语是狭义的概念，有特定的含义和范围，知识是指与学习或工作有关的理论、事实、技术和实践的知识。技能是指与学习或工作有关的认知技能和实践技能。能力是指与学习或工作有关的自主能力和担负职责的能力。基于资历框架的资历等级和等级标准，通过学习成果认证机制，把普通教育、职业教育、职业培训、各类业绩进行衔接和沟通，形成国家资历框架的基本结构。

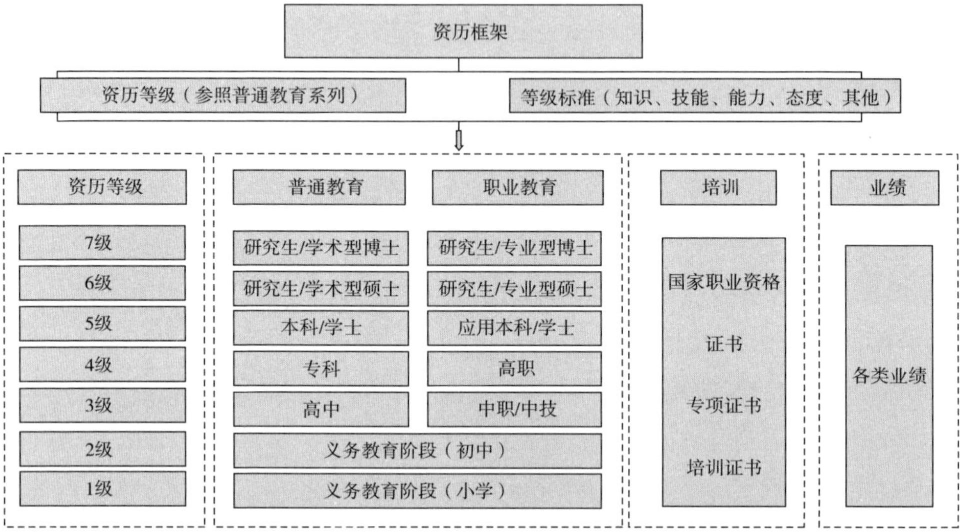

图 6-1　我国终身教育资历框架体系设想图

二、认证标准的界定

学分银行认证标准主要包括学习成果、学习成果表现形式、认证资历框架、认证单元、认证服务和认证质量等内容。在职业教育领域、高等教育领域和继续教育领域，终身教育思潮给学分银行建设带来了新的国际潮流。特别是非学历教育成果的认证受到广泛重视，联合国教科文组织下属的终身学习研究所还专门研究出《非正规与非正式学习成果的识别、验证和认证指南》，用于指导学分银行的认证工作。要按照一定的标准认证各种学习成果，形成公信力，保证认证的质量，并发挥学分银行的方向指引性、满足终身教育的社会需求等。总的来说，学分银行认证标准是指一系列学习成果的认证标准、认证过程、认证规则与规范。

从学分银行认证标准的建设依据来看，学分银行建设标准具有一定的价值倾向性和客观公正性。一方面要考虑到主流价值观的“流通标准”，另一方面要考虑到不同领域、不同层级、不同需求的差异性要求。学分银行认证标准体系要考虑专业与学科的基本要求，其前提条件是学分银行的标准体系要得到组织的认可和价格认同。学习者可以获得习得学习成果的身份认同和利益回报，形成专业技能。通过行业专家、学科专家、市场需求分析判断专业层级要求，形成基本的符合社会需求的“流通标准”。从学分银行认证标准的系统性来看，终身学习是一种贯彻一生的学习形式。其内在特征是促进学习者学习潜能的发挥；外在特征是不同教育形式、内容的衔接与沟通。内在外在融合形成一个开放的、自由的学习系统。学分银行认证标准的效用在于通过学分认证与转换，实现学分银行体系下的各级各类教育的沟通与衔接。学分银行的教育体系输出有一定基准，运行有规范的流程，要按照一定的标准进行输出，使终身学习者的学习成果和功效得到充分保证。从学分银行认证标准的驱动性来看，学分银行认证标准具有明显的心理驱动和价值驱动功能。认证标准体系可以激发学习者的学习动力，促进学习者积极参与学习，并且拓展有效的学习通道。学分银行的认证标准体系是学习者学习成果获取社会认可的依据。学习者获取了与标准相符的知识、能力和技能，说明学习者的学习成果可以进行认证与转换，这也能给予学习者积极反馈，促进学习者更投入地参与终身学习。其次，学分银行认证标准可以检测学习者自身的提升程度。在学分银行标准体系缺乏的时候，学习者自身很难准确判断学习成果达到了社会需求的何种层次。学分银行认证标准体系一方面可以明确学习者的提升程度及发展路径，另一方面又通过学分银行运行规范提供了参与的通道，可以让学习者通过不同途径获取的学习成果，转化为自身能力提升的重要基石。

从学分银行的认证标准体系建设原则来看，学分银行具有科学性、终身性、公平性、等效性、时效性原则。

（1）科学性原则。认证标准体系建设是学分银行的基础，蕴含了社会对所认证学习成果的要求，要和教育现实情形进行匹配，认证标准体系的科学性是前提。首先，学分银行认证标准体系要适应多种教育机构办学的特色，学分银行按照知识、技能和能力的统一要求，构建满足社会需求的认证标准。其次，学分银行认证标准体系的科学性还体现了可操作性。一方面满足不同层次对知识、技能和能力的要求，另一方面还符合国家政策、法律法规和教育改革方向，符合条理清晰和操作实践性。

（2）终身性原则。终身性体现为人们在社会生活中的持续性学习特征，特别是随着知识经济的发展，认证标准要满足学习者不断学习的需求，具备持续不断学习的特征。

（3）公平性原则。学分银行的认证标准强调了教育公平，特别是非正规学习成果与正规学习的相对公平。根据学分银行的认证标准，非正规学习成果通过认证，可以实现与正规学习成果的等价交换，承认学习者的学习经历与学习收获，体现了对各种教育类型教育成果认可的公平性。

（4）等效性原则。学分银行的认证标准体系按照成果本身所体现的知识、技能和能力的层次，把握了学分银行认证的“实质等效”，符合成果的社会效应。

（5）时效性原则。认证标准体系随着知识经济时代的变迁和技能转换要求而具有一定的时效性。特别是在数字经济时代，认证标准体系要随之更新，不断进步，符合认知变化、技能变化、情感变化和成果类型的多样化特点，保证认证标准体系的时效性。

三、学习成果认证要素

笔者通过对学习成果认证相关文献的研究发现，目前尚未给出学习成果认证基本单位的相关概念，因此要提出学习成果认证标准要素模板，首先要界定学习成果认证标准，并明确其关键要素。从上述对“学习成果来源”的分析来看，在学分银行制度建设的初期，各级各类正规教育的学习成果和非正规教育中岗位培训、资格证书等的学习结果将是学习成果认证的主要内容。正规教育、非正规教育的绝大部分学习成果都是通过课程（或培训单元）的学习而获取的，课程（或培训单元）决定了学习成果。因此，我们主要通过对课程标准（或教学大纲、考试要求）的研究，总结分析国内外课程标准（或教学大纲、考试要求）的要素，进而提出学习成果认证标准所应该包含的要素。

从对国外课程标准、我国高等教育阶段教学大纲、基础教育阶段课程标准和职业资格能力考试要求的比较分析来看，决定学习成果的要素主要包括以下几个方面。

（一）等级

课程标准一般按照所适用的年龄或者阶段进行划分。如《美国历史学科国家课程标准》按年级分为两个阶段，第一阶段为幼儿园到 4 年级，第二阶段为 5 ~ 12 年级。澳大利亚维多利亚州的《课程标准框架》则涵盖了从学前班到 10 年级共 11 年的学校教育。我国基础教育各课程的课程标准也都按年级或学龄段给出了相应的学习目标和学习内容。

（二）学分 / 学时

学分是完成某项科目所获得的分值单位，表明学生达到某个级别所需要的学习量。学时是学分所代表的学习量，不同国家的课程标准有不同的规定。我国普通高校一般每学分等于 18 学时，其中每学时一般为 40 ~ 45 分钟的课程学习。

（三）学习要求

学习要求是课程标准中最核心的内容，指明了每个层次的学生应该掌握的知识和技能，以及应形成的能力层次。如《加拿大安大略共同课程省级标准》的《1 ~ 9 年级数学课程共同标准》，明确写明了学生应具备 5 种能力：问题解决能力、交流能力、推理能力、联结能力和技术能力；《美国国家科学教育标准》规定了所有的学生应该具有的认识与理解能力。我国基础教育的课程标准则从知识与技能、过程与方法、情感态度与价值观三方面对学生的学习成果进行了描述。一般来说，学习要求包括了基本知识、操作技能和应用能力。

四、学习成果认证单元及单元要素模板

（一）学习成果认证单元

学习成果是指学习者通过一段时间的学习，完成一定学习任务获得的知识、技能或能力。学习成果的表现形式通常为资格，即有资质的专业机构，通过评价与认证，判断学习者已达到相应标准所规定学习结果的正式成果。也有其他形式，比如参加竞赛的成绩，是学习成果但不是资格，在一定条件下同样可以进行认证、积累与转换。学习成果包括学历教育学习成果、非学历培训学习成果和无定式学习成果。学习成果认证是依据学习成果框架，对各级各类学

习成果的核定、评价和认可。具体方式是将学习成果通过与学习成果框架的基准标准进行比对，将其转换为基准学分。学历教育和非学历教育学习成果按照统一标准认证即可，但对无定式学习成果不能采用统一标准，需单独认证。

《现代汉语大辞典》中对“单元”的解释为整体中自成段落系统，自为一组的单位。根据此定义，学习成果认证标准作为“单元”的一种，首先应该是学习成果这个整体中自为一组的独立单位。其次，学习成果本质上是学习者已经掌握的知识和技能，因此学习成果认证标准理论上应该是关于知识和技能的独立单位。最后，学习成果认证标准是对学习成果进行衡量或划分的工具，它还应该满足便于对学习成果进行划分和认证的要求。因此，在对国外课程标准、国内高校教学大纲、基础教育课程标准和职业资格能力考试要求等进行研究的基础上，借鉴数据挖掘中聚类分析的概念，我们认为学习成果认证标准是内部知识点关联性较强、具有连贯而明确的学习成果和评价标准的学习内容模块。其中知识点是知识传递的最小单位，它的表现形式有字词句、概念、原理、公理、定理、定律、公式、规则、操作流程、实验步骤等。学习成果认证标准是对各级各类教育中的学习成果进行学分换算的基本单位，是学习成果进行互认的参照基准。一个资格通常由若干个认证标准组成，每一个认证标准都应当可以用通俗易懂的语言描述其对知识、技能和能力的要求。一个认证标准既可以用于一个资格，也可以同时用于若干个资格，不同学习成果和不同资格之间应具有相通性。

（二）学习成果认证标准划分原则

作为现阶段学习成果认证的主要来源，无论正规教育体系还是非正规教育体系，对知识的组织方式都包括课程、培训模块等，学习者进行学习成果认证时提供的材料有课程结业证书或考试通过证明、岗位证书、培训证书等，而申请学习成果认证的目的主要是使学习者已经取得的学习成果得到认可并获得学分。学习成果在不同类型的教育中，其组织单位和表现形式是不相同的，每个学科领域的学习成果都需要将其包含的全部知识进行合理、科学的划分，形成学习成果认证标准，以便将各级各类教育中的学习成果进行互认。

根据上述对学习成果认证标准的界定，我们认为各学科领域在界定或者划分学习成果认证标准时应该遵循以下原则：（1）独立性原则，在确保认证标准内部知识点具有较强关联性的前提下，还要确保不同认证标准的知识点是较为独立的，每个认证标准可根据其涵盖的知识点进行独立的学分换算和认证；（2）唯一性原则，认证标准是对同一学科领域在各类教育中相同或相近学习成果的同一界定，同一资历的各个认证标准均是唯一确定的；（3）适用性原则，同一学科领域的不同认证标准、不同学科领域的各个认证标准不一定相同。假设以学历教育课程为参照，根据知识点的关联性和学分认证的需要，认证标准可能界定为一门课程的章节，也可能界定为一门课程，还可能界定为多门课程的组合。

依据上述原则，任何一个学科领域，都可以划分为若干认证标准，用来对不同教育领域中的学习成果进行互认。以学历教育和非学历培训为例，在建立了认证标准后学分互认的基本对应关系可以用图 6–2 来阐述。

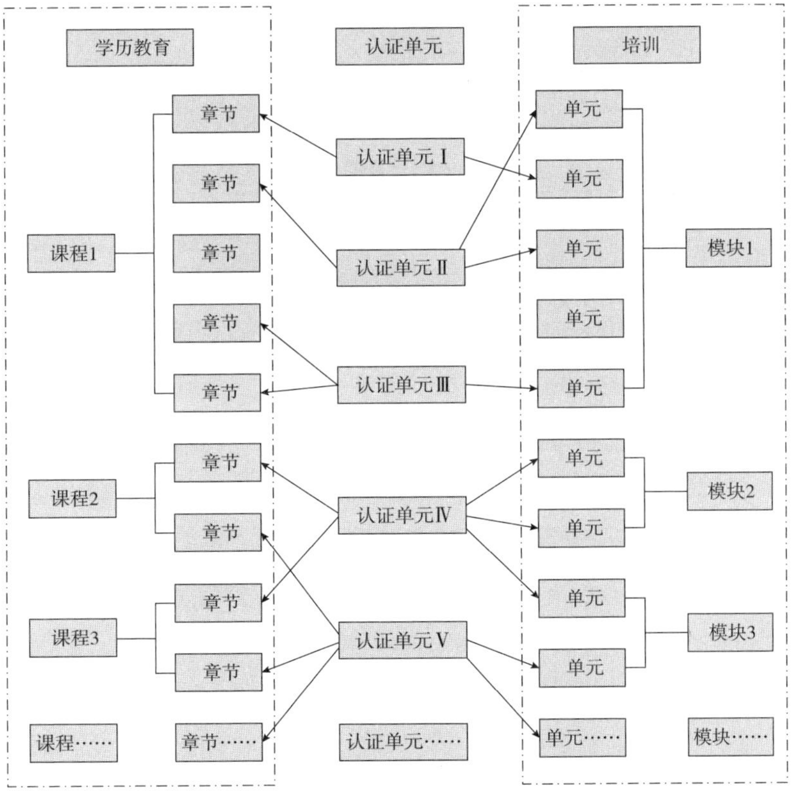

图 6-2　学历教育与非学历培训学分互认示意图

（1）一对一关系，学历教育一门课程（章节）对应于非学历培训的某个模块（单元），两者所涵盖的内容（基础知识、操作技能和应用能力）水平相当，共同形成一个认证标准；（2）一对多关系，学历教育的一门课程（章节）所涵盖的内容相当于非学历培训的多个模块（单元）所涵盖的内容，或者学历教育的多门课程（章节）所涵盖的内容相当于非学历培训的一个模块（单元）所涵盖的内容，形成一个认证标准；（3）多对多关系，学历教育的多门课程（章节）所涵盖的内容相当于非学历培训的多个模块（单元）所涵盖的内容，形成一个认证标准；（4）交叉关系，学历教育某几个课程的部分章节所涵盖的内容相当于非学历培训的多个模块的部分单元所涵盖的内容，形成一个认证标准。除上述四种对应关系外，学历教育课程与非学历培训的内容还可能存在无法对应、不可互认的内容。

（三）学习成果认证标准要素模板

认定单元包含名称、编码、应用范围、等级、学分、学习结果和评价标准等要素，如表 6–1 所示。

表 6-1　认定单元表

<table>
<tr><td>名称</td><td colspan="2"></td></tr>
<tr><td>编码</td><td colspan="2"></td></tr>
<tr><td>应用范围</td><td colspan="2"></td></tr>
<tr><td>等级</td><td colspan="2"></td></tr>
<tr><td>学分</td><td colspan="2"></td></tr>
<tr><td colspan="2">学习结果</td><td>评价标准</td></tr>
<tr><td colspan="2"></td><td></td></tr>
</table>

名称：认定单元的名称。单元的命名要求清晰、简洁，能够反映单元的内容。

编码：编码具有唯一性、不可重复性。参照《国民经济行业分类》的编码规则进行编码。

应用范围：认定单元所适用的行业、行业方向及职能范围。

等级：认定单元的学习结果与学习成果框架对应的等级，用阿拉伯数字表示。

学分：认定单元所包含的学习量，通过学习者完成评价标准确定的单元学习结果所需要的学习时间来体现。

学习结果：学习者成功完成本单元预期目标后所掌握的信息、知识、技能、能力等的总和。

学习结果应用简洁、综合的语言描述，不需要额外定性或定量的信息。

学习结果应尽可能用清晰、便于理解及可操作的行为动词进行描述。对知识性的学习结果，一般使用“知道、了解、理解、掌握”等词语；对于技能性的学习结果使用“会使用、会描述、会辨别、会操作”等词语；对于能力性的学习结果用“能判断、能分析、能综合、能设计、能评价”等词语，突出学习者对知识、技能应用的自主性、判断力和责任感。

评价标准：是对学习者学习结果的考核，用来衡量学习者是否达到相应学习结果的要求。评价标准须与学习结果相对应。

评价标准是可以衡量的，并能体现便于考核的定量、定性信息。

评价标准所使用的语言必须明确、清楚、客观，要体现单元所对应的学习成果框架等级。如：反映不同等级认定单元的知识要求可选用说出、选出、描述、解释、说明、分类、概述、应用、使用、设计、证明等行为动词；反映不同等级认定单元的技能要求可选用模仿、模拟、例证、完成、表现、制定等行为动词。

每条学习结果应至少对应一条评价标准。

评价标准中不包括考核方法、考核方式或考核手段等。

第二节　认证标准建设

制定认证标准来源于学习成果互认的转换需求和社会需求，是一项严肃、规范的工作，学分银行学习成果认定标准是各级各类学习成果进行认定、积累与转换的依据，是学分银行公信力的核心要素，是学分银行建设的重要内容。

标准体系是国家资历框架蕴含的各种各样的行为决策的制度、规范、条文、准则等，其中，资历框架等级标准和学习成果认定标准是国家资历框架标准体系的核心。学分银行认定标准是资历框架在各个行业领域的具体表现，是各级各类学习成果进行认定、积累与转换的重要参照和依据，因此，是学分银行建设的重点。

建立学分银行认证标准，保证了学习成果之间学分互认与转换的对等性和公平性，保证了学分银行的社会公信力，健全了学分银行标准体系。学分银行认证标准从知识、技能和能力三个维度描述，与国际标准保持高度一致，有助于促进我国资历框架的国际化推广与应用。

一、制定原则

从国内外的实践情况看，认证标准建设一般遵循以下主要原则。

（一）公开、透明原则

标准建设的理念开放，建设的程序开放。利益相关方有知情、评议、参与的权利。

（二）市场导向原则

行业、企业是市场主体，是标准制定的重要力量。标准的建设要充分考虑标准使用者的利益，由行业主导、企业参与编制。

（三）协商一致原则

标准的审查，须一定比例的标准委员会的委员同意才能通过。

（四）协调配套原则

学分银行标准与有关的国际标准协调配套，与其他层级标准协调配套，与同层级其他标准协调配套。

二、建设思路

学分银行标准建设以行业为主导，企业事业组织机构、院校、研究机构、培训评价组织等多元参与。以国家法律法规为依据，以服务终身学习为重点。

（一）建设依据

学分银行认定标准是在国家标准框架下，依据国家标准建设的法律、制度、文件的有关规定来建设。

一是政策依据，主要包括《中华人民共和国标准化法》《中华人民共和国标准化实施条例》《国家标准管理办法》《全国专业标准化技术委员会管理规定》。

二是技术依据，主要包括 GB/T 1.1—2000《标准化工作导则第 1 部分：标准化文件的结构和起草规则》。

（二）建设方法

一方面，学分银行认定标准是国家资历框架在各个行业领域的具体体现，因此，按照“框架 + 标准”的技术路径，以国家资历框架为基准，以行业为依托，建设学分银行认定标准。

另一方面，行业认定标准通过审查发布流程，面向社会公共发布。

（三）建设程序

编制认定标准本着公开、透明的原则，建立在人力资源市场调研和社会实践的基础上，通过调查、论证、验证等方式，保证标准的科学性、规范性、时效性，广泛征求各方意见，按照立项、起草、征求意见、审查、批准发布、实施、复审、废止的流程进行编制。

立项：行业、大型企业事业组织可以依据学分银行标准建设发展规划，向学分银行提出认定标准的立项建议。标准委员会行业分委员会（以下简称“行业分委会”）评估立项建议，提交全体分委会委员表决。表决通过后形成立项申请，报学分银行。立项申请材料包括项目申报书和标准草案。学分银行委托标准专业审评机构对标准项目进行评估，学分银行下达标准编制任务书并进行公示。

起草：行业分委会按照下达的标准计划，组建起草组。起草组按照《学分银行认定标准编制通用规范》的要求起草标准征求意见稿、编制说明及有关材料。

征求意见：学分银行就征求意见稿向涉及的国务院有关行政主管部门、行业、企业事业组织、社会团体和科研机构等相关方征求意见，同时通过全国标准信息公共服务平台向社会公开征求意见不少于60日。起草组对征集的意见进行处理，形成认定标准送审稿。

审查：行业分委会对标准送审稿的科学性、合理性、适用性、规范性进行审查，形成报批稿送学分银行审批。

批准发布：学分银行标准委员会核准审批、发布。

实施：认定标准发布后，学分银行、行业协会、行业分委会应当组织标准的宣贯和推广工作，做好标准实施过程中的解读。

复审：行业分委会根据标准实施信息反馈、实施效果评估情况，对标准复审，提出继续有效、修订或废止的复审结论。

废止：复审结论为废止的认定标准，学分银行以公告形式废止。

三、建设内容

（一）标准委员会建设

认定标准建设要在学分银行标准委员会的咨询指导下进行。标准委员会由各个行业的分委员会组成，具体可见图6–3。

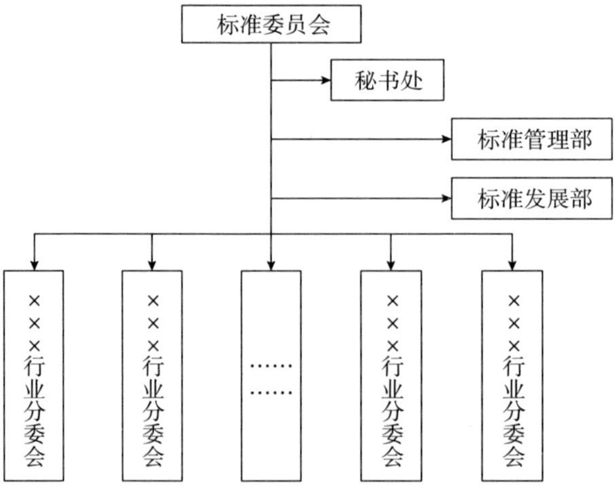

图6-3　标准委员会架构图

标准委员会是认定标准制定的咨询指导机构，也是对认定标准进行审议和发布的专家组织。标准委员会设主任、副主任和委员若干。下设秘书处，委员会日常工作由秘书处联络安排。

行业分委会是在一定专业领域内，从事国家标准的起草和技术审查等标准化工作的非法人技术组织。行业分委会委员应具有广泛的代表性，可来自行业协（学）会、科研机构、高等院校、政府部门、企业等。

（二）规范建设

一是要在国家层面建立国家资历框架和框架等级描述指标。

二是建立一套详尽的学分银行学习成果认定标准编制通用规范。

在国家开放大学学分银行认定标准建设的实践基础上，制定《学习成果认定标准编制通用规范》等指导文件，为认定标准编制的模板、流程以及制定团队组建等提供建设标准。

（三）编制团队建设

认定标准编制团队可以是行业分委会，也可以在行业分委会的指导下进行组建。团队成员可来自行业协（学）会、科研机构、高等院校、政府部门、企业等。

（四）质量保障机制建设

为确保学习成果认定标准的公信力，在标准建设的过程中，必须做到严谨、规范、统一，因此，要构建一套学习成果认定标准建设的质量保障机制，以维护学分银行认定标准的权威性。

1. 制定详尽的操作规范

按照国家标准发布的规格制定《学习成果认定标准编制通用规范》，行业严格按照规范规定的统一标准起草认定标准。

2. 执行严谨的操作流程

认定标准的编制与发布，按照立项、起草、征求意见、审查、批准发布、实施、复审、废止的流程进行。引入信息技术，对编制过程的核心数据存证留痕，加强对认定标准编制过程的监督。

3. 接受广泛的监督和反馈

标准制定过程接受标准化委员会和分委会的指导咨询。认定标准对社会公开发布，广泛征求社会各界的意见。标准编制的过程与环节接受标准化委员会和分委会的监督，接受社会各界的监督。搜集整理反馈信息，适时对标准进行复审。

（五）标准的应用推广

边建设学习成果认定标准，边探索标准的应用场景和应用模式。依据标准建设过程中人力资源市场的调研数据，总结标准建设的应用场景和应用模式，形成 10 ~ 15 个典型的应用案例进行推广。搜集和梳理标准应用的反馈信息，不断完善和修正应用场景和模式。

四、支持与保障

学分银行认定标准的建设是一项投入大、见效慢的庞大系统工程，无论在政策还是在经费方面都需要国家和社会的大力支持。

（一）顶层设计与政策支持

第一，政府推动，将学分银行认定标准列入国家标准制定计划，以提升其公信力和权威性。

第二，国家要建立学分银行认定标准专门管理机构，负责规划、监督、审查标准的编制工作。

第三，国家出台政策，引导行业、企业、培训评价组织和各级各类院校参与标准的编制与应用工作。

（二）经费投入

第一，国家拨付专项经费，单独管理核算，专款专用，制定专门的经费管理办法，接受监督审计。

第二，国家鼓励和引导编制标准的行业、企业充分利用社会力量，投入人力资源和费用。

第七章

学分银行的认证服务体系

认证服务体系是世界各国终身教育的重要内容，是学分银行建设工作体系的重要组成部分。学分银行体系中学习成果的认定和转换是推进终身教育体系建设和人才培养模式的重要途径（周伟等，2017）。对于终身教育来说，学习者建立个人学习档案，通过学分银行平台，对学习者习得的学习成果进行认证，并且存储、积累和转换学分，是实现终身教育的重要路径。学分银行建设的认证服务体系是实现学历教育之间、学历教育与非学历继续教育之间学分互认与转换的重要支撑。学习成果认证与转换标准是“学分银行”制度建设与实施的基础、核心和依据。近年来国内部分省市，诸如北京、上海、江苏和浙江等的学分银行，形成了不同层次、不同类型的学分认定与转换的模式和相关的学分银行学习成果转换与认证标准，但国家层面的学习成果认证服务体系尚未形成，各类学习成果的互认与转换也没有统一的参照和标准，学习成果认证与转换只能局限于一定范围内，无法满足对于学分银行的广泛需求。

本章分三节，系统探讨了学分银行认证体系中的认证服务、学习成果认证的质量保证和学分银行认证服务体系的管理及决策机构。主要从认证服务的概念及特性、质量保障体系、组织体系和文化内涵四方面展开。学习成果认证的质量保证一节梳理了认证质量的内涵与外延，就学习成果认证质量的制度依赖进行分析，论述了认证标准的科学性、权威性与公信力和认证质量保证的监管体系。最后分析了学分银行认证服务体系的两个管理及决策机构，学分银行管理委员会和学分银行理论研究委员会。

第一节　学分银行的认证服务

一、认证服务的概念及特性

认证服务一词，既可以体现学分银行成果认证的名词意义，也可以体现学分银行成果认证的动词含义。前者强调的是依据学分银行学习成果认证标准，将学习者在学分银行已有的各类原始学习成果认定的标准学分制度。后者强调的是认证的过程，包括学习者通过申请、转换，将学习成果转换为目标机构对应课程学分、证书或文凭的过程。学习成果的认证服务为人人享有优质教育提供了一个基本通道和体系网络。学习成果认证服务则指学分银行工作人员围绕认证功能的实现，为学习成果认证申请者提供的各种服务。

从学分银行认证服务的一般流程来看，主要包括以下步骤。第一步，建立学分银行认证服务专家组，制定学历教育序列的学习成果和非学历教育学习成果的认证标准体系。同时，要细化相对应的专业课程目录及对应体系。第二步，学习者在学分银行申请开户之后，将拥有学分银行学习账户，建立学分银行个人终身学习档案。学习者持学习成果的原件（如已有学业证明、已有课程成绩证明、已有职业资格证书、已有技能等级证书、已有岗位等级证书等），向学分银行网点申请认定学分。第三步，学分银行网点将根据学习者的学习成果层级及具体情况进行初审，初审通过后将学习者的学习成果原件递交学分银行管理中心复审。第四步，学分银行管理中心进行学习者的学习成果认定复审，复审通过的学习者的学习成果学分存入学分银行。第五步，学分银行学习者持获得的学习成果原件，向所在高校网点申请认定学分，并存入学分银行；学习者获得的认证学分，存入学分银行。第六步，学分银行将学习者的学习成绩信息，认定后统一存入学分银行。

从认证服务的特性来看，学分银行认证服务主要具有合作性、稳定性、统一性和异质性的特征。第一，合作性。学分银行认证服务需要组织协同，需要与日益变化的社会需求对接。同时，学分银行认证服务的良好协作关系的先决条件是形成具有明确的共同目标、共同愿景的合作共同体。第二，稳定性。学分银行认证服务具有稳定性。学分银行认证服务要具有稳定的投入机制，保障学习成果的基本质量，确保学分银行标准体系的建设和运行。第三，统一性。学分银行认证服务要有统一、合格、高质量的认证标准。学分银行认证服务提供者既要具备生产营销技能，也要重视认证服务环境与设施。第四，异质性。不同学习者存在着差异性，对于认证服务来说要考虑学习者的效用和感受，针对学习者的需求完成认证服务的过程。

二、认证服务的质量保障体系

考虑到学分银行认证服务的范围较广，特别是面对的学习者主体多元，相应的社会情境也比较复杂，因此对于认证服务要有明晰的质量保证体系，确保学分银行标准体系的认证服务质量与社会需求的互动，提升学分银行体系建设的公信力。从国内外的实践情况看，认证服务的质量保障体系一般遵循以下主要原则。

第一，学分银行认证服务的质量保障体系要求评价机制考虑到各方利益，明晰行业企业的现行需要和发展趋势，要求学习者的学习能力与级别相匹配。

第二，学分银行的参与主体具有明显的差异性，要将多元参与体系纳入其中，成为学分银行质量保障体系的常态。

第三，学分银行认证服务的质量保障体系的关键是实现相互协同。通过反馈、评价信息提升标准体系建设的质量，同时通过标准的导向影响学分银行教育教学层面。

第四，学分银行信息保障机制以信息化平台和大数据技术为手段，提供了基本的数据质量保证。建立专业认证标准的依据是社会层面上对于某专业的知识、能力和技能的分析，最终设计服务于资历框架建设、行业认证标准建设、学分认证标准建设的认证服务体系。这些质量保证要素构成了保证学分银行标准体系建成的重要因素。

根据学分银行认证服务的质量体系要求，建立内外部结合的学习成果认证、积累与转换组织的质量保证体系。一是质量保证外部评估，是指接受社会质量认证机构，对国家继续教育学习成果认证中心和认证中心分部进行准入资格评审、定期质量评审。二是质量保证内部评估，是指国家继续教育学习成果认证组织体系内部进行自我评估、同行互评。

质量标准主要包括认证中心的机构评估标准、学习成果认证的制度评估标准。机构评估的范围指机构的准入资格评审、定期质量评审。评估的基本内容主要有：对机构资质的认证，包括合法的资格和发展定位；对机构经营管理的认证，包括领导力、机构运营情况和财务管理；对机构资源情况的认证，包括机构资金的实力、人员状况、设施设备等；对机构质量保障体系的认证，包括建立相应的规章制度、工作程序、质量监控和执行情况。制度评估的范围包括学习成果认证标准与评估、ISO9000 国际质量管理体系持续改进的评估。评价的基本内容主要有：制度内容和制度标准的适用性、学习者能力评价合理性等；ISO9000 国际质量管理体系运行的规范性、质量监控和改进的有效性等。

三、认证服务的组织体系

学分银行认证服务的组织体系是组织学分银行建立方针和目标，以及实现学分银行认证服务这些目标的过程的相互关联或相互作用的一组要素。组织体系认证如同我国的行政体制一样，学习成果的服务组织会采用国家和地方分级管理和服务的体系。这种学分银行认证服务的组织体系主要表现为：国家→省级→市级、高校、企业→社区站点。同时，为了加强学分银行的认证质量管理，适应质量竞争的需要，必然要产生层级结构。但随着信息技术的发展和数字经济时代的演进，学分银行认证服务的组织体系也逐渐扁平化，这一趋势还将持续。那么，组织管理体系也必将进一步扁平化、数字化。数字化管理可以快速存储和处理海量学分银行数据，极大地提高学分银行认证服务管理效率，例如学分银行认证申请的受理，学分银行学习成果原件的审核、学分银行成果真伪的鉴定、学分银行成绩证明的审查、学分银行学分的认定等。

为了便于学习者查询和咨询，学分银行的设置要更加便利化。这种便利化要结合学习者人员、学习场地、学习设施设备、学习服务流程、学习管理制度、学习成果审批等设置统一标准和要求。从政府管理的角度来说，提供的是学分银行认证服务组织体系的审批和服务职能。学分银行要由中央、省两级教育行政主管部门审批。同时按照学分银行认证服务扁平化的管理原则，某种特殊条件下学分银行可以实现“越级”管理，方便开展认证服务。

认证服务的组织体系设计要明确认证组织的核心要素。依据系统科学理论，学习成果组织结构设计首先要研究和确定组织的核心要素。组织的核心要素是由学习成果认证、积累与转换制度的内容、特点以及环境影响等所决定的，基于制度内容形成了学习成果认证框架、认证标准、认证管理、终身学习档案等核心要素；基于系统内外环境影响形成了政策环境 、质量监控等核心要素。因此学习成果认证组织需重点考虑以下六个核心要素。

第一，政策环境。一个制度的建立和完善需要良好的政策环境。学习成果认证、积累与转换制度在沟通学历教育与非学历教育、构建终身教育“立交桥”方面起着衔接与桥梁的作用，认证组织需要和教育行政主管部门、人力资源主管部门和劳动力市场建立很强的工作联系。因此，良好的外部政策环境是认证组织能否良性运行的重要保障。

第二，学习成果认证框架。学习成果认证框架是沟通学历教育和非学历教育、规范我国教育培训市场的重要支柱。针对学习成果认证框架的建立和维护，很多国家都成立了专门的国家认证组织来专门管理，并承担向社会推广和维护其权威性的责任。因此，认证框架是认证标准的基础，代表着国家标准，是认证组织的运作依据。

第三，认证标准。认证标准是以相关学习、实践的综合成果为基础进行学习成果认证、积累与转换的，认证标准由专业机构制定，由主管机构批准，以特定形式发布，作为共同遵守的准则和依据。要实现学习成果认证、积累与转换制度的目标需要建立相应的认证标准体系，包括学习成果认证的课程或单元标准、学分标准、先前学习认证标准和机构认证标准。认证标准是学习成果认证组织认证成果的关键要素。

第四，认证信息化管理。根据继续学习成果认证框架和认证标准的要求，认证组织要负责建设认证标准库、认证档案库、认证机构库、学习资源信息库以及负责管理和维护，并向全社会开放。只有严格按照认证管理的要求，才能进入各类库进行数字信息化管理；只有维护各类库的权威性、透明性和易理解性，才能让广大学习者和颁证机构接受并认可学习成果认证、积累和转换的重要意义。所以，认证组织负责建设、管理和维护各类数据库，是有效落实认证信息化管理的要求。

第五，终身学习档案。认证组织还要建立学习成果记录的终身学习档案库。终身学习档案是面向广大学习者开展学习成果认证、积累和转换的基本服务系统的要素，在此基础上向学习者开展多样的增值业务。因此，建设健全全国范围内统一、规范的终身学习档案库是认证组织的重要内容。

第六，质量监控。确保认证资格的质量是学习成果认证制度建设的核心之一。要建立与学习成果认证标准运作相配套的质量控制体系，并授权相应监控机构对学习成果认证标准在实施过程中进行质量监控，学习成果认证组织应定期向质量监控机构提交工作报告。建立质量监控体系也是认证组织不可缺少的要素。

按照学习成果认证组织的职能划分，组织结构层次主要设计为三层，即决策层、管理层、执行层。处于决策层的为国家继续教育学习成果认证委员会，处于管理层的为国家继续教育学习成果认证委员会办公室，处于执行层的为经由国家继续教育学习成果认证委员会认证授权的、符合市场运作规律的、非营利性质的一家或多家继续教育学习成果认证中心及其分支机构，具体见表 7–1。

表 7-1　　学习成果认证组织的功能与职责

层级	功能	职责
决策层	联合多部委、多行业参加，共同决策、出台各项制度、标准和政策	认证制度各项计划的决策； 制定和颁布认证制度标准； 制定和颁布质量标准和质量监控办法等
管理层	协调多部委、多行业之间的认证业务关系，维护和管理日常认证工作	组织和监控国家认证标准的实施； 宏观管理学习成果认证中心和分支机构； 建设和维护各类信息管理库和网络平台等
执行层	分布式认证、分布拓展服务业务	接受社会成员的学习成果认证业务； 建立并维护终身学习档案库及配套信息管理平台； 部署、组建学习成果认证中心的分支机构等

第二节　学习成果认证的质量保证

一、认证质量的内涵与外延

质量是一个比较抽象的概念，学分银行领域有一种全新的质量观。传统意义上，质量是指一个产品是否符合设计要求、是否符合设计质量、是否符合标准型。在学分银行的学习成果认证领域，质量更多体现的是一种服务的概念，是学习者的学习感受、学习效果的期望式表达。它体现了学习者的主观感受，体现了学习者的期望与感受的关系，同时还体现了学习者的学习绩效。学习者通过服务传递获得了服务质量的主观标准，获取了一定的感情色彩的服务质量感知。学习者还可以通过学习期望和学习绩效感知服务质量。

认证质量的外延包括以下内容：一是学分银行规定的学习认证服务项目或认证服务流程的完备性和科学性；二是学分银行服务人员的基本操作的规范性；三是学分银行学习成果认证服务的结果性；四是学分银行服务人员提供认证服务的效率性；五是学分银行认证质量的承诺性；六是学分银行服务环境的适用性。

通过分析学分银行学习成果认证质量的内涵与外延，可以看出，学分银行学习成果认证一方面要考虑认证服务项目的过程质量和结果质量，另一方面还要从学习者的角度出发，提供友好型认证服务。

二、学习成果认证质量的制度依赖

学习成果认证质量要通过引入全面质量管理理念，注重学习者用户利益、实现全员参与、维护系统持续发展和改进。具体来说，学分银行所有业务环节的服务产品和业务工具，都要提供相对应的转换渠道和方式。比如，学习成果认证转换类服务产品要针对学历提升需求提供转换通道，而对于积累类服务产品，要提供该行业人力资源的持续开发的工具和方法，提供整体提升的通道。所有学习成果认证服务产品和工具都要随着用户需求的变化持续改进。学习成果认证质量体现在每一个服务产品和业务模块设计的初始阶段，分步实施，逐步完善。在学习成果认证质量体系建设初期，学分银行的认证业务尚处于成长阶段，学分银行质量保证体系的构建应该首先从梳理学分银行业务流程和建立学分银行制度规范起步，再考虑学分银行所涉及的不同类型机构所属领域的质量保障手段及措施。

国内外有关学分银行建设的大量实践证明，可以通过借鉴“质量管理八项原则”来制定具有实际可操作性的学分银行基本制度要求。

第一，以学习者为关注焦点，学习成果认证的组织和管理要依存于学习者。应当理解学习者当前和未来的需求，满足学习者要求并争取超越其他学习者的期望。

第二，学习成果认证的领导者应确保学分银行学习成果认证组织的目的与方向的一致。要创造并保持良好的内部环境，充分参与实现学分银行学习成果认证组织目标的活动。

第三，学分银行学习成果认证的过程方法将活动和相关资源作为过程进行管理，更高效地获得制度成果。

第四，学分银行学习成果认证管理的系统方法将相互关联的过程作为整个体系来看待、理解和管理，有助于学分银行学习成果认证组织提高实现目标的效率。持续提升学分银行学习成果认证总体业绩是永恒目标。

第五，基于学分银行学习成果认证事实的决策方法和决策要建立在数据和信息分析的基础上。

第六，科学和系统地指导质量保证体系的构建。

综上所述，在学分银行学习成果认证的制度依赖上，通过建设完善的制度体系长期关注学习者及其他相关方的需求和期望，不断促进其改进总体服务质量。

三、认证标准的科学性、权威性与公信力

认证标准是在学分银行建设中提及最多的词语。在学分银行“框架 + 标准”的技术路径下，认证标准是一个核心概念。从标准的本源来看，标准被描述为“通过标准化活动，按照规定的程序经协商一致制定，为各种活动或其结

果提供规则、指南或特性，供共同使用和重复使用的文件”[①]。从这一定义来看，认证标准可以从以下几个层面来理解和认识。第一，认证标准是按照规定的程序协商一致，共同制定和确立的被认可的标准体系。第二，认证标准需要公众及相关机构认可并批准。第三，认证标准具有重复使用的特性。第四，认证标准要促进最佳的共同效益。简单来说，学分银行认证标准要具有科学性、权威性与公信力。学分银行学习成果在学习成果的积累、认证（或认定）和转换上，既要采用相应的标准作为衡量的尺子，又要结合颁证机构的认可和运用获取效用，同时还要使其被认可，这就是权威性和公信力的问题。

首先，认证标准的科学性。从学分银行学习成果认证标准的科学性来看，我国学分银行建设采用了与国际接轨的“框架＋标准”的技术路径。我国首先提出了具备国际通行性的资历框架功能的学习成果框架，并且自主研发了学分银行学习成果框架下用于学习成果认证和转换的最小单位——学分银行认证单元全套的开发工具和方法（卢玉梅等，2013），制定了邮政、汽车、煤炭、社工等多个行业领域的学分银行学习成果认证单元 2000 余个。可以说，在学分银行学习成果认证标准领域，已经形成了非学历证书与学历课程互认的转换规则 30 多条。从上海学分银行认证标准体系建设情况来看，上海选择了“上海成人高等教育对非学历证书的认定”为切入点，形成了学分银行体系中 30 个专业的 327 种非学历证书认定表，并发布了指导标准（上海市成人教育协会院校教育专业委员会，2012）。这些学分银行学习成果的认证标准是成人继续学历教育对非学历证书的单向认定。上海市提出，未来要“研究制定上海终身教育资历框架试点行业能力标准”（钟名诚，2018）。广东则是在国家框架下探索学分银行的标准建设，目前已出台《广东终身教育资历框架等级标准》。这些都是我国对于学分银行学习成果质量保障科学性的有力探索。

其次，认证标准的权威性。从学分银行学习成果认证标准的权威性来看，关于认证标准和认证活动，我国有着明确的法律法规和管理制度，如《中华人民共和国认证认可条例》《认证机构管理办法》《国家认可机构监督管理办法》

① 《标准化工作指南第 1 部分：标准化和相关活动的通用术语》（GB/T20000.1–2014）

等。特别是在学分银行学习成果认证标准的管理归属上，由国家认证认可监督管理委员会统一管理、监督和综合协调全国认证认可工作。根据国家规定，学分银行学习成果认证标准要由认证机构证明产品、服务、管理体系符合相关技术规范和技术要求。学分银行学习成果认证标准的认证机构要取得相关资质才能开展相关工作。这些都是我国对于学分银行学习成果质量权威性的保障。

最后，认证标准的公信力。从学分银行学习成果认证标准的公信力来看，学分银行学习成果的认证主要以教育部试点的名义来推进。学习成果互认联盟的建立，实现了小范围试点和研究层面的学分银行学习成果认证工具方法与学分银行学习成果认证国家标准化管理体系接轨，并使基于符合国家标准和规范开展的业务拥有规范性与合法性的背书，大大提升学分银行的公信力。学分银行学习成果认证大致包括两类，即对颁证机构所持学习成果的认证和个人所持学习成果的认证。学分银行对颁证机构所持学习成果的认证，是在其学分银行认可机构通过认证后，依据学分银行学习成果框架标准和规范，确定学分银行学习成果所属的领域、类型、等级以及所包含的学分银行的各类认证单元；对于依据学分银行学习成果框架及其认证标准由学分银行颁证机构或相关培训机构所开发的新的学分银行学习成果，则还需考察学分银行学习成果的教学实施是否符合或达到它所包含的学分银行认证单元所规定的能力标准和要求（李令群，2016）。对个人所持学习成果的认证，学分银行通过一定的程序和规范转换成学分银行学历教育学习成果或学分银行非学历教育学习成果。国家层面学分银行的设计是一个基础的标杆，各地区的探索与国家现行的管理体系会产生千丝万缕的联系，目前开展的学分银行学习成果认证是对学历、学位证书、职业资格证书、岗位能力证书、培训项目证书、课程等无形产品的认证，其标准强调了学习成果认证的公信力。

四、认证质量保证的监管体系

一般来说，学分银行学习成果认证质量保证的监管体系由教育主管部门的质量评估、ISO9000 国际质量认证体系认证、质量保证委员会质量监控等方面构成。

第一，学分银行的监管部门为教育部门，其教育主管部门监督学分银行认证保障工作。学分银行是面向社会进行学习成果认证的服务机构，推进着国家及地区的继续教育成果认证、积累与转换。这使学分银行学习成果认证质量必然要接受教育主管部门的质量监督。

第二，学分银行学习成果认证质量监管要引入ISO9000国际质量管理体系。目前来说，ISO9000国际质量管理体系是最广泛认可的质量管理标准体系。学分银行学习成果认证质量监管要强化内部管理，进行全面升级和改造，整体提升学分银行的员工素质、运营效率、服务品质和品牌形象。

第三，学分银行学习成果认证质量要接受学校质量保证委员会的监督。定期由学分银行向学校质量保证委员会提交质量报告；学校质量保证委员会也要定期对学分银行进行专项督查，了解学分银行认证质量情况，把握学分银行学习成果认证质量工作进程；通过学分银行学习成果认证质量试点，逐步建立起对学分银行学习成果认证质量定期评估的工作机制，以促进学分银行健康、稳步成长。

第三节　学分银行认证服务体系的管理及决策机构

一、学分银行管理委员会

通过系统对比分析国内外学分银行认证服务体系建设实践案例，笔者发现学分银行管理委员会至关重要。在终身教育学分银行系统中，学分银行认证服务体系往往发挥着重要的支撑性作用。建立一个管理过程复杂、机构设置繁多的学分银行系统，没有教育政策的支持是很难顺利完成的。学分银行认证服务体系的政策制度则离不开政府和教育机构。比如，为了促进学分累积制度的顺利实施，韩国颁布一系列相关法规，包括《终身教育法》和《学分认证法》等。这些法规都是由总统政策咨询机构出台的。欧洲委员会为了推进学分银行制度的大力发展，同样也提出了伊拉斯谟计划并签署了《博洛尼亚宣言》。这些学分银行法规、政策措施的颁布和实施，都离不开相关教育机构的支持和行动。

因此，学分银行管理委员会是学分银行的管理和决策机构，可由教育部门和学分银行系统中互认院校的相关管理人员组成。学分银行管理委员会主要负责学分银行框架体系的整体设计、学分银行相关管理制度的制定、各方利益的协调以及学分银行运行状况的监督等。学分银行管理委员会设立的目的是让学分银行在政府部门的政策引导和有效行动的感召下顺利发展。

二、学分银行理论研究委员会

通过系统对比分析国内外学分银行认证服务体系建设实践案例，我们还发现，推进学分银行理论研究委员会建设正当其时。在终身教育学分银行系统中，学分银行理论体系建设往往发挥着重要的实践指导作用。为了更好地开展终身教育学分银行实践，需要成立学分银行理论研究委员会。学分银行理论研究委员会可由教育部门牵头，由教育协会以及参与学分银行建设的各院校的教学专家构成。学分银行理论研究委员会主要负责开展终身教育学分银行的相关理论研究，同时协助政府部门和学分银行管理委员会进行政策法规的制定和颁布，并且通过不断完善科学合理的学分认证制度、学分互换制度、构建课程标准制度，最终完成完善的学分银行教育体系的建设任务。

第八章

学分银行的信息管理系统

学分银行是一个复杂的系统，不仅需要相关的运行机制、政策法规和标准体系等的支持，还需要功能强大的信息管理系统的支撑才能真正有效运行。世界各国在建设完善学分银行的过程中，深刻认识到教育资源的共享性和资源平台的互操作性对于学分银行建设完善具有决定性意义，要真正实现资源共享和资源平台操作运行，信息管理系统建设标准体系及技术具有重要作用。

本章分三节，主要就学分银行的信息管理系统展开详细的论述。首先分析了学分银行信息管理系统建设意义、建设原则和建设层次；其次对学分银行信息管理系统的标准体系及技术进行概述分析，主要包括 LOM 标准、SOA 架构和 Portal 技术；最后分析了学分银行信息管理系统的架构需求及目标。

第一节　学分银行信息管理系统建设意义及原则

一、学分银行信息管理系统建设意义

实现学分银行信息化、智能化的一站式服务，进而满足全民学习、终身学习需要，这就需要通过学分银行系统大数据分析技术，为学分银行学习者、用人单位、政府部门、认证机构提供相关学习成果信息服务。总结分析学分银行信息管理系统建设实践，学分银行信息管理系统建设具有非常重要的意义。

第一，通过学分银行信息管理系统，能够实现面向学习者的跨机构、跨区域的学分银行学习账户及学习档案管理、学分银行学习成果管理、学分银行学习支持服务和管理服务，学习成果认证申请及录入，学习成果认证、积累及转换等一站式服务。

第二，通过学分银行信息管理系统，能够实现各级各类标准课程资源共建共享。将联盟机构提供的标准化学习资源整合为一个整体，通过学分银行信息管理系统传递给所有学习者，学习者可随时随地使用经学分银行认定的各级各类标准课程资源进行自主学习，可在学分银行信息管理系统自主查询各类信息，进行实时信息交互，各级各类学习成果可通过学分银行信息管理系统转换为标准学分存入学分银行。

第三，通过学分银行信息管理系统，能够为各类管理机构提供统一的工作平台，为学习成果认证服务体系业务人员提供一体化的工作平台和可定制、模块化的管理和服务工具，为各类机构（学校、培训机构、行业、企业等）提供学习成果存储对接、查询、使用的数据接口。

二、学分银行信息管理系统建设原则

通过分析大量的学分银行信息管理系统建设实践案例，可以总结出以下五条学分银行信息管理系统建设原则。

（一）安全性及完整性原则

学分银行信息服务系统存储着学习者的学习档案和学习成果信息。随着学分银行信息服务系统业务量的不断增加，有可能出现非授权用户对计算机系统进行非法访问，导致学分银行信息服务信息泄露和被非法篡改、伪造、窃取或删除。学分银行信息服务系统必须遵循信息安全标准，设置妥善的安全保护机制，建立完善的学分银行信息服务数据管理机制和存储备份机制，保证数据存储、信息传递、信息共享等信息的安全，实现数据和系统备份、数据和系统恢复等。学分银行信息服务系统设计的安全控制机制主要有用户身份信息的保护、系统运行过程中数据信息备份及恢复。

（二）先进性及可扩展性原则

随着学分银行管理需求及业务模型的变化，在学分银行信息服务系统技术框架的设计中既要体现先进技术理念，也要具有发展潜力，注重学分银行信息服务系统技术的可行性和适用性，满足未来学分银行业务拓展的需求。学分银行信息服务系统要具有一定的可拓展性，可进行二次开发或功能调整，开发适应大众的软件运行环境，满足学习者个性化、多样化的学习支持服务需求，建设适合终身学习体系的学分银行信息管理服务系统。

（三）模块化及可定制设计原则

学分银行信息管理服务系统建设面临的主要问题是，学分银行信息服务系统业务模式不确定引起的学分银行信息服务系统业务流程需求的变化。因此，学分银行信息服务系统建设中应采用功能模块动态设计和可定制化设计的理念，根据功能需求将学分银行信息服务系统分解为多个独立的功能组件，根据业务需求进行重构和定制。

（四）开放性及共享性原则

学分银行信息服务系统的主要功能是连接并打通异构环境中各级各类教育间的通道，为教育教学机构、学习者提供成果管理和学分转换服务。异构环境中的各用户系统运行于不同平台，具有不同的数据结构，学分银行信息服务系统需要采用开放的数据结构进行系统集成，解决多用户系统间的信息集成和数据交换问题。学分银行信息服务系统的技术框架必须具有完善的标准、开放的数据接口，采用开放的学分银行信息服务体系结构，为学分银行联盟机构提供数据共享机制，满足与其他外部系统的连接需要，使已有的用户应用和服务有机地融入学分银行信息服务系统中，实现多用户、多资源的无缝连接。

（五）操作性及易维护性

学分银行信息服务系统要操作简便，可以快速安装，便于维护，具有优良的人机交互环境，提供学分银行信息服务系统日志管理功能。学分银行信息服务系统记录平台上的人员操作和系统操作的数据、模块和时间点，可以提供查询利用功能，确保能够对学分银行信息服务系统数据交易行为进行追踪和事后审计。

三、学分银行信息管理系统建设层次

学分银行信息管理系统需要与教育部门及教育行政部门实现信息化同步，需要整合对接教育管理公共服务平台、教育资源公共服务平台，形成一体化的终身教育信息服务体系。具体来看，学分银行信息管理系统一般包括以下四大层次。

第一层，学分银行信息服务系统创作层。用户将自己创作好的资源提交到学分银行信息服务系统，这其实是各职业院校内部的教育资源创作过程，不属于学分银行管理平台。

第二层，学分银行信息服务系统存储层。学分银行管理系统将收到的资源进行元数据注册，进行内容的合法性与标准化审核，然后提取元数据并对资源实体进行存储，等待向学分银行发布中心提交元数据检索信息。

第三层，学分银行信息服务系统发布层。学分银行管理中心提交的元数据检索信息经审核和管理后以 Web 服务的形式对用户提供检索、统计等服务。

第四层，学分银行信息服务系统共享层。对创作、储存、发布的教育资源进行统一的提取与归纳，最终使用户在学分银行信息服务系统实现“一次注册、处处共享”。

第二节　学分银行信息管理系统的标准体系及技术概述

随着学分银行信息管理系统的使用以及各类学习平台和信息资源的不断整合和积累，为了实现平台的各项学分银行服务功能及教育大数据的分析，需要解决平台间计算、存储、共享和分配等关键技术问题，需要引入诸如负载均衡、多中心数据同步和多终端自适应等相关技术。通过学分银行信息管理系统智能网关及开放接口（Open API）实现异构平台数据的对接，真正实现系统的数据共享。

一、LOM 标准

LOM 标准是由学习技术标准委员会（Learning Technology Standards Committee，LTSC）最早制定的，当前 LOM 标准在国际上具有一定的社会影响力[①]。该标准的草稿发布于 1998 年 3 月，是当前最重要的关于网络教育资源的数据模型，已成为学分银行服务的重要标准。它主要规范了通用类信息、生存周期类信息、数据描述类信息、教育类信息、价值类信息、技术类信息、关联类信息、注释类信息、归类信息九大方面的数据信息，见表 8-1。

表 8-1　　LOM 标准数据信息

序号	信息类别	说明
1	通用类信息	主要是关于资源的标识和分类、检索属性等信息，它与资源应用的上下文环境无关
2	生存周期类信息	主要是关于资源生存周期方面的信息
3	数据描述类信息	描述关于数据格式方面的信息，定义数据类型
4	教育类信息	描述资源在教育、教学方面的特性
5	价值类信息	有关资源的价值和价格方面的信息
6	技术类信息	教育资源技术方面的信息
7	关联类信息	主要描述资源与其他资源的关联信息
8	注释类信息	主要是关联资源教育应用评论方面的信息
9	归类信息	描述资源的归类信息

LOM 标准定义了学习对象元数据的语法与语义。LOM 标准设立的目的在于用最小属性集来完成对学习对象的管理、检索和评估，并且便于将来对其学习对象属性进行扩展。LOM 包括两个重要部分。

一是学习对象（Learning Objects），也称为学习资源，指的是学习、教学或训练的数字化或非数字化的实体。学习对象可以大到一门课程，小到一张图片，日常学习中最为典型的学习对象包括多媒体课件、视频教材、教学软件和

① LTSC 是国际电气电子工程师协会（IEEE）下的一个专门对教育软件、教育资源、教育信息系统开发管理和维护进行规范的标准化组织。

工具等。学习对象可以在不同的教学系统中被使用或是重用。

二是元数据（Meta Data）。元数据是关于数据的数据，用来描述数据的特征和属性。元数据目的在于提供普遍法则，统一描述一个资源。元数据可以为分布式的、异构的教育资源提供共享的工具与纽带。

学习对象元数据为学习对象提供了基本的共享性。学习对象元数据可以帮助用户了解学习对象的属性。用户也可以通过元数据进行分类管理和查找。学习对象元数据用于描述学习对象的特征和属性，如学习对象的名称、格式等。

二、SOA架构

所谓SOA架构，即面向服务的体系结构（Service-Oriented Architecture，SOA），它是一个组件模型，将应用程序的不同功能单元（称为服务）通过这些学分银行服务之间定义良好的接口和契约联系起来。接口是采用中立的方式进行定义的，它应该独立于实现服务的学分银行硬件平台、操作系统和编程语言。这使构建在各种各样的学分银行信息管理系统中的服务可以一种统一和通用的方式进行交互。SOA服务系统具有平台独立的自我描述XML文档。在系统开发过程中，依据传统的方法，构建单独应用，提供数据格式、元数据模型、安全架构等。SOA以服务为中心构建，SOA方法将功能方面涉及的学分银行信息管理系统对象、组件、业务流程等从服务提供者和消费者角度进行层次化。

SOA的出现给传统的架构引入了新的概念，使学分银行信息管理系统架构不再是各自独立的形式，而是能够自由组合、方便共享信息的方式。与此同时，还可以将安全架构、数据架构、集成架构、服务质量管理等共用的模块提取出来形成不同的层次，为所有的服务所共享。

三、Portal技术

Portal是IT领域一项新兴的技术，已经成为企业关注的焦点之一，也日益成为学分银行服务所依赖的重要技术。Portal是一个基于Web的应用程序，通常用来提供个性化、单点登录、聚集各个信息源的内容以及作为存放信息系统的表示层。所谓聚集，就是将不同来源的信息集成到同一个Web页面。Portal

使用不同的 Portlet 来展示和产生不同的信息，因此，Portal 可以实现用户对内容的定制。Portal 的重要价值体现在系统整合，侧重点是表现层或是应用层的整合，Portal 可以使用原有系统，不必重新开发，可以节省开发成本。Portal 为企业信息化提供了一致和统一的基础架构，实现统一的系统管理、服务的个性化和集成化。Portal 强调以用户为中心，为用户提供了单一的访问入口和个性化服务，用户可以根据自己的喜好定制不同的页面内容；为了保证系统的安全，Portal 根据用户的不同角色访问不同的系统，制定不同的界面。Portal 的核心服务包括个性化定制、单点登录、目录集成、访问权限控制、授权与验证等。

第三节　学分银行信息管理系统架构需求及目标

一、学分银行信息管理系统架构需求

构建学分银行信息管理系统，主要是为了实现学习者学分积累、网络选课、专业课程、学籍等的信息化管理。一般来说，学分银行信息管理系统可以支持和完成学分管理、跨校管理、科目管理、课程管理、成绩管理，并提供评价和用户注册等功能。学分银行管理系统采用远程、开放教育的形式，通过构建学分银行的终身教育服务系统，构建全员学习、终身学习的数字化学习支撑平台，为学习者更新专业知识和职业技能、提高精神文化素质，提供适时有效、灵活多样的学习服务。

二、学分银行信息管理系统需求目标

学分银行管理系统是一个基于 SOA 架构思想建构的系统，是一个组件模型，它将应用程序的不同功能单元通过这些服务之间定义良好的接口和契约联系起来。该系统具有灵活性和可扩展性，能够充分实现各功能模块的组合和模块的重用，使开发更加快速，避免重复开发，而且具有较好的可扩充性、易维护性。SOA 帮助学分银行在不用对现有的系统做修改的前提下，对外提供 Web 服务接口，在不用修改现有系统架构的情况下，将系统和应用迅速转换为

服务。

SOA 不仅覆盖来自打包应用、定制应用和遗留系统中的信息，而且覆盖来自诸如安全、内容管理、搜索等资源架构中的功能和数据。基于 SOA 的应用能很容易地在这些基础服务架构中添加功能，所以基于 SOA 的应用能更快地应对市场变化，为学分银行及其用户设计开发出新的功能应用。

学分银行门户也是一个重要方面，Portal 是一个基于 Web 的应用，它能单点登录，实现不同源的内容聚合和信息系统的表示层集中。聚合是整合不同 Web 页面源数据的过程，通过个性化主页来满足学分银行每个用户的需求并将个性化嵌入门户服务和应用程序的各个角落，用户可以个性化地选择相关信息、栏目，无关的信息和栏目可以不选。个性化与选择内容、协作功能程序以及应用程序服务结合在一起。这样一个 Portal 页面可以提供内容聚集、帮助工具、应用程序访问和集成等功能，而且所有这些功能的存在与否取决于用户的个性化定制。对用户而言，门户网站提供一个单独的登录点，用户只需要进行一次登录，就可以访问到所有的授权服务，所有的应用系统可以提供统一的用户管理。

学分银行门户网站主要为学习者开设个人终身学习账户，建立学习者的学分档案，进行学分存入、认定和转换的申请，并适时查询申请结果。另外，网站还会实时向学习者公布学分银行的各类新闻公告信息和相关规章制度（包括学分银行管理制度、学分认定制度以及认证的程序等），网站还提供学分信息查询和在线导航等服务。学习者在学分银行门户网站上申请开户，持个人身份证明和相关资料文件办理开户手续，经过学分银行的初审和复审，双方签署协议，最终开户成功，学习者成为学分银行用户。当学分银行的用户想进行学习时，可在网站在线人员的指导和建议下，在课程信息库中选择相关的课程，并根据课程的具体费用进行缴费，学习者就可以开始进行课程学习等一系列活动。个人终身学习账户包括学习者的个人信息、教育背景、学分获得情况以及个人教育诚信记录等，为学习者本人和相关单位提供查询所学课程和学分记录的服务。

第九章

学分银行大数据管理平台

学分银行制度的核心功能是实现各类学习成果的认证、积累以及转换，学分银行的学分积累转换系统发挥着至关重要的作用，主要依托互联网实现学分数据记录的准确性和实时性。学分银行通过网站对外公布学分转换信息，用户采取超级链接方式与学分银行网站进行链接。为了便于管理，各网站都应采取相同的标准和形式，以使学分银行成为一个互联互通的网络平台。学分银行信息系统在登记和汇集个人信息、机构信息、学习成果各要素信息以及各类规则和业务数据时，需要通过数据对接、数据校验、信息互通等方式保证与其他系统及信息平台之间的数据信息的一致。

本章分两节，第一节分析了学分银行大数据管理平台的模型设计，其中包括学分银行大数据管理平台的模型界定、数据模型的设计思路，以及该系统内的数据模型设计实例；第二节在学分银行信息管理平台设计理念与技术架构方面，主要论述了学分银行信息管理平台的设计理念与原则、功能模块与职能架构、数据信息架构与云服务管理。

第一节　学分银行大数据管理平台的模型设计

学分银行大数据管理平台的模型设计是学分银行信息化建设的基础。学分银行大数据管理平台可以从整体到局部全程指导学分银行业务，可以保证学分银行在各层面和各种环境下进行数据交换，实现多维度数据共享和对接，从而避免低水平重复开发。当前，国内外各种不同形式的学分银行运行支撑平台，大多数实现了学习成果的认定、存储和转换等功能。但随着学分银行业务的开展，学分银行平台数据不断积累，学分银行数据规模日渐庞大。但学分银行数据平台大多只提供查询服务，很少有平台能通过数据分析提供个性化的服务，也缺乏为机构提供教育培训需求与决策分析的平台和资源。我国学分银行制度建设的宗旨是服务于终身学习体系和学习型社会建设，通过学分银行学分互认打通各级各类教育培训的纵向衔接和横向沟通，搭建终身学习的“立交桥”。因此，学分银行信息管理平台需要提供的不仅仅是学分银行学习成果的存储、积累与转换，同时，还需要为社会成员提供个性化学分银行服务，为教育机构和企业联盟提供学分银行教育需求分析，提供有针对性的学分银行数据分析功能。

一、学分银行大数据管理平台的模型界定

学分银行大数据管理平台系统中的数据主要有两种类型，一种是显性数据，另一种是隐性数据。显性数据以结构化数据为主，便于处理，比如用户信息档案，包括用户特征、教育程度、工作经历等。而隐性数据多数是非结构化数据，一般以用户的偏好和行为数据为主，包括学习者的个人偏好、个人行为等，如学习者参与交流互动的情况、视频及网页的浏览情况等，这类隐性数据一般属于非结构化数据。还有一类数据处于显性数据和隐性数据之间，以半结构化数据为主，如学习者能力评估、学习方向分析、学习者个性特质分析以及各类提交的表单、证书材料等数据。学分银行在登记和汇集个人信息、机构信息、学习成果各要素信息以及各类规则和业务数据时，需要通过学分银行大数据管理平台的数据对接、数据校验、信息互通等方式保证与其他系统及信息平台之间数据信息的一致。学分银行制度的核心是在学分银行大数据管理平台中实现各类学习成果的认证、积累以及转换。

具体来说，学习者将自己获得的各类学习成果提交给学分银行学习成果认证中心进行认证，学分银行大数据管理平台按照一定的标准和规则，将学分认

证结果存储在学习者的学分银行终身学习档案中；学分银行依据各行业、各领域公认的知识、技能等标准核定每种学习成果的标准化学分，自动积累到每个学习者的学习档案中。当颁证机构认可了其他机构的学习成果，形成了学分银行学习成果的转换规则（协议），学习者就可以通过学分银行申请转换学习成果或学分，从而实现知识提升、终身学习的目标。通过对学分银行学习成果认证、积累与转换业务的分析和梳理，根据学分银行业务流的节点设定和业务流信息内容的要求，按照面向对象的设计思想，可以定义学分银行信息系统的对象。学分银行信息系统对象是在学习成果认证、积累与转换业务中，能够以实实在在的实物形式呈现的实体。在学分银行业务中可以将资格证书、学历毕业证、颁证机构、培训机构、服务机构、学习者、专家、管理员等看作是一个对象数据的具体表现，如图 9-1 所示。因此，建立对象的数据模型是制定学分银行信息系统数据模型的重要一环。

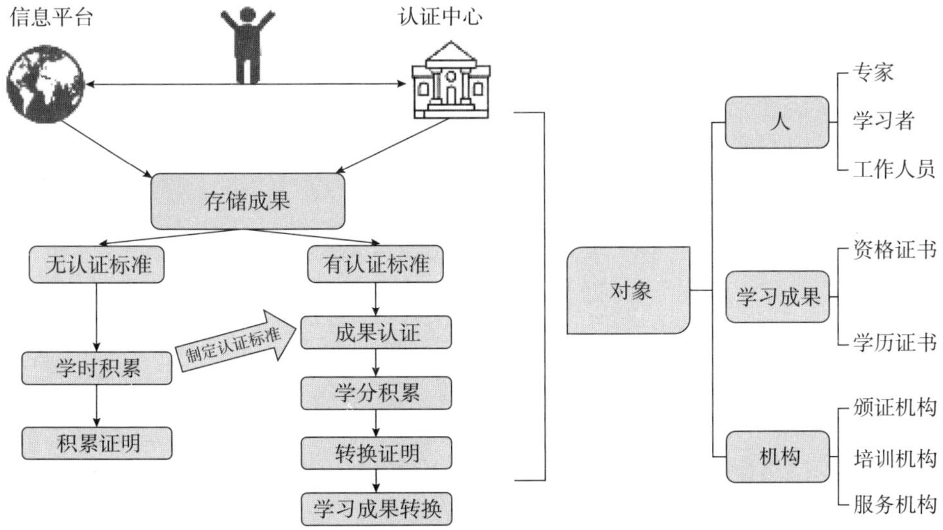

图 9-1　学分银行流程示意图

二、数据模型的设计思路

学分银行数据模型通过对现实世界事物主要特征的分析、抽象，为信息系统的实施提供学分银行数据存取的数据结构以及相应的约束。通常情况下在学分银行数据模型设计的时候考虑最多的是数据结构，主要包括以下两个方面的内容。

（一）确定学分银行数据模型的数据指标

学分银行数据指标是指学分银行的数据信息，按其内在联系所组成的、科学的有机整体，是进行学分银行数据信息监控和管理的基础。这要求学分银行数据信息指标要具有目标性、集合性、可分解性、相关性、适应性和整体性等特点。在应用场景和关联众多的情况下，只有统一和规范学分银行的数据指标，才能使学分银行各系统、各个开发和实施的机构在学分银行信息系统建设时实现数据和信息的兼容与共享。因此，建立科学、实用、完善的学分银行数据指标结构是信息化工作的首要任务。学分银行信息系统数据模型的指标包括描述对象的各项属性及其规格。

（二）确定学分银行数据模型的数据编码规则

在学分银行数据模型的信息处理过程中，要考量学分银行数据指标的不同属性及定义性。学分银行数据编号由一些有意义的字母和数字组合而成，形成一个特定的编码规则。学分银行数据编码要具有唯一性和排他性。比如说，数据编码的某一个数据标识如果代表一个人的话，那么这个数据标识就包含了独一无二的身份证号码等信息，这些数据信息分别由地址码、出生日期、顺序码和校验码组成，每一个身份证号都代表了一个自然人。因此，学分银行数据模型的数据编码规则为学分银行数据信息系统中的数据标识提供了依据，为学分银行数据流转的高效率提供了基础。

学分银行颁证机构将本机构可颁发的证书提交到学分银行进行学习认证，学分银行将其列入学习成果名录中；学习者可以通过多种渠道获取此学分银行的个人学习认证证书，并将个人学习认证证书信息存储到学分银行信息系统的个人终身账户中。这一环节是学分银行中流转环节最多的部分。学分银行通过学分银行资历框架和认证标准，根据以往的知识难易程度划分等级，同时分行业建立各个维度的知识、技能、能力集合，形成可以融通学历教育和职业教育的学分银行的认证标准。学分银行根据学习成果名录标准，形成成果（证书）与认证标准的对应关系，构成便于实施的学分银行数据模型的学历成果与非学历成果的转换规则。学分银行数据模型的学习者存在账户中的个人证书，可以选择有效的转换规则进行学历与非学历之间的学分转换。按照实物的定义，可以从学分银行数据模型的业务流中找出颁证机构、学习者、学习成果认证中心、学习成果、认证标准、积累证明、转换证明等，在学分银行数据模型的实际业务操作中还要有操作员、评审专家、开发标准的机构等角色。从这些对象的基础数据属性上进行分析，可以定义学分银行信息系统的数据模型。

三、学分银行信息系统的数据模型设计实例

学分银行的对象可划分为人、机构、学习成果三类，根据面向对象的抽象性、继承性、多态性等特征，每一类又可依据对象特点进行细分。每类对象提取一致的基础属性抽象成类，具体对象在基础属性上再加入特征属性而形成。因为每类对象的特点不同，加入特别数据属性时的方式和方法也略有差异。

（一）个人数据模型

从信息类别角度进行分析，每个自然人的基础属性都包括姓名、性别、出生日期、户籍所在地等信息；存在个体区别的必要信息是证件名称和证件号码（我国大陆地区是身份证和身份证号），对每个自然人来说，这个编号都是唯一的，不会重复；而且身份证号码中包含的信息量很大，包括了户籍地区、出生日期、性别信息，对于没有身份证的人来说，其他的证件信息中就可能没有这些内容。考虑到保留数据信息的最小特征项，基础属性包括姓名、性别、出生日期、证件类型和证件号码、联系电话，并将这些属性划分为人的对象基础类。

在对“性别”这类枚举类属性赋值时，一般根据设计者的喜好设定值。例如，数据信息的赋值主要有三种方式，第一种是字母方式，如“M”代表“男”，“F”代表“女”；第二种是数字方式，如“1”代表“男”，“2”代表

“女”；第三种是文字方式，如直接填入“男”“女”。在同一个数据信息系统内，这样的定义不会产生问题，但是在一个数据信息系统的信息应用和与其他系统交换数据时，就会出现不一致或混淆的问题。为了避免这个问题，根据实际应用和人的一般认知理解，制定学分银行信息系统数据模型的枚举类属性赋值时要做到以下几点：（1）数据模型的枚举选项小于 5 个，尽量使用“字母”方式；（2）数据模型的枚举选项大于等于 5 个且名称较长的情况，建议使用“数字”方式，并定义数据模型的对应清单，具体参见表 9–1。

表 9-1　人的基础数据模型

名称	姓名	性别	出生日期	联系电话	证件类型	证件号码
编码说明		M 代表男 F 代表女			1 代表身份证 2 代表士官证 3 代表护照	

学分银行业务中的角色是在继承人的基础属性基础上，结合数据模型的特征信息而形成的。特征信息是某类角色的扩展属性，例如，“专家”要对学习成果、机构等信息进行专业性的评价，因此要在专家的对象数据中包含“擅长领域”“职称”“学术成果”等可能的扩展信息，具体参见表 9–2。

表 9-2　“专家”的数据模型

名称	姓名	性别	出生日期	联系电话	证件类型	证件号码	职称	擅长领域	单位名称	职务
编码说明		M 代表男 F 代表女			1 代表身份证 2 代表士官证 3 代表护照					

学分银行中的其他角色，如学习者、工作人员，也可以按照“专家”数据模型的定义方式，在人的基础属性上添加特征属性，形成对应的数据模型。

（二）机构数据模型

参与学习成果认证、积累与转换的除了人还有各种职能机构，如颁发各种证书的颁证机构、组织管理学习的培训机构和网络教学平台、办理学分银行各种业务的认证受理机构等。在学分银行制度体系下，一个机构可能同时扮演几个角色，因此在设定机构基础属性时要尽可能兼顾各种类型的机构。

我国对于机构的管理和分类是有严格规定的。机构是把人力、物力和智力等按一定的形式和结构，为实现共同的目标、任务或利益有秩序、有成效地组合起来而开展活动的社会单位。其类型包括国家机关、企业、事业单位、社会团体以及其他机构。“统一社会信用代码”由国家标准委发布，是一组长度为18位的用于法人和其他组织身份识别的代码。可以说，“统一社会信用代码”类似于机构的“身份证”。

参照机构的申报资料信息，能够归纳出机构共有的数据属性，如机构名称、机构类型、法定代表人、统一社会信用代码、主管单位、注册地址、联系人、联系电话等。结合学分银行业务开展的信息要求，去掉与业务无关的信息，添加必要的管理要求，可以设定出机构的基础数据模型，具体参见表9–3。

表9-3　　机构基础数据模型

名称	编码说明
机构名称	
统一社会信用代码	
机构类型	机构类型编码
法定代表人	
主管单位	
联系人	
联系电话	
学分银行角色	1代表颁证机构 2代表培训机构 3代表考试机构 4代表资源提供机构 8代表联盟机构 10代表认证机构

由于同一个机构会在学分银行中扮演多个角色，为了保证学分银行的信誉和学习成果的品质，每种机构角色在业务体系中都要具有相应用于审查的前

提条件，所以要将具体角色的扩展属性附加到相应的对象数据模型中。一个机构会同时具有几个角色的功能，这么多种角色会有很多种组合，所以不能将每种角色的扩展属性都加到机构的数据结构中，否则会产生几十个机构的数据结构，这不符合我们建立数据模型的初衷。根据机构的这种特征，机构的数据模型应该以基础数据模型为根，贴上角色的“标签”，形成一种带“数字标签”的数据模型。

（三）学习成果数据模型

学习成果的种类很多，有学历教育的学习成果，如大学本科证书等；有非学历的学习成果，如资格证书、培训证书等；还有如竞赛证书、论文著作等形式的成果。学习成果所处等级不同，还有包含和被包含的关系。无论是学历还是非学历，一门课或一个培训的证书都可以看作一个学习成果，学习成果可以由几个学习成果组合而成。因此，学习成果的数据模型要考虑学习成果之间的所属关系，具体参见表 9–4。

表 9-4　“学习成果”基础数据模型

名称	编码说明
学习成果名称	
学习成果类别	X 代表学历，F 代表非学历，Q 代表其他
颁证机构名称	
学习成果 ID	以等级、类别和机构等信息组合而成，代表学分银行体系中学习成果的唯一代码
学分数	
学时数	
学习成果介绍	
学习成果组合 ID	

学习成果很多，在同一个颁证机构中会有重名和同级的情况，在不同的颁证机构中也会出现同名、同级甚至同类的学习成果。为了能够进行区分，要为每个学习成果创建一个“身份证”——学习成果 ID。学习成果 ID 由颁证机构信息和学习成果的等级、列表及其他数据组成，为每个学习成果赋予唯一的

编码，以便在进行学习成果认证、积累与转换中能够准确地标识出具体的学习成果。

学习成果具有组合的特性，在设计数据模型时，学习成果的对象数据模型要添加一个组合关系——“学习成果组合”。一个学习成果可能存在于其他学习成果的组合中，所以学习成果组合关系中数据结构设定要能够满足这种映射关系的需求；在实际教学设计和实践中，会根据权重因素在学时、学分上略有调整，所以组合关系中要加入学分和学时的因素。每个学习成果都有一个唯一的“学习成果组合”。这个组合中可能只包含一个学习成果，也可能含有多条学习成果，因此在组合关系表中同一个“学习成果组合 ID”有大于等于 1 条关联的学习成果，具体参见表 9–5。

表 9-5　　学习成果数据模型示意

学习成果组合 ID		
学习成果 1	学习成果 2	学习成果 3
学习成果名称	学习成果名称	学习成果名称
学习成果类别	学习成果类别	学习成果类别
颁证机构名称	颁证机构名称	颁证机构名称
学习成果 ID	学习成果 ID	学习成果 ID
学分数	学分数	学分数
学时数	学时数	学时数
学习成果介绍	学习成果介绍	学习成果介绍

第二节　学分银行信息管理平台设计理念与技术架构

随着大数据时代的到来，信息管理和大数据的应用已经渗透到各行各业。在很多组织中，对大数据的分析与应用，已经成为各行各业重要的影响因素和核心竞争力。信息管理和大数据不仅是一种技术革新，更是数字经济时代思维方式的大变革。随着网络信息技术在继续教育领域的不断发展与应用，各级各类继续教育管理、学习服务模式甚至人们的思想观念、学习方法和行为习惯都受到数字经济时代大数据浪潮的深度影响，加快学分银行信息管理平台建设也日益成为加快推进继续教育的重要内容和紧迫需求。

一、学分银行信息管理平台的设计理念与原则

（一）设计理念

教育领域的大数据不仅来源于各级各类学习平台上不断积累的学习数据，还来源于各类课程视频、教案和习题库等，甚至包括学习者的行为数据和个人资料数据等。当这些数据信息积累到一定程度且互联互通后，教育大数据就形成了。国内外教育界对于大数据与教学结合的看法，呈现出积极态度。目前，在教育领域，虽然已生成大规模的数据信息，但由于不同教育机构的数据信息相互独立，存在数据信息分散存储、结构不统一和数据信息不完整等问题，因此这些数据信息很难集成在统一的数据信息平台中，得不到有效利用。将这些格式各异、分布广泛的数据信息集成与交互，整合成对教育和学习有价值的信息，正是学分银行信息管理平台最大的价值所在。

学分银行制度是学习型社会建设的重要组成部分，是服务于终身学习理念的重要体系支撑。学分银行信息管理平台在设计理念上，应该坚持以服务学习型社会建设、完善各级各类教育之间的衔接标准、满足各类学习成果之间的转换，并实现为个人、企业、机构和教育部门等提供学习教育需求和政策建议为目标。要实现这一目标，就要充分运用平台中的各类数据信息，挖掘教育数据信息中的隐藏信息，提供及时、高效的服务。基于此，在整个平台的开发过程中，数据信息架构显得非常重要，数据信息架构的合理性决定了后续的数据信息生态管理。这要求充分考虑用户需求，结合用户在相关学习平台中的学习行为和学习成果，通过数据信息挖掘与分析技术对用户的学习需求、培训计划和工作目标等进行设计、评估与指导，提供个性化需求服务与智能化学习引导。

（二）设计原则

首先，要遵循安全可靠性原则。安全是学分银行信息管理系统的平台建设必须遵循的首要原则。学分银行信息管理系统平台的总体设计和安全体系设计

要符合信息系统安全等级要求。学分银行信息管理平台存储了大量个人身份信息和学习成果数据信息，涉及大量个人隐私，存在被恶意攻击和用户信息泄露的风险。为了保障学分银行信息管理系统平台的安全，应该对学分银行信息管理系统平台的物理安全、网络安全、系统安全、应用安全、数据信息安全和安全管理制度等方面进行全方位评估，要有完备的学分银行信息管理系统的运行维护及安全保障体系，确保系统的安全。

其次，要遵循开放性原则。学分银行信息管理系统的平台要能提供标准化开放接口，支持多平台接入。学分银行信息管理系统不是一个独立的系统，其主要功能是更好地连接并打通各级各类教育和培训间的通道，并提供学分银行信息管理的相关分析与决策。因此，学分银行信息管理系统平台的数据信息来源要与各级各类平台实现学分银行数据信息对接，要充分考虑与其他外部系统的接口需要。

最后，要遵循海量数据信息处理原则。学分银行面向全社会成员开展学习成果认证、积累与转换服务，整合学分银行信息管理系统各级各类相关异构学习平台的数据信息，会形成海量的用户信息，因此，需要支持学分银行海量数据信息处理。

二、学分银行信息管理平台的功能模块与职能架构

（一）功能模块分析

学分银行信息管理平台主要包括对外服务、政策宣传、业务管理和平台管理等功能模块。其中，对外服务是最主要的功能模块之一，要能够支持对公、对私两大业务。对公业务模块主要包括机构资质申请、机构学习者学习档案管理、学习成果认证管理、机构成员学分积累认证、学习成果转换、教育产品介绍与推荐、课程学习组织与推荐、专业或资格推荐、能力测评及专家引导等，为行业、企业等从业人员提供非学历培训证书与学历教育课程互认服务，为学习型组织提供需求定制服务。对私业务即个人业务，主要服务于个人学习者，管理学习者的个人信息，包括账户注册、终身学习档案管理、学习成果认证与转换、能力测评及专家引导等。其中，终身学习档案管理模块除能够提供个人

信息及学习成果的查询外，应能够综合分析个人的学习成果、工作经历和学习记录等信息，智能地提供相关专业资格推荐等个性化服务。能力测评模块主要是通过分析用户提交的能力测评表并结合专家引导等方式帮助学习者制订学习计划等。

通过对外服务所积累起来的各种数据信息都会保存在信息平台的各级数据信息库中，系统会根据用户的学习、工作与成果积累等情况，通过数据信息挖掘技术分析不同地区、不同机构的整体教育情况和需求，为行业或个人提供各级各类学习推荐与引导，并为培训机构提供相关信息，促进资源共享，实现跨区域合作。通过信息管理平台对外服务完善终身学习档案库的建设，实现各级各类教育及培训成果的转换，并与终身学习公共服务平台及其他各级各类学习平台之间数据信息互联互通、资源共享，结合数据信息分析提供专家评审与指导等功能，支持最优学习路径搜索与推送，促进行业需求与培训信息互通。

（二）职能架构分析

目前，我国正在建设的学分银行信息管理平台，有从国家层面设计的，如国家开放大学学分银行信息管理平台；有从地方层面设计的，如上海市终身教育学分银行信息管理平台。无论从国家层面设计还是从地方层面设计，学分银行的职能架构都可分为三个层级：学习成果认证中心、学习成果认证分中心和学习成果认证点。学习成果认证中心作为第一级业务执行机构，主要负责机构设置与管理、标准制定和课程体系建设等顶层设计，并提供学分银行信息化运行所需的各类评价标准及外部资源，完成综合性数据信息分析。学习成果认证分中心作为第二级业务执行机构，主要完成账户管理、部分学习成果认证转换等业务、终身学习档案建设与管理、网点或机构管理等。学习成果认证点作为第三级业务执行机构，设立在每个二级认证分中心的下属区域，其职能是为用户办理开户、销户、认证、转换和学习档案查询等业务。三个层级之间的数据信息库互通，三层职能架构如图 9–2 所示。

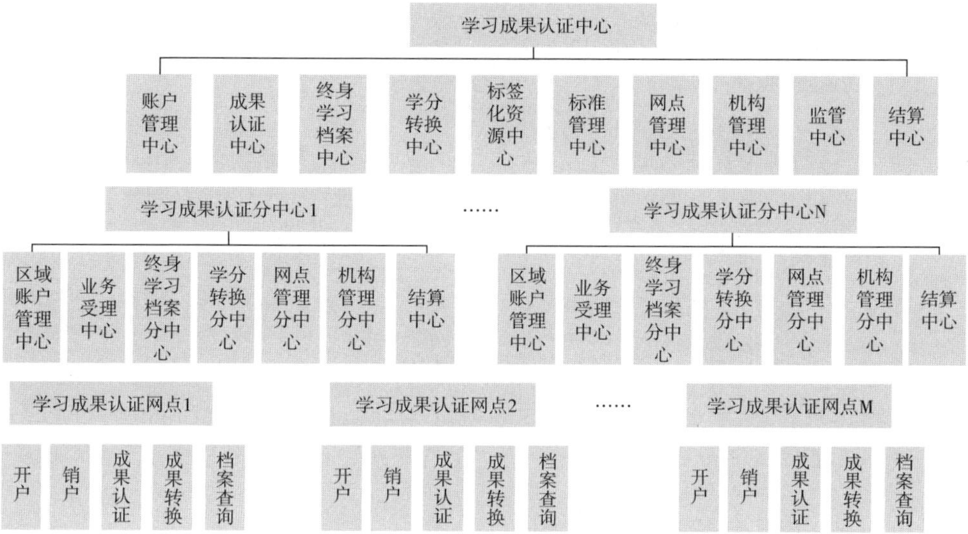

图 9-2　学分银行信息管理平台三层职能架构图

三、学分银行信息管理平台的数据信息架构与云服务管理

（一）系统数据信息分析

通过给定的评价模型实现学分银行相关教育决策和培训学习分析，则需要运用挖掘技术对学分银行信息管理系统中的数据信息进行分析、提取和清洗。学分银行用户规模庞大，数据信息之间有着千丝万缕的联系，学分银行信息管理系统数据信息具有类型多、数量大和关联性强等特点，为用户个性化服务的实现提供了基础。例如，可利用文本语义的情感分析模型，分析学分银行信息管理系统数据信息中对学习有促进的或无关的语义，通过定制评价模型对不同维度的学习成果及该用户或群体所对应的学习行为等相关要素进行监控，通过文本分析、不同维度之间的关联分析和趋势分析等技术挖掘学分银行信息管理系统数据信息中隐含的信息，找到与提升学习和促进教育相关的因素，预测学习需求与教育培训的趋势。

传统的针对学习培训的评估方法是问卷调查，根据预先设定的评价模型，对学习效果与教育需求的各种影响因素进行分析得到相关结论。而大数据信息分析是实时、动态的分析，可以通过挖掘数据信息的相关性实现面向未来的预测，与传统的相对静态、预设模型的学习分析方法相比，更加高效和便捷。随着学习环境越来越数字化，学习评估和学习需求也越来越被量化。学分银行信息管理平台包含了来自不同数据信息源的信息，数据信息复杂、时效性强且比较全面。从中提取出有价值的信息，通过相应的评价模型和数据信息分析，使教育培训的量化评估、个性化精准推荐和学习需求分析等更加科学成为可能。

（二）数据信息架构

学分银行数据信息的集成和整合需要完成学分银行数据信息的抽取、转换和加载。海量的学分银行数据信息管理与分析、多数据信息中心协同的学分银行大数据信息管理与分析处理技术以及较高的个性化服务功能，都可通过 ETL 工具和 OLAP 技术来实现。OLAP 分析是针对事先拟订的主题重新组织、筛选和转换数据信息，统一数据信息结构，重新整合产生综合性数据信息。有效提取、转换和加载是数据信息维护的难点。ETL 系统模型主要包括数据信息抽取、转换、清洗和装载，是大数据信息集成和分析的重要环节和核心技术，其关键在于为数据信息分析和应用提供统一的数据信息接口。学分银行信息管理平台应用 ETL 的目的是将分散在各教育机构和学习平台中与结构和标准不统一的数据信息进行整合，通过大数据信息分析技术，给个人和机构提供个性化服务，为政府和教育部门提供教育需求分析与决策建议。

数据信息集成与数据信息功能对平台技术要求较高。根据学分银行三层职能架构，可将学分银行信息管理平台数据信息集成划分为三层，通过 ETL 认证和 OLAP 分析实现数据信息架构管理。三层数据信息依次是学习成果认证中心数据信息交换库、学习成果认证分中心数据信息交换库和学习成果认证点数据信息库。从第一级到第三级数据信息的组成由复杂到简单。第一级数据信息，即认证中心数据信息，主要包括账户信息、终身学习档案信息、机构信息、认证分中心相关信息、专家信息、证书信息、学习成果认证积累和转换信息、课程信息、清算信息和标签化资源信息等各类数据信息；第二级数据信息，即认证分中心数据信息，主要包括分中心部分学习成果认证、积累和转换信息、分中心终身学习档案信息、认证点的相关信息以及清算信息等；第三级数据信息，即认证点数据信息，该层级以对外窗口服务为主，数据信息相对简单，以本地用户信息和学习记录信息为主，此外还包括一些开户、销户和认证申请等临时信息。三层数据信息架构如图 9–3 所示。

当学分银行档案信息数据积累到一定程度时，可用于 OLAP 分析以及数据信息挖掘。通过学分银行信息管理平台的后台统计分析功能，可以按学分银行不同的管理层级生成学分银行用户统计报表、存入学分银行学习课程统计报表、存入学习证书统计报表、生成课程学习统计报表。学分银行信息管理系统的统计报表是可定制的，并具备相应的统计分析功能。通过学分银行信息管理平台的智能报表生成与学分银行数据信息分析功能，可以根据业务需求和主管部门的要求随时生成学分银行的各种信息管理统计报表，并对这些学分银行的数据信息进行深入的分析和挖掘，以支持决策。

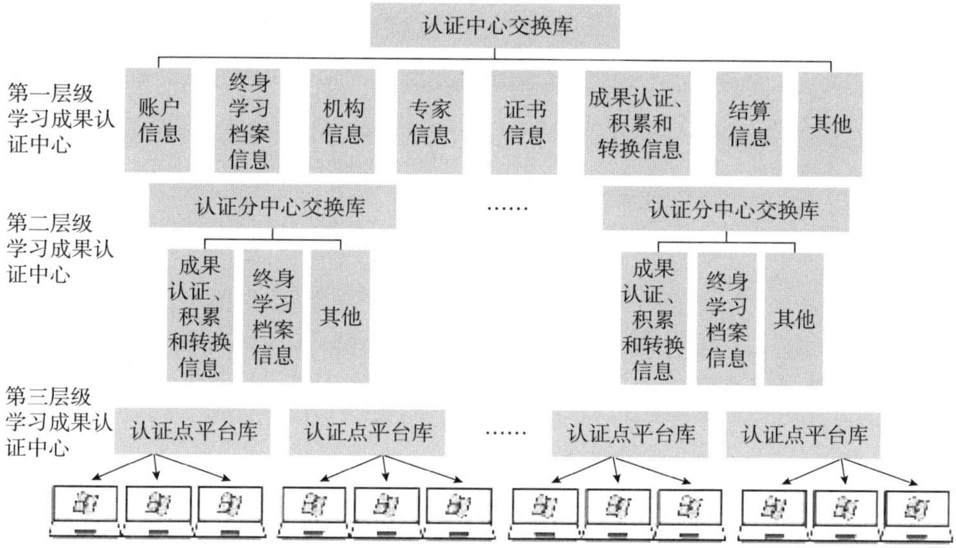

图 9-3　学分银行信息管理平台三层数据架构图

（三）云服务管理

学分银行信息管理系统的大数据信息管理与分析离不开云计算。云计算的概念虽然出现在大数据信息之前，但随着学分银行大数据信息分析的重要性和价值不断提升，云管理和大数据信息管理就越来越不可或缺。学分银行积累和整合了教育大数据信息之后，要让学分银行信息管理系统数据信息更有价值，离不开云计算和数据信息服务。

学分银行业务不仅涉及高校和教育机构，还关联了其他各类学习型组织、社区和企业等，可以说学分银行业务涉及各行各业。学分银行的用户规模庞大，分布广泛，要求不一。这对学分银行信息管理系统平台的架构提出了更高要求。为了更好地使学分银行实现信息管理和应用等功能，可以采用云计算。根据学分银行的业务需求及其复杂程度，基于三层架构的学分银行数据信息服务系统需要实现三类云服务：SaaS 服务、PaaS 服务和 IaaS 服务。学分银行信息管理平台云服务功能如图 9–4 所示。

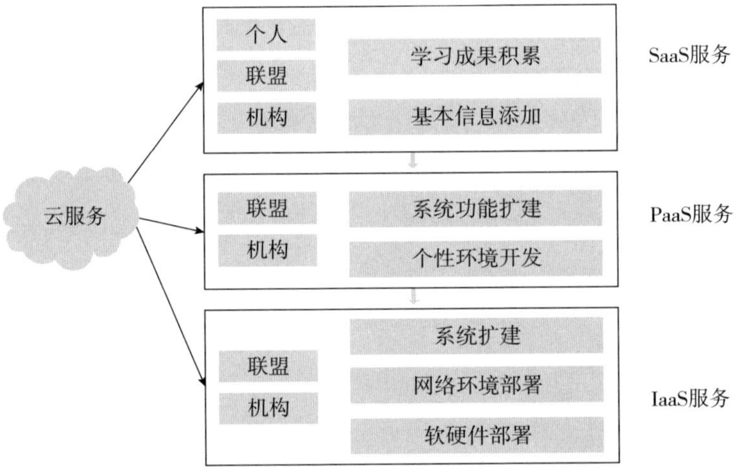

图 9-4　学分银行信息管理平台云服务功能图

1. SaaS 服务

SaaS 服务主要面向学分银行数据信息架构中的第三层认证点，这层用户对业务要求不高，也不需要投入太大，学分银行信息管理系统只需提供个人和机构联盟一些简单的个性化需求，如开户注册、成果的录入、申请和查询等基础功能。该服务在支持用户完成学分银行信息管理系统基本信息添加和学习成果录入的同时，促进了学分银行信息档案库的建设，实现了学分银行平台基础数据信息积累。这些数据信息以学分银行信息管理系统的结构化数据信息为主。

2. PaaS 服务

对学分银行信息管理系统的数据信息架构中的第二层级和第三层级中部分对平台功能要求比较高的机构可以提供 PaaS 服务，该服务帮助学分银行根据自身需求快速完成相关环境的开发，在提供学分银行信息管理系统功能开发扩建服务的同时，完成相对复杂的数据信息服务，包括半结构化数据信息和非结构化数据信息。

3. IaaS 服务

对于部分有特殊需求的机构，学分银行信息管理系统平台提供 IaaS 服务。该服务为用户提供功能强大的自主服务，可以满足要求更高的学分银行信息管理系统扩建需求，用户可以在三层数据信息架构基础上自己完成特定网络环境及软硬件部署，扩展本层的学分银行数据信息架构，实现更复杂的学分银行非结构化数据信息管理。

第十章

学分银行在职业教育中高本衔接中的理论建构

随着产业升级和经济调整的速度不断加快，国家对于高素质技术技能人才的需求规模不断增大，职业教育的地位越发重要。国家对于职业教育和学分银行的关注与日俱增。中共中央、国务院印发的《中国教育现代化 2035》强调开放畅通的人才通道，提出弹性学习及继续教育制度，畅通转换渠道的终身学习制度（李欣、郭富强，2021）。可见，学分银行之所以日益成为国家的关注点，就在于它已经发展为有效衔接各种学习成果的纽带，从横向上能够连接学历教育学习成果和非学历教育学习成果，从纵向上可以打通不同层级的学习成果，有效实现职业教育中高本衔接。通过研究学分银行的制度模式和发展机理，实施“框架 + 标准”的技术路径，最终实现和搭建纵横学习成果交通的终身学习“立交桥”。

本章分两节，详细论述了学分银行在职业教育中高本衔接中的基本理论与建构内容。主要有理论基础、体系依托、基本环节和主要内容四部分，重点研究了学分银行在职业教育中高本衔接中的基本理论；从宏观建构原则、制度体系建构、组织设计建构和管理保障体系四方面，深入阐述了学分银行在职业教育中高本衔接中的建构内容。

第一节　学分银行在职业教育中高本衔接中的基本理论

一、学分银行在职业教育中高本衔接中的理论基础

学分银行在职业教育中高本衔接中的应用离不开坚实的理论基础支撑，学分银行作为搭建终身学习“立交桥”的有效方式，在职业教育中高本衔接中的应用理论在不同的发展阶段发挥着举足轻重的作用。基于终身学习“立交桥”，本书分别从教育学、心理学以及管理学等不同学科的角度探究学分银行的理论基础。基于此，学分银行在职业教育中高本衔接中的应用既可以实现终身学习的基本理念，又可避免中高本衔接中存在的体制性障碍和专业与课程的衔接障碍等问题（江颖，2014），更重要的是可以确保教育公平和协同创新。

（一）终身教育理论

终身教育理论是学分银行在职业教育中高本衔接中的首要理论基础。从理论追溯来看，捷克教育家夸美纽斯、法国哲学家卢梭、教育家郎格朗都提出了终身教育的相关理念。随着经济社会的发展和教育制度和教育体系的变革，世界各国越来越关注终身教育体系，致力于满足人们对教育的个性化、多样化需求。学分银行在中高本衔接的发展领域，均遵循和秉持了终身教育理念。

（二）教育公平理论

教育公平理论是学分银行在职业教育中高本衔接中的重要理论基础。自古以来，教育领域一直追求着公平的理念。孔子提出“有教无类”和“因材施教”；教育是每个人都应享有的权利，不同学习者应用不同的教育方法（沈中彦，2017）。在古希腊，多名哲学家也提出了教育公平的思想，特别是柏拉图、亚里士多德等。进入 21 世纪，联合国教科文组织 2015 年发布《教育 2030 行动框架》，提出了人人享受终身学习的教育机会总目标，强调了社会公平与教育公平的理念。教育公平的核心是教育机会的相对公平，要保证一种人人皆可学的状态，是学分银行制度建设的核心理论基础、是职业教育中高本衔接的理论依据。同时，学分银行制度的建设也是促进实现教育公平的实践基础。教育

公平理论主张每个学习者拥有平等的受教育机会及享受同样的教育资源，是国际上学分银行制度建立的有效理论。我国学分银行也在积极探索实现教育公平的有效途径，保证每个学习者的学习成果得到有效认证，为所有的学习者提供平等的受教育机会。

（三）多元智力理论

多元智力理论是学分银行在职业教育中高本衔接中的又一理论基础。多元智力理论源于哈佛大学教育研究生院“零点项目”课题组，其项目负责人为霍华德·加德纳（Howard Gardner）。霍华德·加德纳在1983年出版了《智力的结构：多元智力理论》，明确了多元智力理论的概念和基本意义。该理论认为人类的智力是多维的，每个个体拥有相对独立的多元智力，多元学习在大脑中对应不同的区域，并且领域与领域之间没有必然的联系。霍华德·加德纳将人类智力总结为七种类型，分别是：逻辑—数学智力、言语智力、音乐—节奏智力、视觉—空间智力、身体—运动智力、人际交往智力以及自我认识智力。多元智力理论强调每个学习者拥有的智力不同，只要发挥个人优势，弥补个人弱项，就可以实现学习者的全面发展。多元智力理论为学分银行在职业教育中高本衔接中的理论架构提供了一个重要载体。学习者通过各种方式获得的学习成果通过认定、转换获得相应的学分，可以作为学历提升的成果依据。

（四）协同创新理论

协同创新理论同样是学分银行在职业教育中高本衔接中的理论基础。20世纪70年代，德国物理学家赫尔曼·哈肯（Hermann Haken）在《协同学大自然构成的奥秘》一书中提出了“协同学”，它是指在整个学习要素系统当中，各学习创新要素从一种原本相对独立、相互竞争的状态向相互联系、相互合作的状态转变，各学习创新要素呈现出一种非线性的相互作用关系，使得整体效应得到强化。

学分银行在职业教育中高本衔接中应用的协同创新主要体现在整体性和动态性两个方面。在整体性方面，学分银行在职业教育中高本衔接应用系统内的各类要素不是孤立的存在，各要素间的集合也不是简单的相加，而是多个要素的有机结合，学分银行在职业教育中高本衔接应用系统内各要素的存在方式、目标以及功能都表现出整体性的特征。在动态性方面，学分银行在职业教育中高本衔接中应用具有动态性，各要素呈动态性变化。

学分银行在职业教育中高本衔接应用中，协同创新理论促进教育形式的资源整合，协同创新发展及优势互补。学分银行在职业教育中高本衔接应用中的终身学习“立交桥”在于实现普通教育与职业教育的沟通，在学分银行的平台构建、资源共享、体制机制、标准制定等方面都提供了一定的借鉴。

基于终身教育理论、教育公平理论、多元智力理论以及协同创新理论，用发展的眼光来看待学分银行在职业教育中高本衔接中的理论架构，沟通职业教育与普通教育，融合学历教育与非学历教育，为培养社会和企事业单位需要的具有更高素质和更高技能的优质人才，打下牢固的基础（戴汉冬,2016）。因此，学分银行在职业教育中高本衔接中的架构体系应当从整体着眼，使学习者自身内部的专业、课程及认定转换连为一体、相互贯通，打破过去中高本断裂和终结的局面，打通学习者持续提升的通道，实现学习者的可持续发展。

二、学分银行在职业教育中高本衔接中的体系依托

学分银行以学分管理为核心，使职业教育领域的学习者能够自由选择学习内容、学习时间、学习地点，它突破传统职业教育领域的专业限制和学习时段限制，亦能将技能培训与学历教育结合（李欣、郭富强，2021）。学分银行在职业教育中高本衔接应用的实质是一种课程之间的衔接，这种衔接既可以发生在同类学科之间，也可以出现在跨学科领域。不同层次相互衔接的依据是中高本衔接的学分银行认定标准。基于学分银行的中高本衔接根据职业教育人才培养的特点，打造学分银行制度模式和平台，通过体系化的设计，贯通中高本不同层次的人才，从而实现教育的接续。

学分银行在职业教育中高本衔接中的体系，依据的是对事物演变过程中关键因素进行的分析论证，从而形成一套简化的描述事物发展过程的模型，对职业教育中高本衔接的体系进行抽象描述，是对学分银行在职业教育中高本衔接中的体系、过程的一种表达形式。因此，构建学分银行在职业教育中高本衔接中的体系结构理论是为了研究、认识其性质和演变规律。学分银行在职业教育

中高本衔接的体系理论建构要反映各要素之间的关系，体现内部规律性与外部适应性相结合的客观要求。在职业教育中高本衔接的体系中学分银行各个要素要实现各个层次的有效衔接，实现专业设置的依据实时衔接。通过顶层设计、协同管理等手段，为学分银行在职业教育中高本专业有效衔接中的应用提供支持。

学分银行在职业教育中高本衔接中的体系要以学分为工具，以学分认定、存储、转换为手段，以学习者学分传递、接续升学为主要目的，完善职业教育的中高本衔接模式。学分银行通过组建教育机构联盟，让每所加入学分银行的职业教育院校都签订合作协议，通过联盟协议使职业教育提供最优质的学习资源，聚合资源之后，再通过专家评审委员会使之标准化（江颖，2018）。从目前我国职业教育中高本贯通情况来看，北京采用“2+3+2”贯通模式，“2+3+2”即 2 年高中接受文化基础课程教育、3 年高职接受职业技能教育、后 2 年升入国内外对接高校后，在国内外对接高校接受本科阶段教育（姚燕，2021）。天津采用职业技能大赛形式，构筑了 12 个京津冀职业教育产教对接平台，聚政府、行业、企业、职业院校、科研院所“五方之力”，推动产教融合向纵深发展。有的省份运用的是高职延伸模式。一些本、专科兼容的普通高等学校，在高职高专中选拔部分优秀的专科生，直接升入本校本科班学习，成为本科学习者，以此作为一种对学习者的激励措施。此外，还有如高职升入网络教育本科模式、高职自考一体化本科模式等。高职自考一体化本科模式是在高职教育过程中，同时进行同类专业的自学考试，在完成三年专科学历学习的同时，通过自考获得同类专业高等教育自学考试的毕业证，获得本科文凭。

三、学分银行在职业教育中高本衔接中的基本环节

学分银行突破了年限的限制，实行完全学分制，在时间上和形式上是充分自由的。要实现中高本课程上的有效衔接需要变革传统的课程开发模式，充分调动教育行政部门、研究机构、应用本科院校、中等职业学校、行业企业及其他有关部门的力量，构建起多元参与、协同推进的依托学分银行的中高本衔接课程衔接与开发机制。

中职、高职和本科职业教育与学分银行是相对独立的主体，没有学分银行搭建“立交桥”，中高本职业教育在某种意义上来说处于孤立状态。学分银行的建立，使中高本衔接有了承接的载体。

中高本衔接的学分银行模式的运行路径，详见图 10–1。从左至右是主要运行路径，即从中职教育开始经由学分银行运行至高职教育，学生在中职教育和学分银行转化功能的基础上实现向高职教育合理流动，促进中职毕业生层次的合理上移。高职教育经由学分银行运行至本科职业教育，学生在高职教育和学分银行转化功能的基础上实现向本科教育合理流动，促进高职毕业生层次的合理上移。

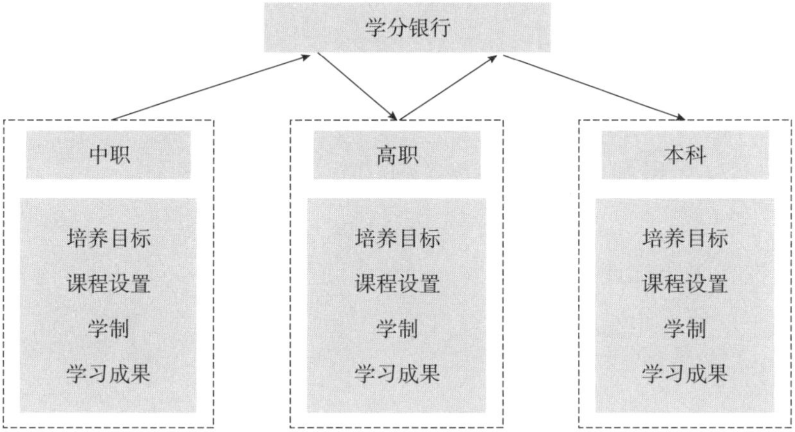

图 10-1　中高本衔接的学分银行模式

学生在学分银行中注册后，学分银行详细记录学生的档案信息、学习成果和学习经历等。学习成果认证后即可转化为标准学分存入学分银行，按照转换规则转化为有效学分后，就可实现以学分消费来兑换学习成果的功能。

（一）基于资历框架的中高本教育培养目标衔接

人才培养目标决定着职业教育人才培养的规格、类型和质量标准，反映了人才培养的本质特征和内在要求。培养目标是中高本教育有效衔接的总领，只有设置合乎中高本教育办学规律又适应发展需要的培养目标，才能实现中高本教育贯通发展的设想。依据资历框架等级描述指标，同时兼顾社会经济发展和产业转型升级对职业人才能力需求、社会职业分类和人才能力标准，确定中职教育培养技能型人才、高职教育培养应用型、本科教育培养管理型人才的大方向。中高本教育培养目标在国家教育行政部门的正式文件中多有表述，然而缺少明确的、可量化的指标界定，资历框架等级描述指标为确定中高本培养目标提供了依据，如图 10–2 所示。

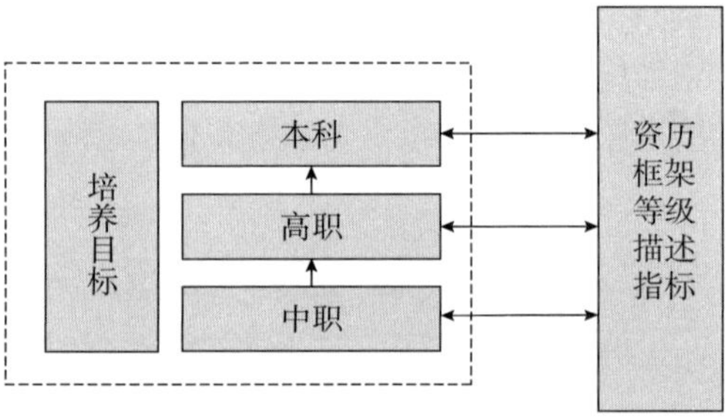

图 10-2　资历框架等级描述指标与中高本培养目标

资历框架等级描述指标从知识、技能和能力三个维度描述不同等级的能力要求，基于框架，中高本教育培养目标逐步实现有效衔接。职业院校为学生制订具体的培养计划，实现中高本教育培养目标有序对接和持续发展，体现培养目标层次性和差异性，逐步实现职业人才培养目标的个性化和人性化。中高职教育培养目标实现有效衔接，不仅可以充分利用中职教育资源，体现中职教育在高职人才培养过程中的办学价值，也提高了高职教育的办学效率，节省了高职院校办学成本，减少了学习者高职学习时间，极大地调动了中高职学校的办学积极性，提升了高级职业人才培养的效率和质量。

（二）基于学分银行认证标准的中高本教育课程一体化设计

课程是学生知识学习和技能培训的载体，构建一体化的课程体系是实现中高本教育内在衔接的关键。学分银行学习成果认定标准是以行业为主导，学校和职业教育专家以及一线企业的管理者共同分析企业职业岗位职能、国家（行业）职业标准考核要求而制定的，充分体现人力资源市场对人才的要求。应由教育主管部门组织中高本学校、行业专家和职业教育专家，根据学分银行学习成果认定标准制定中高本教育课程衔接标准和接口标准，构建一体化课程体系。在学分银行管理模式下，中高本教育文化基础课、专业课和技能课逐步趋于协调发展。

（三）基于学分银行先前学习成果认证成果积累

学分银行认可学生先前的学习成果和学习经历，中高本学校专业课教学内容实现有序衔接，减少了课程内容重复，提高了学生学习兴趣和学习效率。高职院校设置课程时可依据学分银行记录的学生中职课程所包含的知识点、学习经历和学习成果信息，分析学生中职阶段知识点的掌握情况，选择知识点要求高于或异于中职教育的教材，从源头上减少知识点重复。如果中职阶段的课程学习要求已经达到高职标准，学生就可以免修该课程，这样为学生学习其他课程提供时间保障，同时避免教学“炒冷饭”的尴尬。同理，本科也可采取相同的学习模式。学分银行还可根据高职教育专业标准和中职学生知识结构推荐必要的选修课程，夯实学生专业基础，使学生综合素质和职业素养得以提升。最后，学分银行依据中职毕业生所获得的职业资格证书、职业技能课成绩和实习实训表现，设计高职阶段的实训课程，逐步改变中高本教育实训课程技能“倒挂”的现状，使学生职业技能真正提高。对于已经达到高职教育实训要求的学生，高职学校应允许该学生免修或减修实训课程，并为该学生提供更多的其他实践机会，比如让该学生提前参加岗位实习，让学生职业技能得到进一步培养和提高。

（四）基于弹性学制的教育公平

我国职业学校多采用以学年为单位的学制管理模式，中职学校二至四年学制并存，学生获得中职学历所需要时间不同，若不同学制中职毕业生同时进入高职学校接受三年教育，显然有违教育公平。这种以时间来衡量学生学习成效的教学管理制度，不符合职业教育以技能为教学质量衡量标准的原则。职业学校应加强实施学分制，促使学习评价逐步由经历评价向技能水平评价转变，让学习评价与社会人才需求和职业教育特征趋于一致。在学分银行教学评价模式下，以能力为本位的学习评价逐步实施，促使中高本学校深入开展弹性学制。

中职学校根据办学情况可允许学生提前或推后毕业，学制不再是中职学生毕业的必要依据。对于四年制有接受高职教育意愿的中职学生，在学生三年级时进行人才综合评价，对于学有余力的学生可借鉴美国“技术准备教育”模式，鼓励他们选择部分适合自身的高职课程先行学习，修读高职课程既可增加中职学生的知识量，又可减少高职学习任务和学习年限，提升高级技能人才培养的效率。对于两年制毕业升入高职院校的中职学生，经过人才综合评价后，对于学生缺少的知识和技能可以借鉴德国“补习”课程实施经验，要求学生补修相关课程，如果该学生在高职教育阶段没有完成，则需要延期毕业，直至补修完相应课程方可毕业。通过“准备教育”和“补习制度”等既可消除中职教育学制差异，也有利于学生知识掌握和技能学习，能够促进教育公平发展和学生职业素养提升。

（五）基于学分银行的职业资格与学历教育的有效沟通

职业资格是职业资格持有者职业知识和职业技能的量化反映，正因职业资格非常重要，很多职校广泛开展职业资格认证和职业技能鉴定工作，然而资格证书与学历文凭不能互认，尤其是中职学生升学时得不到认可，致使当前如火如荼开展的职业资格认证出现“学、考、用脱节”的尴尬，职业资格认证没有发挥出应有的价值，还造成职业教育资源浪费。职业资格与学历教育无法有效沟通的真正原因是课程知识点匹配认证问题，传统教学管理模式下职业资格与学历教育课程知识点匹配认证是耗时耗力的繁杂工作。如采取有效措施使二者关联，甚至在课程设计时就采取整合的设计方案，职业资格与学历教育互认就变得简单易行。在学分银行教学管理模式下，职业资格证书与学历教育逐步实现有效沟通。学分银行系统中存储了职业资格认证和学历教育课程的考核知识点，通过人工智能方法在比照知识点的基础上，采用学习成果认证转换系统进行知识点的认证和转换。如果能清楚地识别出职业资格和学历课程知识点的匹配度，可以直接开展职业资格和学历证书的认证工作。只要职业资格和职业学历证书达到一定的契合度，就可以让获得职业资格的学生免修相应的职业教育课程，提高职业人才培养的效率和质量。由于职业资格证书有较高的职业技能含量，高职学校在选拔中职毕业生时，也可以把职业资格证书作为选拔生源时的参考依据，尤其是学生职业技能的重要选拔依据。在职业教育学分银行管理模式下，中高本教育培养目标、专业结构、课程设置逐步实现衔接，职业人才综合选拔方式、双证互认及弹性学制得以实现，有效解决了中高本学校内在衔接存在的问题，使中高本教育发展步调逐步趋于协调，职业教育吸引力逐步增强。

四、学分银行在职业教育中高本衔接中的主要内容

（一）学习者学分获取

1. 课程学分获取

学生注册成为学分银行用户后，按照学分银行要求填写个人基本信息。学生根据职业学校要求、学生模型的推荐以及个人兴趣爱好选择学习专业，并按照学校规定和导师指导意见选修课程。达到课程学习标准，即可向学分授予机构申请授予学分。

2. 非课程学分获取

学习者自学考试成绩、职业资格认证、重要技能训练、发明专利、重要工作经历等非课程学习成果进行学分转换时，可直接向学分管理中心提出学分转换申请，通过审核后，即可获取相应学分。

（二）学分授予

1. 资质申请

中高本学校在学分银行中登录后，向学分管理中心申请学分授予资质，并提供相关证明材料，审核通过后获取学分认证资质和学分授予权。

2. 学分授予

学分授予机构接受学习者课程学习申请后，批准符合条件的学习者参加课程学习，学生模型和人才评价系统为学习者推荐专业和课程，并指导学习者选课。学习者确定专业和课程后，教学决策系统为学习者提供课程资源、学习指导和教学活动，跟踪学习者的学习过程，考查学习者学习效果，给出评价等级，为达到课程学习要求的学习者授予相应学分。

（三）学分管理

学分管理中心是教育主管部门授权的学分管理机构，负责学分认证机构的资质审核和学生学分消费审核。

1. 资质认证

学分管理中心收到教育机构资质认证申请后，审核证明材料，若审核通过即可批准该申请机构的学分授予资质。

2. 消费审核

学分管理中心对获取证书的学分消费进行审核，对获取资源的学分消费进行监管。学分管理中心接受学习者获取证书的申请后，对申请者累积的学分进行审核、转化和结算，向学分审定委员会提交学分清单，专家审核通过后，学分管理中心批准授予证书，并登记存档，为合格的学习者授予证书。

（四）企业运行主线

企业向学分管理中心提出申请，获得批准后成为正式会员，企业除授予职业学生技能实践和工作经历成绩以外，还要参与职业教育培养目标、专业结构和课程设置过程，发布职业需求，为职业教育发展尽到应尽的义务。同时，还可通过综合人才评价系统，挑选适合企业需要的人才，享受学分银行带来的便利。

强化学习者的基础知识，促使学习者学习相应的技术。同时，宜采用宽进严出模式，对于中职毕业且愿意进入高职院校深造学习的学习者，给予一定的鼓励和支持。从模式设计上来说，建立由教育行政部门牵头的学分银行中高本课程衔接委员会，对学分银行的中高本课程衔接与开发工作进行全局统筹、规划和协调，整合学分银行各方面的资源和力量，对职业教育中高本衔接课程标准的确定、职业教育中高本衔接课程纲要的草拟、职业教育中高本衔接课程结构的制定、职业教育中高本衔接课程内容的选择等工作进行全面的安排和部署，促进学分银行的中高本衔接与开发。再通过学分银行的中高本衔接课程衔接与开发专家咨询委员会和中高本课程衔接研究小组，为学分银行的中高本课程衔接提供必要的政策咨询及业务指导。学分银行的职业教育中高本衔接并不是将中高本课程进行简单的叠加，而是建立在一定逻辑基础上的保持各教育阶段相对完整性的整体化设计，从而完善职业教育中高本人才培养的衔接。

第二节　学分银行在职业教育中高本衔接中的建构内容

一、学分银行在职业教育中高本衔接中的宏观建构原则

学分银行的职业教育中高本衔接作为职业教育人才培养模式的一种有益探索，是构建现代职业教育体系和实现中高本教育内涵式发展的内在要求和必然选择。在构建现代职业教育体系的大背景下，实现学分银行模式下职业教育中高本的有效贯通，将会促进职业教育师资、学习者、职业教育课程、相关设备、管理、评价等诸多要素的衔接和贯通。因此，学分银行在职业教育中高本衔接中要遵循终身性、有效性、创新性等宏观建构原则。

（一）终身性

学分银行在职业教育中高本衔接中要以终身学习教育理念为要旨，激励学习者持续学习其工作和生活所需知识与技能，促使其智力和能力有效开发。学分银行在职业教育中高本衔接中要实现对学习者的尊重，中高本院校的教育者应变革传统以学校为中心的教学模式，转而建立以满足学习者的切实需求为中心的教学模式。学分银行模式下的终身学习活动贯穿着中高本学习者的整个人生，学习者必须通过终身学习的方式来提升自我生存质量与发展水平。学分银行模式下的职业教育中高本衔接要求参与的中高本院校，确立以学习者为真正教学主体的教育管理新思维。通过优化学分银行在职业教育中高本衔接中制度设计的方式，为学习者建立适合终身发展的制度环境，切实实现终身学习制度的公平性、开放性、主体性。

（二）有效性

学分银行模式下的职业教育中高本衔接要求健全课程衔接体系，培养高素质劳动者和技术技能型人才。实施“中高本衔接”人才培养模式，构建“中高本衔接”课程衔接体系，打通中职到本科的上升通道，实现职业教育与普通教育的有效融合，也将成为加快发展职业教育体系的题中应有之义。在学分银行

模式下，职业教育中高本要实现有效衔接，就要在职业教育办学思路与模式、职业教育课程开发与建设、职业教育教学改革与创新、职业教育人才培养规划等方面进行有效的改进与突破，这是推进中高等职业教育深化改革的有益尝试，可以为职业教育发展奠定良好的基础。

（三）创新性

基于学分银行的职业教育中高本的有效衔接，要求我国中高本教育管理制度体系积极进行制度创新，以适应终身学习模式下相关制度建构的需要。基于学分银行的职业教育中高本的衔接要确保中高本院校在教育管理领域的配套改革协同推进，为实现职业教育中高本有效衔接的顺利实施奠定制度基础。教育主管部门应当积极吸收世界各国教育部门在职业教育中高本有效衔接中有关学分银行建设的有益经验，并结合我国传统社会文化氛围和教育理念，设计与国际接轨并适合我国国情的基于学分银行的职业教育中高本的有效衔接制度。同时要分学科建立职业教育质量认证准则，规范职业教育中高本院校的学分银行操作行为，提升学分银行职业教育的运行质量，完善以职业教育中高本学习者为教学主体的自主型人才培养计划，完善学分银行在职业教育中高本课程设计上的新思路，创新性地将学习者自主型课程遴选与接受教育作为职业教育中高本课程管理的新规则。

二、学分银行在职业教育中高本衔接中的制度体系建构

学分银行在职业教育中高本衔接中的制度体系，要求中职、高职、应用型本科各个阶段的课程体系设计与职业能力发展的阶段性规律相吻合，而且要求学分银行在职业教育中高本衔接的每个层次内部的课程设计上都要有清晰的逻辑。学分银行在职业教育中高本衔接的制度体系建设中，要对若干职业的能力发展阶段进行系统化的研究与剖析，获取职业能力的结构与内容。同时，根据学分银行在职业教育中高本衔接中的制度体系的职业能力标准，编撰适应学分银行的中高本衔接课程内容。在课程认证实施过程中，要让学习者通过修习课程获得相应等级的国家职业资格证书，取得与职业能力水平发展相适应的凭证。

（一）建立系统完善的学分银行职业资格证书衔接机制和学分管理制度

学分银行职业教育中高本衔接的课程衔接一定程度上就是要实现中高本衔接的知识、技能和能力的有效衔接，而职业资格证书则充当了学分银行职业教育中高本衔接的主要依据和标准。因此，学分银行职业教育中高本衔接的课程衔接需要坚持以职业资格证书为导向，构建系统完善的职业资格证书衔接机制，使学分银行职业教育中高本课程衔接体系与职业资格证书体系相适应。通过建立动态灵活的学分银行职业教育弹性学制和学分银行职业教育学分管理制课程，使之成为一个兼具灵活性和联系性的学分银行生态系统。学分银行职业教育中高本衔接的课程衔接是动态灵活的弹性衔接，学分银行职业教育中高本衔接的管理要根据特定专业人才培养的知识结构和能力要求，制定弹性的学分银行职业教育学分管理制度，实施灵活的学分银行职业教育选课制，突破传统学制的束缚，增进人才培养规格和人才培养类型的多元化，满足不同学习者的差异性学习需求。因此，需要建立系统完善的学分银行职业资格证书衔接机制和弹性化的学分管理制度，从而保障学分银行职业教育中高本课程的有效衔接。

（二）建立基于学分银行的职业教育中高本衔接的课程内容

职业教育中高本衔接的课程范式已经发生了转变，从过去以学科知识为核心的组织范式转变为以工作过程、职业能力为核心的组织范式。职业教育中高本衔接的课程结构与职业能力的准确对应是一项极其复杂的系统工程，通过学分银行平台，能够明确职业教育中高本衔接的目标，职业教育的课程目标是为生产和服务第一线输送实用型和应用型的高技能人才或者高级专门人才，侧重职业导向与技术应用性。基于学分银行的职业教育中高本衔接课程内容包括三个方面：一是中等职业教育与高等职业教育教材，二是中等职业教育与高等职业教育学习活动，三是中等职业教育与高等职业教育课程学习经验。基于学分银行的职业教育中高本衔接准则是保证课程内容的基础性和社会性，不仅要以各门学科的基础知识和技能为主，还应该考虑学习内容与社会生活实际的联系，以使学习者学习的知识和技能服务社会发展和经济建设。

（三）建立基于学分银行的职业教育中高本课程衔接的技术路径

学分银行在职业教育中高本课程衔接的成果框架类似于一个坐标系，每一种学习成果都可以在框架中准确找到自己的位置。按照行业领域分类，将中高本职业教育的各级各类的学习成果分割为一个个最小的能力模块，这些模块被命名为认证单元，用这样一把带有刻度的尺子可以对职业教育各级各类学习成果进行认证和衡量。基于学分银行的职业教育中高本课程衔接由衔接主体、衔接客体和衔接手段等内容构成，衔接主体分别由各级教育行政部门、中高本院校、教师、学习者组成。政府在职业教育中高本课程衔接统筹规划与协调上起重要的指导作用，并通过法律政策树立典型、建立健全学分银行在职业教育中高本课程衔接中的投入体制、保障机制和督导制度；而教师与学习者则是课程计划的具体执行者。在学分银行模式下，职业教育中高本课程衔接的客体主要包括职业教育中职课程、职业教育高职课程、职业教育中高本课程衔接的时间、职业教育中高本课程衔接的空间、职业教育中高本课程衔接的社会环境等，如图 10–3 所示。最后，基于学分银行的职业教育中高本课程衔接重点是制度与政策及衔接模式。一是尽可能地健全与职业能力相匹配的职业资格制度；二是要兼顾层级差异，细化每一阶段中职业知识、技能与素养的要求，与职业教育课程教学相辅相成，建立职业教育类型、职业教育层次间相互沟通的桥梁——学分互认制度，推动职业教育能力的不断发展。

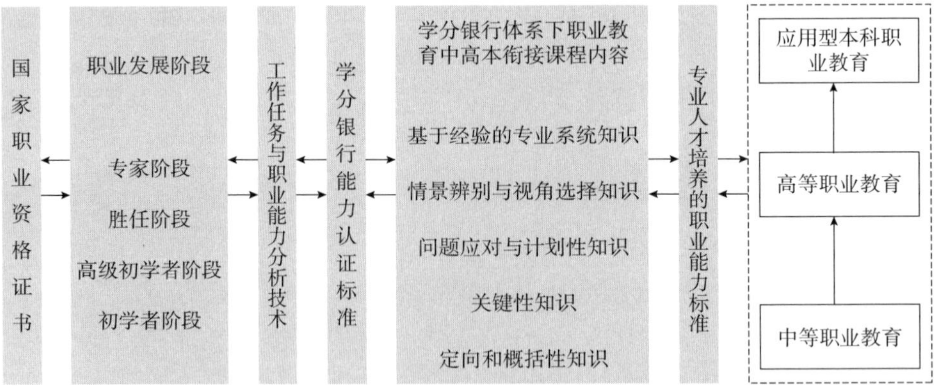

图 10-3　基于学分银行的职业教育中高本衔接的基本体系

（四）建立学分银行在职业教育中高本衔接中的实施机制

学分银行在职业教育中高本课程衔接中关注的是实施过程中的客观状况和影响实施效果的各种因素（谭强，2016）。基于学分银行的职业教育中高本课程衔接是影响课程实施的一个重要因素，即课程计划的可传播性、可操作性、和谐性和相对优越性，是课程实施有效性的重要保障。基于学分银行的职业教育中高本课程衔接需要课程编制者与课程实施者的交流与合作、对课程计划的认识和对课程内容的深刻理解。通过基本的实施步骤，形成一定的共识指导评价过程和评价工作，更好地体现出横向上的扩展与纵向上的延伸。

（五）建立学分银行在职业教育中高本衔接中的质量监控机制

通过政、校、行、企多向赋能，同频共振，为基于学分银行的职业教育中高本衔接提供基本保障。通过成立专业建设指导委员会探讨学习者职前培养和职后培训，长远规划职业教育课程标准、优化职业教育课程体系、建设职业教育课程资源、开展职业教育教学研究、评价职业教育培养质量等。确立职业教育全面质量管理理念，建立健全职业教育中高本衔接的质量保障体系。以科学的职业教育绩效考核指标体系，规范学分银行工作的方向与路径，明确职业教育教学管理与职业教育教学部门的责权利。不断提升服务社会能力，建立适时的职业教育中高本衔接辅助及评估机制，提升学习者的技能和能力水平。

三、学分银行在职业教育中高本衔接中的组织建构

学分银行在职业教育中高本衔接中的建构，不仅需要制度体系，还需要完善的组织机构，以保证学分银行在职业教育中高本衔接中运作的权威性和公信力。基于学分银行的职业教育中高本衔接体系的组织建构必须具备一些基本的条件和资质，主要包括以下三个方面的内容。

一是授权资质。基于学分银行的职业教育中高本衔接体系必须获得教育部等部门的授权。依据相关法律，学分银行应有权进行学分的认定、积累和学习成果的转换。授权资质将有助于保障学分银行在职业教育中高本衔接中的合法性、独立性与权威性。

二是公正性。学分银行必须具有公正性，能够设立一定的标准来对学习者

所获得中高本衔接的学分进行公正与公平的认定和度量。

三是法律授权。基于学分银行的职业教育中高本衔接实施机构要有法律授权，保证学分银行在国内外具有高度的信誉和诚信力。

为了保证学分银行在职业教育中高本衔接中认证结果的有效性和公信力，需要设立评估机构、认证机构和监督机构等，如图 10–4 所示。

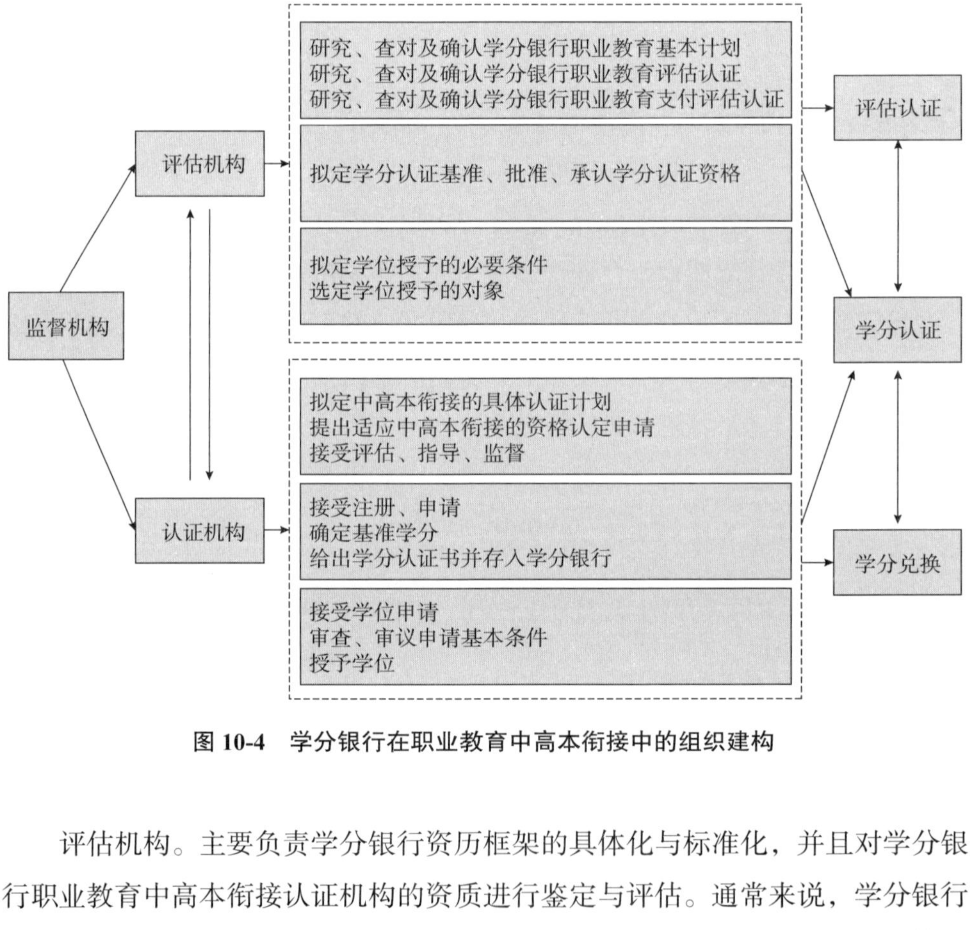

图 10-4　学分银行在职业教育中高本衔接中的组织建构

评估机构。主要负责学分银行资历框架的具体化与标准化，并且对学分银行职业教育中高本衔接认证机构的资质进行鉴定与评估。通常来说，学分银行在职业教育中高本衔接的资历框架完成之后，在执行之前，还需要形成具体的执行计划与推行指南。为了保证学分银行的公信力，职业教育中高本衔接标准制定者不能同时成为执行者。

认证机构。其任务主要是完成基于学分银行的职业教育中高本衔接资历框架的具体执行，并根据学习计划对学习者的学习成果进行认证和管理。换言之，学分银行在职业教育中高本衔接中的认证机构是具体的操作机构，需要制订详细的计划，并交付评估机构进行评估，只有在获得认可与授权之后，认证机构才可根据计划对学习者的学习成果进行认证与管理。

监督机构。其任务主要是监督评估机构和认证机构的运行情况。

学分银行在职业教育领域的组织架构上，可以采取院校之间建立联系的衔接模式。以行业或专业领域为单位，将培养目标、课程体系和教学方式相似或相近，并且有意向、有能力进行衔接的中高本院校通过学分银行平台进行整合，依据中高本专业教学基本要求，共同搭建内容不重复且经过优化的、连通的职业教育中高本课程衔接体系，形成纵向衔接一体化专业培养方案。学分银行以市场为导向，开发认证单元，保证中高本衔接课程与市场的需求相吻合。学分银行的认证单元制定完成后，形成中高本衔接的一体化课程体系。最后由学分银行统一组织专家对职业教育中高本衔接一体化课程设计方案进行研讨和审定，并推进落实。

四、学分银行在职业教育中高本衔接中的管理保障体系

（一）学分银行职业教育中高本衔接质量保证标准体系

学分银行职业教育中高本衔接的管理保障体系中，建立以技术技能为主线的职业教育中高本衔接质量保证标准体系最为关键。质量保障体系是保证中高本衔接人才培养质量的关键，三方面的标准至关重要。一是职业教育中高本衔接能力标准，二是职业教育中高本衔接人才培养方案，三是职业教育中高本衔接课程标准。学分银行职业教育中高本衔接能力标准应是标准体系的核心，应由国家主导、行业企业参与制订、修订、发布学分银行框架下职业教育中高本衔接人才培养方案和课程标准，并作为监管评价学分银行的主要依据。通过学分银行框架，把职业教育中高本衔接人才培养的知识点、技术技能点、素质要点等分类、分级形成学分银行职业教育中高本衔接体系，细化到职业教育“中”“高”“本”各个教育阶段和各个教学过程中，避免职业教育中高本衔接课程重复开设、避免职业教育中高本衔接教学内容反复教授，构建形成学分银

行职业教育中高本衔接培养体系。

（二）学分银行职业教育中高本衔接课程标准与专业目录编制机制

通过建立统一的学分银行职业教育中高本衔接课程标准与专业目录编制机制，为职业教育中高本课程建设提供衔接动力，促使学分银行职业教育资源整合。以金融、财政为主要调控手段，引导中高本院校等研究开发机构，建立多元的学分银行职业教育课程开发参与机制。政府对职业教育中高本衔接办学模式和中高本衔接人才培养模式的基本规定，是对职业教育质量和人才培养质量的基本要求。参照基础教育的目录编制机制，建立统一的职业教育中高本衔接专业目录编制机制。制定严格的学分银行职业教育中高本衔接课程标准与专业目录编制、调整、修订、申报和发布程序，明确相关职能部门的责任和权限。进一步完善多元的课程开发参与机制，推动中高本课程衔接的课程目标、课程内容、课程实施与课程评价的发展。

（三）学分银行职业教育中高本衔接质量保证的监管评估机制

健全独立第三方参与学分银行职业教育中高本衔接质量保证的监管评估机制。根据国家“管评办”分离的要求，明确独立的学分银行职业教育评估组织，可以是政府督导评估部门，也可以是行业企业参与社会评价组织。依据学分银行职业教育能力标准、学分银行职业教育人才培养方案、学分银行职业教育课程标准和学校教学实施等情况，突出中高本衔接人才培养质量的第三方评估，并及时将结果反馈给政府主管部门、学校办学主体，以评促改。同时，面向社会公开中高本衔接质量保证的全面监督机制，学分银行职业教育中高本衔接各工作环节，要随时接受广大社会成员的全面监督，保证学分银行职业教育中高本衔接工作质量不断提升。

第十一章

学分银行在职业教育中高本衔接中的现实应用

学分银行在职业教育中高本衔接中的应用是提升职业教育素质和拓展开放教育的重要举措。当前中高本衔接的方式有很多，但基于学分银行制度、模式，发挥认证、存储、转换等基本功能的衔接方式还处于初级阶段，学分银行的开放性、灵活性、规范性和复杂性等特征，能够有效扫除中高本衔接中招生政策和制度阻碍，破除办学管理体制和专业限制障碍，减少教育资源耗费，避免职业资格与学历教育不能沟通等缺陷。因此，广泛开展以学分银行为基础的中高本衔接的现实应用，可以确保学习者享有极大程度的学习自由。

本章分两节，主要分析了学分银行在职业教育中高本衔接中应用的要素，包括标准体系的融合与重建、保障机制的健全与完善、框架标准与组织机构的构建与规范、立法制度的建设与完备；学分银行在职业教育中高本衔接中的应用平台，包括模块化课程架构、信息化服务平台建构、学习账户与终身学习档案的建构、扩展服务模式。

第一节　学分银行在职业教育中高本衔接中应用的要素分析

一、标准体系的融合与重建

学分银行在职业教育中高本衔接中的应用需要考虑系统性和融合性，重点在于融合学分银行认证标准与职业教育课程标准，建立比较完善的基于学分银行认定标准的职业教育中高本衔接课程标准体系。院校基于学习成果框架和学分银行认定标准重构专业课程，建设有学分银行特色的职业教育中高本衔接课程。学分银行认证标准与职业教育中高本衔接课程体系融合发展，可以为学分银行体系建设和职业教育高质量发展提供坚实的基础。

二、保障机制的健全与完善

（一）加快实训基地建设，优化资源配置机制

加快建设基于学分银行的职业教育中高本衔接的人才培养方案，并建设与之相匹配的实训基地、设备及经费使用制度。在职业院校的校内和校际资源配置机制领域，不断加大基于学分银行的职业教育中高本衔接资源倾斜力度，院校间加强资源对接与管理，保证职业教育资源的公平和高效利用（刘安洁，2020）。在中高本衔接的合作学校之间，要做到中高本衔接的对接院校共同商定贯通专业所需的设施设备，并共同商定职业教育中高本衔接的相关设施设备使用办法。做好学分银行在职业教育中高本衔接中的实训课程安排，制定共享制度，实现校际资源共享，提高资源利用率，缓解实训资源紧张的问题（刘安洁，2020）。

（二）改善中高本衔接师资队伍结构，完善中高本衔接教师的激励措施

在改善中高本衔接师资队伍结构上，通过完善中高本衔接教师任职标准、校际中高本衔接师资共享制度等措施，积极引入优秀的中高本衔接师资，缓解中高本衔接师资数量不足的问题。同时，结合学科和专业领域的特点，设立一套中高本衔接教师的专业标准，完善校际中高本衔接师资共享制度，促使教师在中高本衔接师资共享过程中形成“一体化”的教学思维，更好地依托学分银行实现中高本衔接的教育教学工作的内容和中高本衔接专业学生的培养目标。在完善职业教育中高本衔接教师的激励性管理上，对优秀的教师予以物质和精神上的激励，并提供展现个人能力的平台，全方位调动职业教育中高本衔接教师的教学积极性。

（三）树立一体化质量保障意识，规范职业教育中高本衔接课程开发过程

树立职业教育中高本衔接培养模式的教学质量保障意识。结合职业教育中高本衔接教学活动的评价结果，高质量地研讨如何充分调动各校办学的积极性及职业教育中高本衔接教学人员的质量保障意识，积极总结和思考职业教育中高本衔接培养模式的价值和意义，提升学分银行在职业教育中高本衔接体系中的质量。

（四）稳步扩招保证生源质量，全面激发学生的学习动力

在职业教育中高本衔接的招生过程中，要充分考虑参与院校的实际情况，避免出现优质中高本衔接师资数量紧张的问题。同时在学习者的学习动力保障层面，可以建立清晰的、可执行的行动计划，规范各项考试的标准，给予学习者明确的学习生涯规划。

（五）完善组织机构和信息化平台，提高质量监控水平

学分银行成立职业教育中高本衔接专业的专项质量监督小组。通过加强质量管理部门的专业化建设，对职业教育中高本衔接教学计划执行过程进行监督。从职业教育中高本衔接专业学生的定位、培养目标、生源特点等多方面制定符合该项目的教学质量执行标准，保证职业教育中高本衔接质量监督人员和制度的科学性。

（六）加快完善学分银行的中高本衔接教学质量管理信息平台建设

在学分银行的质量监控过程中，充分发挥职业教育中高本衔接信息化系统的作用。通过学分银行关于教学信息的采集与处理、教学质量的评估与分析、教学信息的反馈与调控的质量控制，有效打破各校之间信息沟通的壁垒，加强各个监控环节之间的互动，减少信息传递时间，提高信息传递的效率。

三、框架标准与组织机构的构建与规范

学分银行的职业教育中高本衔接资历框架是一种横向沟通教育类型、纵向衔接教育层次的体系和制度。在学分银行框架体系下，学习者在中高本教育中，可以通过衔接的形式使取得的学习成果获得正式认可。这种制度安排使学习者明了自身知识、技能和能力水平状况，有明确的通道衔接更高层次的学

习，通过继续努力学习，可以从中职层次到高职层次，再到本科层次。此外，应当为职业教育中高本衔接学习者提供多次选择机会，包括学习目标的选择、学习内容的选择，也可以进一步理解为学习者的职业发展选择。换言之，学分银行的职业教育中高本衔接资历框架有利于学习者的自由全面发展，各类学习成果沟通顺畅，衔接无碍，适应了横向和纵向衔接的需要。

学分银行的职业教育中高本衔接资历框架在学分银行中的作用是“衔接”和“定位”，中高本衔接中采用资历框架有利于明确中高本人才培养的基准。要实现“纵向衔接”，在终身学习的一系列制度安排中，关键是要有一个统一的基础性的国家标准，而资历框架就是这样的标准。它是各级各类学习成果的基准框架即共同参照系，通过相关标准和规范，使各级各类学习成果衔接沟通。我国要加强中高本教育系统内部的有效衔接，建立统一、多层次、可操作的认证标准体系，可以参照国际上通行的资历框架的原理，建立国家职业资历框架制度，即根据中等职业教育机构学习者学习的结果，通过资历框架的定位和比对找到学习者的位置和该位置的最低学分要求，进行学习成果的互认和转换。在框架内明确不同层次职业资格的学习路径，将职业教育类型化，不仅包括中职、高职和本科层次的职业教育，还包括专业学位研究生教育，使职业教育成为终身教育不可或缺的一环，实现一体化。国家职业资历框架规定各资格之间相互衔接的基本要求和方式，以框架为基础建立职业教育课程互认、学分互认以及学生转学的机制，制定各种标准、资格等级说明、资格及构成规则、学分规范等，使学习者无论处于哪一水平都可以在职业资历框架体系中找到自己的坐标。此外，统一的资格体系也有助于谋求职业教育与培训资源的整合以及与劳动力市场的联通（江颖，2018）。

四、立法制度的建设与完备

制定法律法规或相关政策，是保障学分银行的职业教育中高本衔接机制应用发展的前提。依托国家权力机构出台一系列具有法律效力的学分银行的职业教育中高本衔接的规章制度，对学分银行的职业教育中高本衔接的建设与运行进行严格规范与约束，为学分银行的职业教育中高本衔接的发展建立强有力的法律保障体系。学分银行的职业教育中高本衔接机制通过学分银行整合、协调不同教育机构之间的关系，打通不同教育层级和院校之间学习成果的认证。而这些个体之间的差异性，要求制定一系列法律和政策来保障基于学分银行的职业教育中高本衔接的高质量发展。

第二节　学分银行在职业教育中高本衔接中的应用平台

一、模块化课程架构

学分银行在职业教育中高本衔接中的模块教学以素质为核心、以能力为本位，重在知识和技能的实际应用。对于模块课程，要突出能力本位，侧重于能力和素质培养，更要考虑灵活性，满足职业教育各专业和各职业岗位对知识、方法的需求，适应职业教育的高质量发展需求。学分银行在职业教育中高本衔接中的模块化课程模式要求在职业技术培训中求同存异，使学习者获得的技能、能力与工作环节相匹配。灵活的模块式组合有利于技术知识的更新，与时俱进，学分银行在职业教育中高本衔接中的职业分析包括对国家职业资格标准的分析和对职业能力的分析，为学分银行在职业教育中高本衔接中课程目标的制定和内容选择提供依据。要充分关注劳动力市场对于职业教育的需求，进一步改进和完善学分银行在职业教育中高本衔接中的课程目标、课程内容、教学方式、课程评价等。

二、信息化服务平台建构

学分银行的顺利运行离不开层次合理、功能健全的信息服务平台建设。学分银行在职业教育中高本衔接中的信息服务平台的制度建设是信息数据完整、准确的重要保障，一般包括学分银行在职业教育中高本衔接中的教育职能部门管理制度，教育培训机构管理制度，学习者培训信息、学分信息以及学分录入制度。通过该平台，学习者可以随时了解自己的学习情况和学分累积情况。通过扁平化的信息平台，可以实现学分的沟通，保证学生学习成果在不同高等教育机构间的转换，保证了学分银行的职业教育中高本衔接转换系统在运行过程中的客观性和有效性，有助于对学习者学习成果的追踪和监督。

学分银行的信息化管理平台可分为三个层级：学习成果认证中心、学习成果认证分中心和学习成果认证点。学习成果认证中心作为第一级业务执行机构，主要负责机构设置与管理、标准制定和课程体系建设等顶层设计，并提供学分银行信息化运行所需的各类评价标准及外部资源，完成综合性数据分析。学习成果认证分中心作为第二级业务执行机构，主要完成账户管理、部分学习成果认证转换等业务、终身学习档案建设与管理、网点或机构管理等。学习成果认证点作为第三级业务执行机构，设立在每个二级认证分中心的下属区域，其职能是为用户办理开户、销户、认证、转换和学习档案查询等业务。三个层级之间的数据库互通。通过对外服务所积累起来的各种数据，都会保存在信息平台的各级数据库中，系统会根据用户的学习、工作与成果累积等情况，运用数据挖掘技术分析不同地区、不同机构的整体教育情况和需求，为行业或个人提供各级各类学习引导，并为培训机构提供相关信息，促进资源共享，实现跨区域合作。通过信息管理平台对外服务完善终身学习档案库的建设，实现各级各类教育及培训成果的转换，并与终身学习公共服务平台及其他各级各类学习平台之间实现数据互联互通、资源共享，结合数据分析提供专家评审与指导等功能，支持最优学习路径搜索与推送，满足行业需求，实现培训信息互通。

学分银行信息平台基本架构参照云计算平台通用的标准可以分为三层，分别是基础服务层、应用支撑层和应用服务层。基础服务层包含网络及网络设备、服务器、存储设备和安全保障设备，为学分银行信息平台的部署、应用系统运行和信息化建设提供基础环境，实现信息资源的计算服务、数据存储、负载管理、数据备份，通过计算资源池、存储资源池和网络资源池三个云资源池，为学分银行信息平台的运行提供基础保障。应用支撑层主要包含门户支撑、CA（Certificate Authority，认证授权或电子签名）认证、文件交换、站群管理、协作通信、决策支持、统一身份认证、数据交换、系统软件共 9 个方面，分别为学分银行信息平台的三级部署和应用系统运行提供支撑服务，如图 11-1 所示。

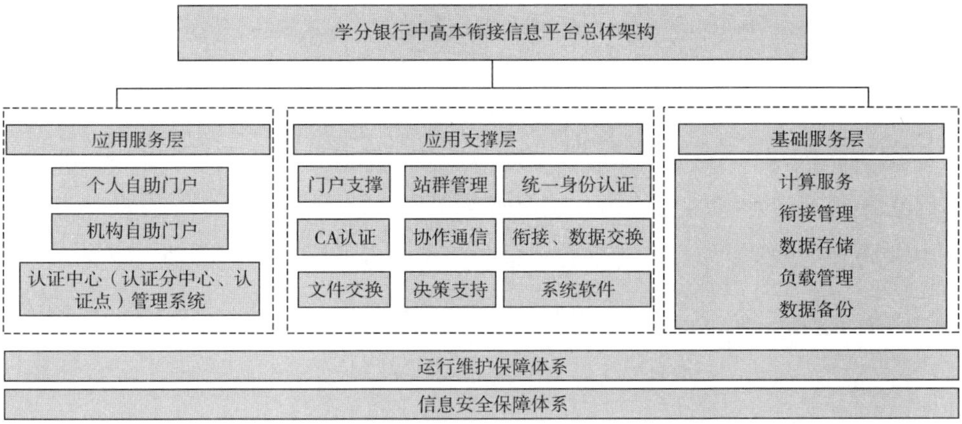

图 11-1　学分银行中高本衔接信息平台总体架构

应用服务层直接为学分银行的广大机构用户、社会成员用户，以及各级认证中心管理人员提供应用服务，其建设内容主要包含三个部分，分别是个人自助门户、机构自助门户和认证管理系统。其中，个人自助门户直接为学分银行的个人学习者用户提供应用服务，包括个人终身学习账户信息管理、个人学习档案查询、成果认证申请、学习成果（学分）积累申请、成果转换申请、学分转换申请、学习路径推荐、标准查询、标签化资源查询、认证结果查询、转换结果查询、个人消息中心和个人新闻等；机构自助门户直接为学分银行的国家和行业主管机构用户提供应用服务，包括标准查询、成果认证申报、学分转换管理、专业管理、证书管理、成果携带者查询、标签化资源管理和机构成果查询等；认证管理系统直接为学分银行认证中心、认证分中心和认证点的管理和业务人员提供应用服务，包括认证中心管理系统、认证分中心管理系统和认证点管理系统。

三、学习账户与终身学习档案的建构

学分银行在职业教育中高本衔接中的信息管理系统是向学习者提供学分信息服务的一个重要渠道和窗口。基于学分银行的职业教育中高本衔接信息管理系统是一种现代化的信息管理系统，通过计算机网络化的管理，将各种复杂的教务信息、职业教育中高本衔接学习情况和管理信息，井然有序地转化为简单可操作的计算机程序。这一信息管理系统实现了不同层级、不同类型教育机构间的衔接互通，涵盖了学生注册、报到、课程学习、学分获取、成绩记载、文凭认证等教学环节的几乎所有信息。这一信息管理系统是整个学分银行学习账户与终身学习档案建构的真正载体。

在互联网教育背景下，每个学习者都可以有一个伴随自己一生的个人学习账户，基于大数据的个人学习账户可以包括学习者的所有学习信息，涉及个人学分账户、存储系统、转换系统、消费系统和结算系统。学习者完成课程的学习之后，可以实现学分的存储。学习者在校内外教育机构或者在线教育平台等所取得的课程学分都可以存储在个人学分账户中。学分转换系统是学分银行得以有效运转的关键。在学分转换之前，首先要实现不同学校不同学科的课程之间的学分互认。在互联网教育背景下，未来的学分认证、学分互换可以将各类教育机构的学分都转换为第三方的兑换标准。或者在知名的教育机构或者教育平台之间，由两方直接协议兑换的标准，提高学分转换的效率。银行的储蓄和消费分不开，而学分也可以借助消费来实现学习积累的目的。这就是学分消费系统的工作。当学分积累到一定程度，符合一定的教育或者学习标准的时候，学习者可以提出兑换的要求，申请将学分兑换为各种资质凭证，如毕业证、资格证书等。互联网教育存在泛在化学习的特点，学习的时间和地点都比较灵活。学习者可以利用碎片化的时间进行学习，积累到一定的时间长度之后换取学分，实现零存整取、灵活结算。此外，还可以对学习者学分进行整理和评估，为学习者的学分银行诚信档案的建立提供支撑。建立学分积累与转换制度，实现不同类型教育形态和教育阶段的学分互认和衔接已然成为未来教育的发展方向和趋势。

四、扩展服务模式

在互联网教育背景下，借助于云计算技术和强大的数据计算和管理功能，互联网节点上的教学资源可以实现互联，教育资源可以实现共建共享。互联网教育背景下的资源系统可以高效汇聚和存储海量的优质数字资源和用户信息，为用户提供多元化、人性化的服务。在智能检索系统的帮助下，教师和学习者等实现深度整合，尤其是智能检索服务系统可以帮助学习者方便快捷地找到自己所需要的学习资源。智能检索导航系统可以为学习者提供多种检索导航模式，如快捷检索导航、语义检索导航、语音与手势检索导航、个性化定制导航等。智能检索系统不仅可以精准地为学习者提供其想要的学习资源，还可以根据身份识别系统，自动推送相关的教学资源，进而实现对资源的最优化组合、最便捷的获取和最个性化的服务。

互联网教育背景下的资源管理正在不断智能化，通过物联网和人工智能等技术可以有效实现对各种教育资源的智能化管理、控制和服务。电子书包可以根据学生的学习层级和特征显示本学期教材目录，电子教案可为教师显示本学期的教材教案。学生可从云端平台下载教材，并点击阅读。教师可利用服务平台向学生的电子书包推送教学同步练习，加强学生对各知识点的掌握；学生通过服务平台接收老师推送的学习资料，进行课前预习及课后复习，接收并完成教师布置的课后作业，提交到服务平台由教师进行批改。在教学过程中，电子教案系统可以使资源从云端同步到教师端，也可以将优质学习资源通过教师端向学生进行推送，供学生进行课前预习、课后复习。学习资源超市系统提供的教育资源以知识点为单位，每个知识点都有自己的固定标号，可以通过扫二维码直接进入，方便选取、方便学习、方便转让、方便销售。学习者可以根据个人的喜好和需求，通过教联网的教育资源终端，自主、方便、快捷地使用教育资源，且学习资源很多都是免费的。在教育管理中，随着教学智能决策和控制的不断发展，教学过程中教育资源的即时再生性是互联网教育背景下资源的一个重要特征。比如，在师生互动结果不理想的情况下，如何调整教学策略，在学习者注意力不集中的情况下，如何激发学习者的兴趣，提高学习者的专注度和学习的沉浸性，这些教学决策就是即时的再生教育资源。此外，在课堂的交互讨论中，教师和学习者创新性的观点也是即时再生资源。在互联网教育背景下，随着教学中即时再生教育资源的共享，教育资源的数量必然呈海量化增长趋势。大数据中的语义关联和智能检索功能不仅能够实现智能检索，还可以实现资源的个性化推送。大数据系统根据用户的基本信息和搜索记录，了解用户的个性化认知风格、兴趣偏好、认知特征，分析匹配出符合用户个性化需求的资源，通过智能推送平台向用户推送个性化资源。

第十二章

学分银行建设与应用的未来展望

学分银行制度是推进终身教育体系建设和搭建人才培养“立交桥”的重要途径，我国在此领域进行了积极探索和广泛实践，目前已经成为适应社会经济发展、促进全民终身学习的有力抓手，在全社会形成了广泛的社会公信力。多年来，我国在探索各种模式的学分银行的建设方面虽取得了一些经验和成绩，但是总体看来，仍然处在初级阶段，一些重要问题亟待解决。

本章分两节，主要分析了我国学分银行公信力的发展趋势，包括逐步推进和建立国家资历框架、继续探索学分银行制度的顶层设计和建设。讨论了学分银行良性运行的保障支撑，提出出台相应法律法规以完善监管、加强第三方监督，加强我国区域性学分管理的合作、统一管理学分银行，发挥行业主体作用、维护行业组织权威，探索多元形式、保障学分银行的运行经费等建议。

第一节　学分银行公信力发展趋势

自学分银行的概念首次出现在我国公众的视野中以来，许多专家学者对这一课题进行了广泛深入的研究，取得了显著的科学研究成果。然而，由于当下宣传教育力度不够，我国大多数高校一线教师、行业龙头企业员工、各种新闻媒体和普通教育学习者对这些课题研究成果了解得并不充分，我国学分银行的国际影响力仍然有待提高。此外，一些高校对我国学分银行建设持悲观消极态度，缺少教师与学生参与组织建设，师生的积极性和主动性不是很高，民众对我国学分银行通过学分认证积累多年的学习成果仍然缺乏一定信心。

作为学习成果的认证体系，学分银行必须提供强有力的质量保证。然而，我国学分银行对质量保障的诚信约束主要体现在学习者对学习成果“真实性”的重视上。第一，学习者学习的数据真实性，包括诚信度和考勤、考试和家庭作业等。第二，学分认证来源的信息真实性，包括毕业学习学分认定和毕业学分资格认证的信息真实性等。在学分认证过程中，诚信认证制度本身的自律性，即诚信监管保障常常受到忽视，首要原因是“第三方”自身缺乏独立认证身份，容易受到各种“隐性”法律因素和社会环境的直接影响。次要原因是认证工作机构自身认证资质有限，相应的诚信监管保障力度明显不足，认证工作结果很难被其他认证机构广泛认可。正所谓“打铁还需自身硬”，学分银行若要建立强大的认证公信力，重点在于公正独立的第三方认证资质以及普遍认可的社会公众认证权威。

一、逐步推进和建立国家资历框架

为确保基于学分银行的中高本衔接的公信力，必须建立国家资历框架。资历框架是属于国家层面的，具有基础性、先导性、复杂性等特征。资历框架的建立和运行涉及教育系统的方方面面，不仅横向跨越多种教育类型，纵向也包括多层次教育级别，并且与人力资源市场息息相关，所以，资历框架的构建是一个非常复杂且需要不断改进的过程，需要政府、行业协会、教育和培训机构等多方的参与。

资历框架体系的建立对于促进学分银行体系的发展至关重要。一方面，可以确保学习者终身学习活动权利的充分实现、学习活动需求的充分满足。终身学习最重要的一个特点就是学习者本身可以根据学习能力水平和学习活动需求等来确定自己的学习活动时间、学习活动方法和选择教学内容。资历框架就是通过不同学习方法取得的学习成果的认可，确保学习者的学习效果，它提高了学习者学习的主动性。另一方面，可以确保管理的标准化，学分银行的管理系统包括多个教育部门、教育机构，课程也包括许多类型。建立地方资历框架体系，对不同机构和课程进行统一和标准化的管理，组织和使用各种教育资源，以确保课程和学分的质量，这为学分银行体系的核心——学分认定和转换提供了重要保障。

第一，完善国家职业资格证书框架体系。国家职业资格证书框架是各级不同职业资格证书之间的“桥梁”，打破了不同行政部门职业资格证书之间无法被实际认可、互通和信息转换的障碍。各级国家职业资格证书框架作为健全的资格标准，以充分理解和明确认同不同行政部门国家资格证书等级管理水平要求为主要框架，为各级不同的国家资格证书部门建立了一个共同的资格参考标准体系。新发展阶段，逐步推进国家资历管理体系框架的建设，首先需要不断完善新的典型国家资历资格管理体系框架。从目前国际上一些国家的相关经验以及实践情况来看，一般都经历了一个从建立、逐步推广、逐步发展应用并不断完善的长期过程。如英国国家专业资格等级框架于 1997 年正式建立，五个专业资格学分等级级别框架于 2000 年 9 月公布，入门资格级别提升到第 8 阶段的专业资格等级框架于 2004 年 9 月正式开始投入实施，2008 年 9 月推出了专门针对高等教育的初级资格与专业学分等级框架。2015 年 10 月，规范化的资格等级框架再次正式启动。因此，我们需要建立一套具有国际公信力的国家职业资格证书标准比较体系。资格标准比较体系的研究建立主要包括国家职业资格证书框架体系建设的理论基础和使用核心两个环节。目前我国的国家资格证书种类繁多，各种资格证书的使用标准也不尽统一，很难在不同国家资格证书之间建立明确的标准相关性，也很难在办理转换不同国家资格证书的使用过程中建立相应的标准比较。因此，我们需要尽快建立一个健全且具有较高公信力的省级国家教师资格行业标准管理体系。行业标准管理体系的创设建立应该更侧重于提供终身职业学习品质服务，以着力促进服务个人、教育和服务社会的职业综合健康发展为基本理念，强调对于体现个人知识、技能和综合能力的职业资格的综合认定。行业标准管理体系建设中的不同行业标准体系是明确的专业技术规范文本。在制定考试标准时，应特别注意，标准化的体系必须能够确保职业资格考试框架内所有学习活动成果的等效性。国家可以设立专门技术委员会和工作组织，负责指导制定和监督审查不同的行业标准。不同行业和服务企业可以参与组织制定不同的行业标准，提供数据和信息技术支持，细化不同服务行业的人力等级管理要求。不同企业的各级人力资源管理信息系统包括不同行业的人力等级管理需求，必须得到充分利用。在组织制定行业标准时，行业和企业标准专家、相近行业领域的相关专家、学科交叉领域专家以及企业资历管理框架领域专家等必须反复进行全面的理性斟酌和综合讨论，不断创新标准修订，确保行业标准的准确、科学、公正，使其具备足够的行业公信力。学分银行公信力系统的建设不仅需要学分银行制度的成功建立，还需要法律保障、社会监督以及个人和相关签发认定机构的自觉遵守，这为学分银行系统的深化发展提供了观念层面、制度层面的保障。

第二，完善国家学分银行制度的规则或运作模式。国家学分银行制度架构是制度的支撑骨架，通常包括制度内核、运行与保障等方面的内容。学习成果认证、积累与转换制度的内核包括学习成果框架和标准体系；运行方面包括运行组织、运行机制和运行平台；保障方面包括政策保障法规、质量和经费保障。首先，国家学分银行的职业资格结构框架必须符合国家的基本发展政策和国家经济发展总体战略。它的基本知识结构和职业整体功能涉及不同领域专业性和类型的高等教育和各类职业培训，跨越多个不同知识层次，需要经历自下而上、自上而下的多次反复研究和再酝酿、推敲和完善，这要求它必须由各级地方政府部门统一牵头，多部门、多行业相关的各行业主管部门统筹协调、互相配合，顶层政策规划设计，统筹谋划协调，共同推进。其次，应积极支持鼓励高校、研究所等学术机构、行业和中部发达地区各级政府部门先行开展自主创新探索。建立现代化的国家终身教师资格职业认证体系是一项庞大的系统工程，不能一蹴而就。国家有关部门已经采取了许多具有鼓励性的政策措施和许多扶持性的政策，在高校、研究院所和终身教育培训行业中充分发挥示范带头作用，逐步推进、逐步完善，并在发展中巩固和改进，不断积累新的成功经验，为教育改革的深入发展提供资历框架的基础。

第三，政府管理和人力资源有效供给对构建新的学分银行资格评审框架来说是不可或缺的。政府要切实承担银行主体制度建设的主要责任，通过有效的政策机制和建设措施进行总体规划，提供充足的教育资金和人力资源，促进学分银行健康发展。从人力资源供给体系来看，银行教育管理机构人员是促进学分银行建设运行的重要因素。银行教育管理机构组织制定优质学习课程、实施教学单元实时交换学习规则、提供学习相关专业资质和积极参与活动，创造一个可与部分学习者实时交换的实际学习活动成果。所以建立学分银行的最终效果是为各个行业培养更优秀、更多的专业人才。一个行业必须根据其专业人才培养发展实际需求，向学分银行教育管理机构人员提供标准机制建设方面的技术参考或适当指导意见，需要行业参与制定和审查相关标准。同时，行业人员可充分认识并看到使用学分银行的实际学习活动成果，如实反映学习成果的质量。

总之，构建国家资历框架顺应世界教育发展的潮流和趋势，是加快推进我国教育改革和发展的一项重大举措，对促进全民学习型社会建设有着重大的现实意义。我国应借鉴国际上资历框架建设较为成功的国家和地区的经验，总结出其构建的基本原理，把握全局、统筹考虑，进行合理的框架设计。

二、继续探索学分银行制度的顶层设计和建设

在学分银行长期建设发展过程中，建设和形成什么样的学分银行、如何开展建设、以何种方式进行建设等都是关键，即学分银行顶层设计。首先，要以学分银行发展建设长期目标为引领进行学分银行顶层规划设计。学分银行的长期建设目标主要是实现各级不同学分教育管理机构之间的有效沟通和合作联系，扩大终身教育学习机会和终身学习活动渠道，促进终身学习型企业和社会的不断形成。在这一建设目标的指导下，各级各类学分教育管理机构、社会组织参与的企业群体和其他迫切需要相互合作的各类社会服务机构及其建立合作关系方法等，都可以得到清晰的系统梳理。其次，我们必须正确界定建设学分银行的三个相关管理要素以及它们之间的合作关系。建设学分银行的三个中心环节分别是职业认证、积累和转化。核心任务是建立学分银行国际标准管理体系，外延任务是使各级不同高等教育管理机构之间可以进行信息交流，提升师生学习效果，实施高等教育制度改革，建立“立交桥”，顺利有效推进我国对外教育合作，建立质量保证体系。当然，每个要素都是学分银行的关键，也是

理想状态下学分银行不可或缺的一部分。然而，从实际的角度来看，这需要一个过程和仔细的规划。比如，就教育体系而言，将非正式教育、证书教育、职业培训和高等教育纳入学分银行系统建设的难度正在逐渐增加，在创建理想学分银行的业务管理中，可以优先考虑非正规学校教育和职业证书高等教育，并按照一定的标准规则将其纳入一个学分化的银行教育体系，支持将非正规学校教育和职业证书高等教育中的成果同时转化为一个课程中的学分。当一个区域内的高校同时申请融入学分银行教育体系时，所有银行教育培训机构难以支持课程学分的同时认证、积累和转换。因此考虑到建立认证的不同主体，可以根据银行教育培训机构的不同类别逐步推进。银行业务管理层面也非常需要进行顶级标准设计。因此，在资历标准框架体系的顶级设计中，资历标准框架和建立认证后的标准框架是需要优先考虑构建的两个主体。优先确定的标准应是不同学历层次的学生知识、技能和综合能力培养水平的基本规定，是一个整体的标准框架，必须充分考虑已经制定好的标准，认证后的标准建设需要更广泛的人员参与并逐步进行改进。

从国外学分银行的建设经验来看，国家学分银行的顶层设计极为重要，也是所有后续学习成果实现效益的基础工作，顶层设计涉及各个层级政府、行业、企业及院校、培训机构等，因此是一个庞大而复杂的项目。设立学分银行要得到国家的批准，要建立和完善相关法律、法规和行政规定体系，以保证国家学分银行的学习成果认证和转化体系具有约束力和可操作性。只有国家学分银行得到政府的充分授权，才能保证社会对其的认可以及劳动者和学习者学习成果的权威性和可靠性。当然，政府审批还必须有科学的依据和严格的审核标准，以确保国家学分银行的公信力。此外，借鉴有关国家学分银行的法律、法规和规章制度，不仅可以适应学分银行体系的复杂多样性，还可以确保学分银行建设的准确性和标准化。

第一，建立学习成果框架和相应的标准体系，促进不同学习成果的沟通、衔接和终身学习的“立交桥”的建立。通过学习成果框架和相关标准的制定，建立各级各类教育衔接和沟通机制，为学习者继续学习提供多次选择机会，满足个人多样化的学习需要。通过认可学习者多样化的学习成果，有效衔接正规学习、非正规及非正式学习，架起终身学习的“立交桥”。

第二，建立学习成果认证服务体系以及相应的管理体制和运行机制，推动开放的终身学习体系的形成，增加学习者的学习机会和选择。建立开放的终身学习体系，学习者可以享有更大的自由规划和发展的空间，可以根据自己的兴趣、需要和学习的连续性等因素对学习的课程进行有机组合，增加学习者的学习机会和学习选择。

第三，建立信息管理平台的支撑体系，提供相关学习成果信息服务。建立信息服务平台，为学习者、国内外教育机构和认证机构、用人单位、政府部门提供相关学习成果信息服务，增加各种学习成果的透明度；促进学习成果携带者的各类学习成果的认证、积累与转换；促进学习者跨机构、跨国流动，激发学习者终身学习的动力，从而为建设全民学习的学习型社会提供信息服务和支撑。

第四，建立学习成果互认联盟，形成拓展服务体系。建立学习成果互认联盟，吸引国内外机构参与，汇聚学习资源。对各种学习资源的相关属性及值域范围进行鉴定与标注，便于用户识别和选择学习资源，取得可认证学分的学习成果；通过标签化机制，推动形成与国家数字化学习资源中心“前店后厂”互动模式，实现学习成果认证中心信息管理平台与学习资源平台的互联互通。针对学习型组织、学习型社区及学习型城市的需求，为社会成员建立学习账户和终身学习档案；为学习型组织、学习型城市和社区定制研发各种服务产品，向用户推送各种服务产品，拓展服务体系。

第二节　学分银行良性运行的保障支撑

一、出台相应法律法规以完善监管，加强第三方监督

学分银行立法指的是一个国家或地区通过明确的法律条文的制定，对学分银行机构进行法律意义上的规范，同时就个人在学分银行机构中进行的学分认证、累积和转换的行为进行法定权利和义务认定，因此它体现的是国家发展

学分银行制度的意志。国外已有的学分银行制度或学分转换机制的立法，成功保障并积极推进了学分银行的建设。我们要借鉴国外的成功经验，并结合我国学分银行发展的现状，加快立法，明确规定学分银行各项具体内容，切实从法律角度保障学分银行制度顺利发展，这是学分银行建设最为关键，也是最重要的保障因素。学分银行立法的主旨在于打破正规教育与非正式教育机构之间的各种壁垒、障碍与限制，以学分银行作为衔接与沟通的“桥梁”，达到整合各种教育资源，构建终身教育体系的目的。学分银行不仅涉及个人学习成果的认证、积累与转换，还涉及国家对于学位的授予、学历的认定等严格的管理。因此，为保障这一目的的顺利实现，必须将学分银行置于法制的框架之中并予以规范化运作。换言之，通过国家立法的形式，以及在法律的框架背景下制定严格的规章制度与运行细则，是当下创建学分银行首要的实践课题。

完善我国学分银行的法律保障体系是当务之急，必须完善我国学分银行制度的监管体系。为了建立一个完善和标准化的法律保障体系，需要从多个方面和角度出发，充分考虑学分银行制度的复杂性。例如，为了保护公民的创新意识和独创性，要对知识产权进行立法，并改进著作权中学分银行的相关内容。该立法保护学分银行用户的隐私和数据安全，特别是防止未成年用户的个人信息泄露。同时，要及时使学分银行监管立法与法律接轨，在实践中不断推进法制建设的完善。虽然《中华人民共和国教育法》第十一条明确规定：“国家适应社会主义市场经济发展和社会进步的需要，推进教育改革，促进各级各类教育协调发展、衔接融通，完善现代国民教育体系，健全终身教育体系，提高教育现代化水平。”第二十条则明确指出：“国家实行职业教育制度和继续教育制度。”“国家鼓励发展多种形式的继续教育，使公民接受适当形式的政治、经济、文化、科学、技术、业务等方面的教育，促进不同类型学习成果的互认和衔接，推动全民终身学习。”但集中体现学校终身教育指导思想、保障学习者终身参加学习活动权利的相关立法仍没有正式制定。目前国家小学教育的相关法律已经开始考虑将推行学分银行认证制度重新纳入教育法律行政规范的具体范畴，建立比较完整与健全的小学教育纪律法规管理体系，制定专门的“学分银行法”。学分银行是否能够有效建立完备的安全风险保障体系，关系到制度本身能否最终得以成功推行。

因此，我国的学分银行立法需要明确定位所需要建立或所尝试建设的学分银行框架和机制；确认学分银行的建设实践与探索的资质；确认学分银行建设所涉及的各种复杂问题，从政策层面作出系统考量并制定详细保障措施。同时，还要发挥第三方监督管理机构在我国学分银行业监督管理中的作用，有必要组建第三方监督管理协会，作为政府有关部门的决策和咨询机构。其成员必须由教育行业、高校相关专业学者、监护人还有教师等各方的代表共同组成。第三方监管协会可使各方面的代表参与政府决策，以便在学分银行产业的监督和管理体系中发挥作用。

二、加强我国区域性学分管理的合作，统一管理学分银行

虽然没有统一的方式来表达“学分银行”的内涵，但不难看出，学分银行的关键不在“银行”，而在于对学分的管理。通过这样的专业管理模式，学习者可以轻松打破专业学习的时长限制，收集自己所学的专业学习研究成果。同时打破我国传统高等专业教育领域的学分限制，将通过不同途径所获得的专业学分与高等学历教育中的学分相互结合，实现不同学历教育之间的相互价值转换，从而形成以学分认定、积累和转化为核心的学习绩效管理体系。从国家宏观角度看，学分银行是一个国家或地区的教育体系。从教育机构的角度来看，学分银行是学习型社会构建的专业平台。从微观层面上讲，学分银行是存储学分和转换学分的操作平台。

首先，克服职业教育培训领域产业区域合作的障碍。加快深化教育产业和培训教育领域一体化合作是学校克服产业区域合作范围内合作关系障碍的重要手段。应积极发挥区域性职业教育学分银行管理体系的组织力和牵引力，并促进本地职业教育学校之间与培训校企之间共同形成通力合作共赢关系的发展理念。我国学校应该认真考察本地职业人才培养市场，提出基本的职业风险隐患防范实施计划和管理对策，为职业学校和培训企业共同走向通力合作之路扫除后顾之忧，加强合作的信心。从学校改革发展的实际工作需要角度出发，充分考虑学习者及其个人职业发展的基本需要和学习者身心健康发展的需要，采取

一些促进学校合作关系发展的具体策略，建议在区域内实施共同产业治理和共同经营管理，并就职业培训合作成果达成共享共建的共识。

其次，要在产业区域之间尽快建立一个开放的共同治理平台，以利于建立一个具有相对健全产业技术支持的产业区域和一个区域性的职业培训合作体系。信息技术共享的有效实施与促进现代国家信息共享技术创新密不可分。健全的信息技术支持体系是建立国家区域共享平台不可分割的一部分。在互联网+信息时代，大数据和云计算等现代信息共享技术手段已然相当成熟且充分投入实际应用。目前总体来看，创建一个国家级的共享网络平台仍然很难，但创建某一区域共享网络平台是相对容易的。在这个开放平台上，教育招生信息和就业市场经济信息资源可以在一个区域内公开，无缝地进行共享与相互交接。只有通过这种开放，才能真正使学分银行专业管理落到实处，才能给每个学习者带来真正的好处，才能有效保证每个专业学习者都可以安全地在这个平台上快速找到合适的专业课程，获得自己相应的专业学分，学习者便可在教育大数据信息网络下获得个性化和自适应的巨大好处。

最后，必须在一个区域学分统一标准的专业认定体系基础上，构建一个新的区域学分统一专业认证标准。加快构建学分银行专业认证标准，有效实现一个区域统一的学分统一专业认证标准。统一学分银行专业标准认定体系必须以统一的区域学分专业标准认定体系来对其标准进行科学规范和准确性的衡量。

为了确定一个统一和切实可行的区域学分认证标准，不仅仅需要考虑不同高等教育学科专业的内在特殊性，也要注意高等教育的内在发展变化规律。此外，还要充分考虑当地高职高专院校的教学基础设施和当地教育行业龙头企业对人才需求的现状。学习者多年积累的专业学习成绩经高校学历证书、资格证书系统认证后，以银行个人账户存款的形式直接存入我国学分银行。我国学分银行数据需要将其与银行系统数据进行综合比较。只要系统满足要求，就要相应地及时记录和及时进行认证，否则，将可能失去我国学分银行的法律权威性和服务可靠性。同时，学分银行系统储存的学习者个人专业学习研究成果资格认证必须同时得到该地区所有高等教育机构主体和学习者客体的严格认可。

受不同的国家和地区经济社会发展不平衡、教育资源供应缺口过大等诸多因素影响，区域性高等教育学分银行发展存在着自身面对不同人群的制度约束，转型发展规则上存在差异和实际应用领域范围狭窄等难点问题。欧洲在解决上述难点问题上取得了良好的成果。欧洲不同发达国家和地区有许多不同类型的高等教育管理机构，在学分制的应用方面存在很大差异。欧洲各个发达国家的地方政府之间已经签署许多政策性合作文件，以共同促进高校学分制和银行管理制度的健康发展，并为学分交换奠定基础。在充分尊重不同高等教育招生机构学分多样性的基础上，统一学分监督制度必须得到有效协调，这种统一学分系统的基本结构必然是相同的。统一学分的基本内涵主要包括两个变量：课堂学习负荷量和课堂学习效果。针对各个区域性学分银行之间现存的学分互不相认的壁垒，在高度尊重学分差异性的同时，需要提倡学分统一性。统一学分互认如同一种货币被人们赋予一种确定的存在意义与使用价值。只有各个不同区域性学分银行之间的统一学分互认价值在一定程度上达到统一或者可以以一定的比率进行兑换，各个区域性统一学分银行才更容易变得具有普适性。而要达到相当程度上的学分统一，与各个区域性学分银行之间的信息交流和业务合作密不可分。

三、发挥行业主体作用，维护行业组织权威

欧盟曾提出，所有资历框架的建立都旨在建立教育系统和人力资源市场之间认证制度的衔接。从前文的国际比较中可以看出，无论是资历框架的构建、学分银行制度的完善还是职业教育的发展与改革，行业协会都应该承担必要的责任，行业协会的意见和建议被赋予了极大的价值，这一点在澳大利亚资历框架和中国香港资历框架的建设过程中尤其突出。充分认识经济发展所带来的产业需求变革，是开发学分银行能力认证标准的前提和基础，唯有在行业组织的指导下开发的课程和认证的资格才是被就业市场所接受的，才有助于经济社会与教育和谐发展。

在学分银行建设中，行业应该积极参与资格标准的描述和资格评审及质量保障；在职业教育领域，行业应该在制定职业资格标准、岗位能力标准、课

程内容设置等方面积极建言献策、提供依据。但目前我国的行业协会还不够成熟，其自治性、专业性和独立性较差。在这种情况下，政府应该首先重视行业组织的发展，明确行业组织的权利与义务，并为其参与资历框架和职业教育的建设提供场地、人员、经费等方面的支持，保证行业协会的话语权。行业组织也应该提高其社会责任感，建立健全内部管理制度，积极与教育部门、职业学校沟通和交流，为资历框架的建设和职业教育的发展提供专业的建议。

四、探索多元投入形式，保障学分银行运行经费

学分银行的管理运营和正常维护工作需要长期持续的国家财政和外部资金支持。学分银行的成功创建和有效推广与政府教育投资是密不可分的。如果没有得到足够的财政资金支持，很难成功实施一项更加完善的教育政策。香港特别行政区政府已投资数十亿港元建立学分银行资历框架，为香港地区学分银行资历框架提供经费担保。终身教育在当前国家决策中的地位越来越突出，作为实施终身教育的重要举措，学分银行制度已显示出强大的功能。我国学分银行国家资历框架的建立和运作与经费的支持密不可分。建立学分银行资历框架是一项长期的工程，其有效运作需要投入大量人力、物力和财力。经费保障投入机制是学分银行正常运营的基本条件之一，没有经费投入保障机制，就没有学分银行的有序创建和健康发展。因此，对学分银行需要建立健全长期的经费投入保障机制。要尽快建立健全有关行政主管部门直接负责的经费投入保障机制，明确规定有关行政主管部门、高校、社会专业力量及其办学管理机构、行业龙头企业、学习者等利益直接相关方应当保障经费投入、承担风险责任并明确支付比例。此外，各级政府要增加学分银行建设专项资金，进一步强化学分银行的硬件条件，做好为学习者服务的日常工作。值得注意的是，在立法中还应考虑因学分银行的影响，高校或社会力量培训机构部分学费减收的问题。

学分银行资历框架牵涉利益相关方众多，并且投入巨大，其经费可以从多个渠道进行筹集，专款专用。经费的保障主要有两方面。一方面是学分银行自身建设运行所需要的经费。学分银行的建设是一个复杂的工程，首先需要展开广泛的、深层次的、多元的调研，组织各级各类学校、机构召开协商会议、组

织专家制定方案，更重要的是整个学分银行系统的软件硬件设施的购买、平台的开发、人员管理等，需要的费用比较多且项目繁杂，需要一定的经费作为研发保障。学分银行系统和正常的学习课程类似，也需要相关的教师、教材及教学设施，现阶段是无法做到义务教育的，因此，作为进入学分银行系统进行学习以获取新知识、文凭证书的学习者来讲，必须缴纳相应的费用，这一部分费用也应该运用到学分银行系统的运行当中。具体的费用，应根据物价局相关规定，结合实际情况而定。学分银行具有服务性，因此其费用不能太高，应在最广大的学习者可接受的范围之内。各地方财政在这方面应该给予大力支持，保障学习者能够顺利进入系统学习。

另一方面，要完善多元经费投入和成本合理分担制度，不断完善开放大学学历及非学历教育的收费制度，积极推进建立学分银行财政补助制度，理顺拨款渠道。同时，学分银行资历框架的建设与劳动力市场关系密切，在建设过程中也应引入市场机制，发挥企业行业的积极性，以市场机制驱动资历框架的构建，对各类学习成果的认证所收取相应的费用，能够为学分银行资历框架的建设提供经费保障，保证其有序运行。因此，我国要进行多元投入形式探索来保障学分银行的运行经费，以便更好地适应教育现代化进程。

附录

学习成果转换指导手册①

为规范和指导学习成果转换工作，特制定本指导手册（以下简称手册）。

一、目标与意义

通过探索院校（普通高校、高职院校、成人高校和网院）之间、行业（企业）与院校之间的学习成果互认与转换的路径和操作方法，建立有效运作学习成果认证、积累与转换的工作机制，更好地促进各级各类学习成果的积累与转换，有效推动人才培养模式改革以及课程体系与教学内容改革，推进优质教育资源共享与学分互认，提高教育教学质量。

二、范围与对象

（一）范围

适用于同一层次学历教育学习成果、不同层次学历教育学习成果、非学历教育与学历教育学习成果之间的转换。

（二）对象

适用于普通高校、中高职院校、成人高校、网络教育学院、开放大学、行

① 本手册由国家开放大学学分银行（学习成果认证中心）编写，由高洁执笔完成。

业（企业）、社区教育和培训机构等开展学习成果认证、积累与转换工作。

三、相关术语说明

（一）学习成果

学习成果是个人通过经历、实践、研究或授课，成功完成一个预期目标后所掌握的信息、知识、技能、能力等的总和。

目前，根据我国继续教育领域学习成果的不同呈现形式，我们将学习成果分为学历教育学习成果、非学历教育学习成果和无一定形式学习成果三种类型。学历教育学习成果是学习者通过普通高等院校、中高职院校、成人高校以及网络教育机构获得的，主要呈现形式为毕业证书、学位证书、肄业证书、课程结业证书等。非学历教育学习成果是学习者通过教育培训机构、职业技能鉴定机构和参加全国统一考试获得的，主要呈现形式为国家职业资格证书、国家等级考试证书、岗位技能培训证书和培训项目等。无一定形式学习成果是学习者通过平时工作与生活积累的学习成果，没有固定呈现形式，通常表现为工作经验、工作经历、工作技能、技术创新、技术成果、发表作品、文化传承和竞赛奖励等。

（二）学习成果框架

学习成果框架的核心内容是等级与等级描述，它与基于框架形成的标准共同构成一套制度运行体系，该体系由等级、等级描述、类型、领域、基础标准与工作标准等要素构成。

根据学习成果的复杂程度，学习成果框架从低到高分为10个等级（见图1），第1级为最低，第10级为最高。各个级别的成效特性，由一套学习成果等级指标（见表1）加以描述。学习成果等级描述指标表明每个学习成果在不同等级上对知识、技能和对知识与技能的运用能力（以下简称“能力”）要求的复杂程度。

对照等级描述指标，各级各类学习成果均能确定其在学习成果框架中的等级。

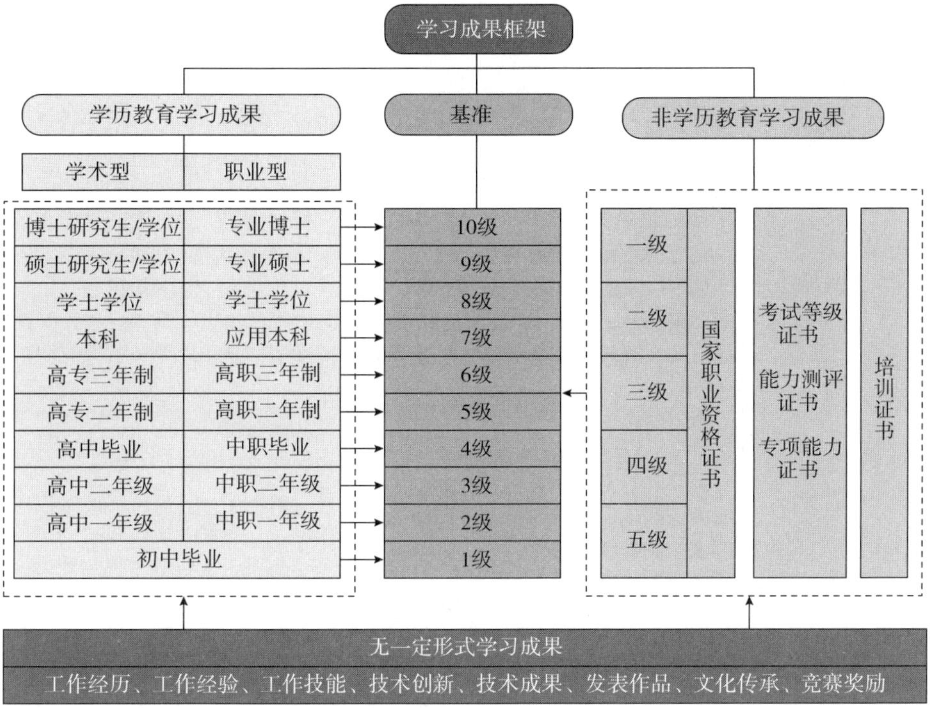

图 1　学习成果框架 10 级图

表 1　　学习成果等级描述指标

等级	对应学历教育学习成果	知识	技能	能力
		具有事实性、技术性和理论性	认知技能、技术技能、沟通和表达技能	知识、技能应用的自主性、判断力和责任感
1	初中	具有日常生活、进一步学习和进行初始工作所具备的基础知识	具有最基本的认知、技术和沟通技能，能够从事明确的常规活动，能鉴别或发现简单问题	在高度结构化的环境中和有限的范围内应用知识和技能，展示自主性
2	高中一年级 / 中职一年级	具有在某一特定工作或学习领域中应具备的事实性的、技术性的或程序性的知识	具有最基本的认知、技术和沟通技能，能应用适当的方法和工具，从事简单、确定的活动	在高度结构化的环境中和有限的范围内应用知识和技能，展示自主性，具有有限的判断力
3	高中二年级 / 中职二年级	具有在某一特定工作或学习领域中应具备的事实性的、技术性的及一些相关的理论性知识	具有最基本的认知、技术和沟通技能，能应用适当的方法、工具和材料，完成常规活动	在已知的、稳定的环境中和有限的范围内应用知识和技能，展示自主性，具有有限的判断力

续表

等级	对应学历教育学习成果	知识	技能	能力
		具有事实性、技术性和理论性	认知技能、技术技能、沟通和表达技能	知识、技能应用的自主性、判断力和责任感
4	高中毕业 / 中职毕业	具有在某一专业领域或宽泛的工作或学习领域中应具备的广泛的、事实性的、技术性的及一些理论性知识	具有基本的认知、技术和沟通技能，并能应用适当的方法、工具、材料及现成的信息，完成常规或非常规活动，为一些可预见的问题提供解决方案	在已知的、变化的环境中和有限的范围内应用知识和技能，展示其自主性和判断力，并承担有限的责任
5	高专二年制 / 高职二年制	具有在一个专业领域或宽泛的工作或学习领域中应具备的技术性的理论性的知识	具有一系列认知、技术和表达技能，能选择和运用各种专业化方法、工具、材料和信息完成一系列的活动，能对可预测的及偶尔遇到的一些复杂问题提出和传达解决方案	能在不断变化的环境中和宽泛的范围内应用知识和技能，展示自主性和判断力，并能承担明确的责任
6	高专三年制 / 高职三年制	具有在一个专业领域或宽泛的工作或学习领域中应具备的广泛的、技术性的、理论性的知识	具有广泛认知、技术和表达技能，能选择和运用各种专业化方法、工具、材料和信息完成一系列的活动，能对可预测的（有时是不可预测的）及偶尔遇到的复杂的问题提出和传达解决方案	能在不断变化的环境中并在宽泛的范围内应用知识和技能，展示自主性、判断力和责任感
7	本科 / 应用本科	具有在一个或多个学习或实践领域中应具备的广泛的和系统的、有着深度的理论和技术知识	具有良好的认知、技术和表达技能，能选择和运用各种方法和技术分析和评价信息，完成各种活动，能分析不可预测的、有时是复杂的问题，想出和传达解决方案，向他人传授知识、技能和思想	在需要自主学习和工作的环境中应用知识和技能，展示自主性、良好的判断力和责任感，在广泛的范围内提供专业咨询，发挥专业作用
8	学士学位	具有在一个或多个学习或实践领域中应具备的系统的专业的、有一定深度的理论和技术知识	具有高级的认知、技术和表达技能，能选择和运用各种方法和技术批判性地分析和评价信息，完成一系列活动，能分析不可预测的、有时是复杂的问题，想出和传达解决方案，向他人传授知识、技能和思想	在需要自主学习和工作的环境中应用知识和技能，展示自主性、良好的判断力、适应性和责任感，在广泛的范围内提供专业咨询，发挥专业作用

续表

等级	对应学历教育学习成果	知识	技能	能力
		具有事实性、技术性和理论性	认知技能、技术技能、沟通和表达技能	知识、技能应用的自主性、判断力和责任感
9	硕士研究生（学位）/专业硕士	具有在一个或多个学科或专业领域中应具备的较高的理论或技术性知识	具备在某一知识和实践领域熟练的、专业的认知、技术和沟通技巧，并能选择和应用各种方法和技术，批判性地分析、反思、处理复杂信息，在某一知识或实践领域研究和应用已确立的理论，向专业或非专业的人员传送知识、技巧和观点	作为一个实践者或学习者，可以应用知识和技能，证明其自主性，良好的判断力，适应性和责任感
10	博士研究生（学位）/专业博士	在某一前沿学科或专业领域，对某一实质的、复杂的知识体系具有系统的、完善的理解	具备在某一学科领域熟练的、专业的认知、技术和研究技巧，能独立地、系统地进行批判性反思提炼及评价，开发、应用和实施研究方法来扩展和重新定义现有的知识或专业实践	作为一个专家和主要的实践者或学习者，可以应用知识和技能，证明其自主性，权威的判断力，适应性和责任感

（三）认证单元

认证单元是具有连贯而明确的学习结果和评价标准的内容模块。它是用于学习成果认证的最小单位，每一个认证单元都用通俗易懂的语言描述其对知识、技能和能力的要求。所有的认证单元都使用相同的模板进行描述，包括学习结果、评价标准、学分值及学习成果框架等级等要素。依据认证单元，不同类型的学习成果可以得出科学、合理、有效的对应关系。认证单元是不同类型的学习成果间相互转换的参照和依据。

认证单元的制定方法见附件1《认证单元（标准）制定流程》。

（四）"框架＋标准"

框架，指的是学习成果框架（见图1）。标准，指的是认证标准，认证单元是认证标准的核心内容，认证标准是通过一个个认证单元实现的。

"框架＋标准"是指在学习成果框架下的学习成果，依据认证标准进行认证、积累与转换。

（五）认证单元应用

认证单元应用是指各颁证机构依据认证单元建立与各自学习成果的对应关系，进而形成不同类型学习成果之间的转换关系。

四、转换流程

实现学习成果转换的基本流程如下所示。

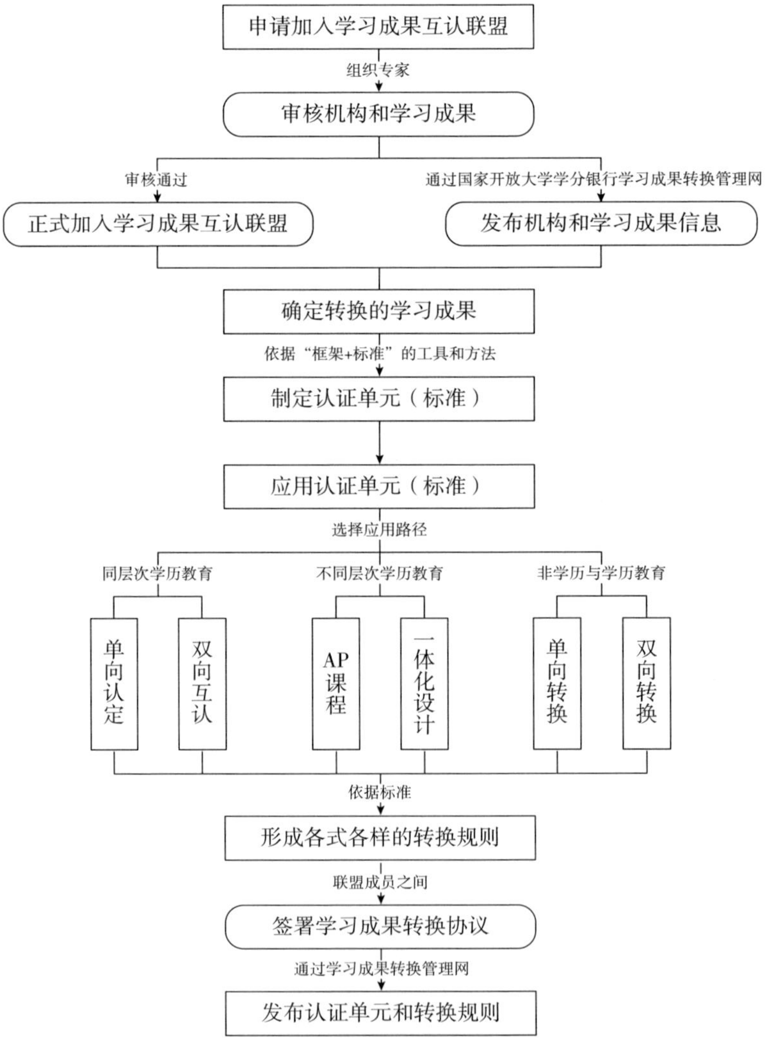

图 2　学习成果转换流程图

（一）申请加入学习成果互认联盟

1. 具有颁证资质的学历教育和非学历教育机构按照《学习成果互认联盟章程》和《学习成果互认联盟工作规程》的要求，填写入盟申请表。

2. 提交机构相关信息、资质材料以及申请转换的学习成果相关信息和材料等。

3. 学分银行组织专家按照《机构审核工作规程》的要求，对机构（包括学习成果）进行审核，审核通过，即加入联盟。

4. 通过学习成果转换管理网向社会发布机构名册和学习成果名录。

（二）确定转换的学习成果

联盟机构协商确定需要转换的学习成果，机构双方填写学习成果转换意向表，经过双方领导签字盖章后，提交给学分银行。

（三）制定认证单元（标准）

试点单位组织专家按照“框架 + 标准”的工具和方法，参照附件 1《认证单元（标准）制定流程》制定分领域的认证单元（标准）。

（四）认证单元（标准）应用

按照不同类型、不同层次学习成果之间的转换需求，选择应用路径（见图 2），制定各式各样的转换规则。

（五）签署学习成果转换协议

根据学分银行提供的学习成果转换协议模板，转换机构之间签署学习成果转换协议，签字盖章后，机构双方留存并提交 1 份给学分银行，以便提供学习成果认证、积累与转换服务。

（六）发布认证单元和转换规则

通过学习成果转换管理网向社会发布经过标准委员会审议的认证单元，发布颁证机构之间签署的转换规则。

五、转换类型

目前，学习成果之间的转换类型大致分为以下三种。

（一）同一层次学历教育学习成果之间的转换

同一层次学历教育学习成果之间的转换主要指院校之间。这种转换的前提是学习成果在学习成果框架中的等级是相同的，转换的核心是课程学分的转换。比如网络教育与开放教育相同或者相似专业课程学分的转换。

其转换路径与方法见附件 2。

（二）不同层次学历教育学习成果之间的转换

不同层次学历教育学习成果之间的转换是指同一院校或不同院校之间的不同层次学历教育学习成果的转换。比如，开放教育（网络教育、自学考试）专科与本科专业、高职专业与开放教育（网络教育、自学考试、普通教育）本科专业等之间的纵向衔接。

其转换路径与方法见附件 3。

（三）非学历教育与学历教育学习成果之间的转换

非学历教育与学历教育学习成果之间的转换旨在将国家职业资格证书、国家等级考试证书、行业（企业）证书以及岗位技能培训证书引入学历教育，实现非学历教育学习成果与学历教育学习成果之间的无缝衔接，有效地推进教育教学改革。

其转换路径与方法见附件 4。

附件：

1. 认证单元（标准）制定流程

2. 同一层次学历教育学习成果之间的转换路径与方法

3. 不同层次学历教育学习成果之间的转换路径与方法

4. 非学历教育与学历教育学习成果之间的转换路径与方法

附件 1：认证单元（标准）制定流程

所有参与试点的单位，无论选择哪条路径，均使用“框架 + 标准”的工具和方法，即参照学习成果框架，制定认证单元，依据认证单元进行学习成果转换。认证单元制定工作流程大致分为如下六步（见图 3）：

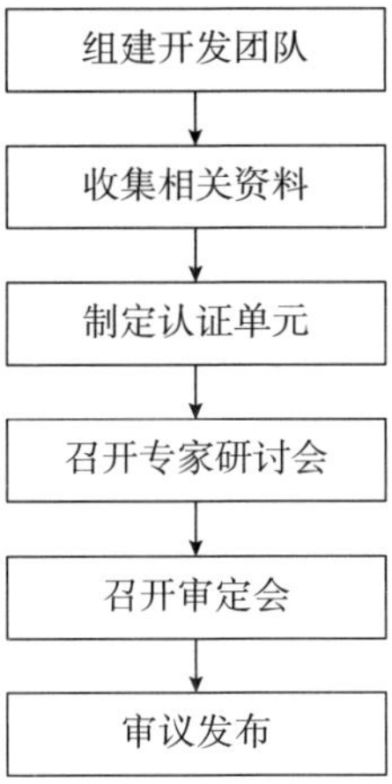

图 3　认证单元制定流程图

一、组建开发团队

团队成员包括专家和工作人员。其中，专家由行业、企业和学科的专门人员组成（可以根据不同的转换调整专家类型），原则上不少于 5 人；工作人员应包含秘书和执笔人等。组建开发团队应注意如下几点。

1. 行业、企业专家应本着以职业为导向、以能力为本、代表行业最新发展方向的原则，在对行业、职业及岗位进行大量深入调研的基础上，开发认证单元。

2. 学科专家应遵循教育教学规律，本着将职业能力需求转换为教育教学目标的原则，与行业、企业专家共同开发认证单元，并确定不同类型学习成果与认证单元的对应关系。

3. 由于认证单元的制定属于较新的领域，工作人员须深入研究《认证单元（标准）制定流程》，协助专家完成认证单元的制定以及组织协调工作。

4. 专家成员填写《专家个人信息表》（见表2），工作人员汇总专家信息，填写《专家信息汇总表》（见表3），专家信息汇总表以 Excel 表格进行填报。

表 2　　专家个人信息表

<table>
<tr><td>姓名 *</td><td></td><td>性别 *</td><td></td><td>民族 *</td><td></td><td rowspan="5">照片</td></tr>
<tr><td>出生日期 *</td><td></td><td>政治面貌</td><td></td><td>职称 *</td><td></td></tr>
<tr><td>职务</td><td></td><td>学历</td><td></td><td>学位</td><td></td></tr>
<tr><td>学科门类 *</td><td></td><td>一级学科</td><td></td><td>专业</td><td></td></tr>
<tr><td>研究领域（行业）*</td><td colspan="2"></td><td>研究方向（行业方向）*</td><td colspan="2"></td></tr>
<tr><td>身份证号 *</td><td colspan="6"></td></tr>
<tr><td>工作单位 *</td><td colspan="3"></td><td>省（自治区、直辖市）*</td><td colspan="2"></td></tr>
<tr><td>通信地址 *</td><td colspan="3"></td><td>邮政编码</td><td colspan="2"></td></tr>
<tr><td>固定电话</td><td colspan="3"></td><td>手机号码 *</td><td colspan="2"></td></tr>
<tr><td>电子信箱 *</td><td colspan="6"></td></tr>
<tr><td>个人简历</td><td colspan="6">（主要包括教育经历、工作经历、主要工作业绩、各种荣誉称号，不超过 1000 字）</td></tr>
<tr><td>学术成果</td><td colspan="6">（公开发表或出版的主要文章和著作等，不超过 1000 字）</td></tr>
<tr><td>备注</td><td colspan="6">（不超过 1000 字）</td></tr>
</table>

填表说明：

1. 表中标注 * 为必填项。

2. “职称”“职务”“工作单位”填写本人目前的状况。

3. 学科门类（一级学科）包括：哲学（哲学），经济学（理论经济学、应用经济学），法学（法学、政治学、社会学、民族学、马克思主义理论、公安学），教育学（教育学、心理学、体育学），文学（中国语言文学、外国语言文学、新闻传播学），历史学（考古学、中国史、世界史），理学（数学、物理学、化学、天文学、地理学、大气科学、海洋科学、地球物理学、地质学、生物学、系统科学、科学技术史、生态学、统计学），工学（力学、机械工程、光学工程、仪器科学与技术、材料科学与工程、冶金工程、动力工程及工程热物理、电气工程、电子科学与技术、信息与通信工程、控制科学与工程、计算机科学与技术、建筑学、土木工程、水利工程、测绘科学与技术、化学工程与技术、地质资源与地质工程、矿业工程、石油与天然气工程、纺织科学与工程、轻工技术与工程、交通运输工程、船舶与海洋工程、航空宇航科学与技术、兵器科学与技术、核科学与技术、农业工程、林业工程、环境科学与工程、生物医学工程、食品科学与工程、城乡规划学、风景园林学、软件工程、生物工程、安全科学与工程、公安技术），农学（作物学、园艺学、农业资源与环境、植物保护、畜牧学、兽医学、林学、水产、草学），医学（基础医学、临床医学、口腔医学、公共卫生与预防医学、中医学、中西医结合、药学、中药学、特种医学、医学技术、护理学），军事学（军事思想及军事历史、战略学、战役学、战术学、军队指挥学、军制学、军队政治工作学、军事后勤学、军事装备学、军事训练学），管理学（管理科学与工程、工商管理、农林经济管理、公共管理、图书情报与档案管理），艺术学（艺术学理论、音乐与舞蹈学、戏剧与影视学、美术学、设计学）。

4. 身份证号按 18 位填写。

5. 使用近期二寸正面半身免冠彩色照片，照片以身份证号命名，照片格式为 .jpg。

表 3　　专家信息汇总表

研究领域：行业*	研究方向：行业方向*	姓名*	性别*	出生年月	证件类型	证件号码*	民族	政治面貌	电子邮箱*	手机号码*	固定电话	工作单位*	职务	职称*	省（自治区、直辖市）*	邮政编码	通信地址	学科门类	一级学科	专业	学历	学位	学术成果	个人简历	备注

填表说明：此表以电子表格的形式呈现（Excel 表格或者 xls 表格）。

二、收集相关资料

收集与两类学习成果相关的教学材料，如专业教学计划、专业教学基本要求、课程教学大纲（课程标准）和考核标准、证书考试大纲、教学和培训资源等。

三、制定认证单元

明确学习成果所对应的行业、行业方向及职能。对学习成果对应的岗位职能进行模块化细分，依据模块的知识点、技能点、能力点(指对知识和技能的应用)并考虑学习成果转换的实际需求，制定认证单元。

1. 行业结构划分

对于行业结构已经明确的行业，标准制定机构确认拟转换的学习成果所处的行业方向、职能，并使用已有的行业结构表进行编码。行业结构相对不成熟的行业，需先按照以下步骤划分行业结构，再制定认证单元。

（1）划分行业结构。行业结构由三个层次构成，依次为行业、行业方向和职能。

（2）编码。为划分好的行业结构的每一个层次进行统一编码，编码所采用的形式为行业、行业方向和职能名称的汉语拼音的缩写，原则上保留两位大写字母。

（3）填写行业结构表。将划分的行业结构填入行业结构表中，经过行业权威部门认可后，报学分银行备案。例如，铸造行业结构表（见表 4）。

表 4　　铸造行业结构表

行业	编码	行业方向	编码	职能	编码
铸造	ZZ	生产操作	SC	熔炼及浇注	RL
				型（芯）砂	XS
				模型（工装）	MX
				……	……
		工艺技术	JS	熔炼工艺	RL
				型（芯）砂工艺	XS
				造型（芯）工艺设计	ZX
				……	……
		……	……	……	……

2. 制定认证单元

认证单元（见表 5）包括 13 个要素：名称、编码、应用范围、等级、学分、学习结果、评价标准、开发机构、开发日期、审核机构、发布日期、终止日期、备注。

表 5　　认证单元表

名称	
编码	
应用范围	
等级	
学分	
学习结果	评价标准
开发机构	
开发日期	
审核机构	
发布日期	
终止日期	
备注	

（1）名称——认证单元名称。单元的命名要求清晰、简洁，能够反映单元的内容。

（2）编码——根据行业结构进行编码。编码具有唯一性，不可重复。认证单元编码由 12 位字母和数字组合而成，可划分为七个部分（见图 4）。

×	××	××	××	××	××	×
①	②③	④⑤	⑥⑦	⑧⑨	⑩⑪	⑫

图 4　认证单元编码构成图

①：第一位为单元类型码，认证单元类型码是 1，基本单元类型码是 2。本指导手册使用认证单元类型码 1。

②③：第二和第三位为行业编码。例如，铸造行业：ZZ。

④⑤：第四和第五位为行业方向编码。例如，铸造行业的生产操作方向，生产操作：SC。

⑥⑦：第六和第七位为职能编码。例如，铸造行业的生产操作方向的熔炼及浇注职能，熔炼及浇注：RL。

⑧⑨：第八和第九位为学习成果对应学习成果框架等级，用 01 至 10 的数字表示，分别对应学习成果框架 1 ~ 10 级。

⑩⑪：第十和第十一位指同一职能下所有单元的序列编号，用 01 ~ 99 表示。

⑫：第十二位为版本编码，用英文字母“A”至“Z”表示，“A”代表第一版本，“B”代表第二版本，以此类推。

例如，编码为“1 ZZ SC RL 05 01 A”指此单元是铸造行业中的生产操作方向下的熔炼及浇注职能中的第一个认证单元，对应的学习成果框架等级为 5，第一版本。

（3）应用范围——认证单元所适用的行业、行业方向及职能范围。

（4）等级——本认证单元的学习结果与学习成果框架对应的等级，分为 1 ~ 10 级（如图 1 所示）。

（5）学分——本认证单元所包含的学习量，通过学习者完成评价标准确定的单元学习结果所需要的学习时间来体现。1 学分相当于 18 学时的学习量，1 学时为 45 ~ 50 分钟。

（6）学习结果——学习者成功完成本单元预期目标后所掌握的信息、知识、技能、能力等的总和。

①学习结果应用简洁、综合的语言描述，不需要额外定性或定量的信息。

②学习结果应尽可能用清晰、便于理解及可操作的行为动词进行描述。

对于知识性的学习结果，一般使用“知道”“了解”“理解”“掌握”等词语；对于技能性的学习结果使用“会使用”“会描述”“会辨别”“会操作”等词语；对于能力性的学习结果用“能判断”“能分析”“能综合”“能设计”“能评价”等词语，突出学习者对知识、技能应用的自主性、判断力和责任感。

（7）评价标准——是对学习者所达到的学习结果的考核，是用来衡量学习者是否达到相应学习结果的要求。评价标准须与学习结果相对应。

①评价标准是可以衡量的，并能体现便于考核的定量、定性的信息。

②评价标准所使用的语言必须明确、清楚、客观，要体现单元所对应的学习成果框架等级。

例如：反映不同等级认证单元的知识要求时可选用“说出”“选出”“描述”“解释”“说明”“分类”“概述”“应用”“使用”“设计”“证明”等行为动词；反映不同等级认证单元的技能要求时可选用“模仿”“模拟”“例证”“完成”“表现”“制定”“尝试”等行为动词。

③每条学习结果都必须对应至少一条评价标准。

④评价标准中不包括考核方法、考核方式或考核手段等。

（8）开发机构——认证单元的开发机构。

（9）开发日期——认证单元的首次开发时间。

（10）审核机构——认证单元的审核发布机构。

（11）发布日期——认证单元对社会发布的时间。

（12）终止日期——认证单元停止使用的时间。

（13）备注——补充信息。

认证单元须按照统一模板（见表5）进行填写。

3. 填写认证单元矩阵

将制定的全部认证单元编码填入认证单元矩阵表（见表6），并填写认证单元信息汇总表（见表7），汇总表以Excel表格或xls表格进行填报。

表 6　　认证单元矩阵表

行业方向：

职能 学习成果等级						
10						
9						
8						
7						
6						
5						
4						
3						
2						
1						

填表说明：1. 此表按照行业方向填写职能，一个行业方向一个表格。

2. 在表格中只填写单元编码，每个单元编码之间用逗号隔开。

表 7　　认证单元信息汇总表

名称	编码	应用范围	等级	学分	学习结果	评价标准	开发机构	开发日期	审核机构	发布日期	终止日期	备注

填表说明：此表以电子表格的形式呈现（Excel 表格或者 xls 表格）。

四、召开专家研讨会

认证单元制定过程中至少召开 1 次专家研讨会，专家研讨会由标准制定单位组织召开，学分银行标准制定部门共同参与。研讨专家包括行业、企业、学科和学分银行专家（不少于 5 人），其他人员包括认证单元制定与应用机构的相关人员。认证单元研讨主要围绕认证单元制定路径的选择、认证单元的内容、规格、学分等方面进行。专家提出修改意见，并形成认证单元专家研讨意见，提交研讨会议纪要。认证单元制定单位根据专家意见修改完成后，提交送审材料。

所有需要提交的送审材料，均需提供纸质材料一式6份和电子版。材料清单见表8。

表8　　提交材料清单

序号	文件名称	备注
1	专家个人信息表	文中表2
2	专家信息汇总表（电子表格）	文中表3
3	行业结构表	文中表4
4	认证单元表（所制定的全部认证单元）	文中表5
5	认证单元矩阵表	文中表6
6	认证单元信息汇总表（电子表格）	文中表7

五、召开审定会

学分银行组织召开认证单元审定会。审定专家包括行业、企业、学科专家（5～7人），其他人员包括认证单元制定与应用机构以及学分银行的相关人员。认证单元审定重点围绕认证单元制定的科学性、合理性和可行性。审定专家给出审定结论，并提出修改意见。认证单元制定单位根据专家意见进行修改后，提交主审专家。主审专家撰写终审意见。

六、审议发布

学分银行将审定后的认证单元交由标准委员会审议发布。

附件2：同一层次学历教育学习成果之间的转换路径与方法

同一层次学历教育学习成果之间的转换方式有两种：单向认定和双向互认。其路径与方法如下。

一、基本概念

1. 单向认定

单向认定是指学习者持已获得的某一学历教育机构的学习成果，经学分银行认证，可以换取另一个学历教育机构的相应专业所对应课程的学分。单向认定的自主权在转入方院校。

2. 双向互认

双向互认是指两个或多个学历教育机构之间相关专业对应课程学分的互认，学习者参加互认课程的学习和考核，成绩全部合格，即可在各机构之间实现学分互认。

二、路径与方法

（一）单向认定

1. 比对

将被认定方和转入方院校的相同或相近课程分别与同等级、同领域的认证单元比对，找到各自相符的认证单元，形成各自学历教育学习成果与认证单元比对表（见表9）。

表9　学历教育学习成果与认证单元比对表

专业名称		层次	
院校名称			
课程名称	原始学分	对应认证单元编码	认证单元学分
		……	……
		……	……
……	……	……	……

2. 差异比对

将两院校的课程进行差异比对，找到共同的认证单元，这些认证单元的学分即为可转换的学分，形成两院校课程的差异比对表（见表 10）。

表 10　　两院校课程的差异比对表

被认定院校名称			转入方院校名称		
专业名称			专业名称		
层次		框架等级	层次		框架等级
被认定课程名称	课程学分	可转换课程名称	课程学分	对应认证单元编码	可认定学分
专家意见					
	专家组组长				
	专家组成员				

3. 制定学分转换规则

根据差异比对结果，依据转入方院校的学分认定管理办法，形成学分转换规则表（见表 11）。

表 11　　学分转换规则表

被认定院校		转入方院校		
专业名称		专业名称		
层次		层次	框架等级	有效期
被认定课程名称	课程学分	可转换课程名称	课程学分	可认定学分
……	……	……	……	……
转入方院校意见	负责人签字：	（院校盖章）	时间：　年　月　日	

4. 发布学分认定规则

经转入方院校确认后的学分认定规则，通过学习成果转换管理网向社会发布。

特别说明：转入方院校也可以不采用本路径与方法，直接将被认定的其他院校课程标准与本校需要转换的课程标准进行比对，形成课程学分认定规则。

（二）双向互认

1. 确定学分互认课程

依据认证单元组合院校双方的共同课程，即为学分互认课程，形成学分互认课程与认证单元的对应关系表（见表 12）。

表 12　　学分互认课程与认证单元的对应关系表

<table>
<tr><td>院校名称</td><td colspan="2">专业名称</td><td>层次</td><td>框架等级</td><td>有效期</td></tr>
<tr><td></td><td colspan="2"></td><td rowspan="2"></td><td rowspan="2"></td><td rowspan="2"></td></tr>
<tr><td></td><td colspan="2"></td></tr>
<tr><td colspan="6">双方互认课程</td></tr>
<tr><td colspan="2">学分互认课程名称</td><td colspan="2">对应认证单元编号</td><td>单元学分</td><td>课程学分</td></tr>
<tr><td colspan="2" rowspan="2"></td><td colspan="2"></td><td></td><td rowspan="2"></td></tr>
<tr><td colspan="2">……</td><td>……</td></tr>
<tr><td colspan="2" rowspan="2"></td><td colspan="2"></td><td></td><td rowspan="2"></td></tr>
<tr><td colspan="2">……</td><td>……</td></tr>
<tr><td colspan="2" rowspan="2"></td><td colspan="2"></td><td></td><td rowspan="2"></td></tr>
<tr><td colspan="2">……</td><td>……</td></tr>
<tr><td rowspan="4">专家意见</td><td colspan="5"></td></tr>
<tr><td>专家组组长</td><td colspan="4"></td></tr>
<tr><td rowspan="2">专家组成员</td><td></td><td></td><td></td><td></td></tr>
<tr><td></td><td></td><td></td><td></td></tr>
</table>

2. 签署学分互认协议

院校双方签署学分互认协议，形成学分互认规则表（见表 13）。

表 13　　**学分互认规则表**

<table>
<tr><td colspan="2">院校名称</td><td colspan="2">专业名称</td><td>层次</td><td>框架等级</td><td>有效期</td></tr>
<tr><td colspan="2"></td><td colspan="2"></td><td rowspan="2"></td><td rowspan="2"></td><td rowspan="2"></td></tr>
<tr><td colspan="2"></td><td colspan="2"></td></tr>
<tr><td colspan="7">双方互认课程</td></tr>
<tr><td colspan="3">学分互认课程名称</td><td colspan="4">课程学分</td></tr>
<tr><td colspan="3"></td><td colspan="4"></td></tr>
<tr><td colspan="3"></td><td colspan="4"></td></tr>
<tr><td colspan="3">……</td><td colspan="4">……</td></tr>
<tr><td>院校
双方
意见</td><td colspan="2">负责人签字：（院校盖章）
时间：　年　月　日</td><td colspan="4">负责人签字：（院校盖章）
时间：　年　月　日</td></tr>
</table>

3. 发布学分互认规则

经院校双方确认后的学分互认规则，通过学习成果转换管理网向社会发布。

三、送审材料

所有需要提交的送审材料，均需提供纸质版一式 6 份和电子版。

本附件所需提交的材料为：表 9、表 10、表 11、表 12、表 13。

特别说明：按照“框架 + 标准”的技术路径开发认证单元和转换规则，成本和难度相对较大，因试点单位对学历教育之间的转换需求比较小，且转换的自主权在院校，所以，鼓励院校之间通过签协议方式来实现双方课程的学分互认。

附件3：不同层次学历教育学习成果之间的转换路径与方法

不同层次学历教育学习成果之间的衔接方式有两种：一体化设计课程和高级可替代课程（简称 AP 课程）设置。其路径与方法如下。

一、基本概念

1. 一体化设计

一体化设计是指依据不同等级的认证单元，搭建中职、高职、应用本科等不同层次的专业之间内容不重复、经过优化且上下衔接的职业教育类专业课程体系，同时，设计出中高职和高职本科之间的衔接课程，设计衔接课程就是因为不同类型学习者，需要补修相应的课程学分，方可进入下一阶段学习，如高中毕业生或普通专科生，需要补修一些职业类的课程。一般来说，这些衔接课程设置在低一层次的专业教学计划中，职业类的学习者进入高一层次学习时，就可以免学这些衔接课程。

2. AP 课程设置

AP 课程是指在高一层次的专业中设置的高级可替代课程。设置 AP 课程的目的是为低一层次学有余力的学习者提供高一层次水平的课程学习。满足条件的学生可以选择高一层次的 AP 课程学习，通过考核，所得 AP 课程学分可存入学分银行，待其进入高一层次的专业学习时可提取使用，不必重复学习。

二、路径与方法

（一）一体化设计

1. 设计衔接课程

根据不同等级认证单元和不同类型学习者特点，设计中职与高职、高职与本科之间的衔接课程，形成中高职本科之间的衔接课程与认证单元编码的对应关系表（见表 14）。

2. 制订一体化专业培养方案

根据不同等级的认证单元以及衔接课程，搭建中职、高职、本科不同层次专业之间内容不重复、经过优化而且上下连通的职业教育类课程体系，形成纵向衔接的一体化专业培养方案。专业培养方案既要符合国家专业教学基本要求，也要符合各自院校的专业设置要求。

表 14　　　中高职本科之间的衔接课程与认证单元编码的对应关系表

<table>
<tr><td colspan="5">中职与高职之间</td></tr>
<tr><td>中职专业</td><td></td><td>高职专业</td><td colspan="2"></td></tr>
<tr><td>适用对象</td><td colspan="4"></td></tr>
<tr><td rowspan="5">衔接课程</td><td>课程名称</td><td>对应认证单元编码</td><td>单元学分</td><td>课程学分</td></tr>
<tr><td rowspan="2"></td><td></td><td></td><td rowspan="2"></td></tr>
<tr><td>……</td><td>……</td></tr>
<tr><td rowspan="2">……</td><td></td><td></td><td rowspan="2"></td></tr>
<tr><td>……</td><td>……</td></tr>
<tr><td colspan="5">高职与本科之间</td></tr>
<tr><td>高职专业</td><td></td><td>本科专业</td><td colspan="2"></td></tr>
<tr><td>适用对象</td><td colspan="4"></td></tr>
<tr><td rowspan="5">衔接课程</td><td>课程名称</td><td>对应认证单元编码</td><td>单元学分</td><td>课程学分</td></tr>
<tr><td rowspan="2"></td><td></td><td></td><td rowspan="2"></td></tr>
<tr><td>……</td><td>……</td></tr>
<tr><td rowspan="2">……</td><td></td><td></td><td rowspan="2"></td></tr>
<tr><td>……</td><td>……</td></tr>
<tr><td rowspan="4">专家
意见</td><td colspan="4"></td></tr>
<tr><td>专家组组长</td><td colspan="3"></td></tr>
<tr><td rowspan="2">专家组成员</td><td></td><td></td><td></td><td></td></tr>
<tr><td></td><td></td><td></td><td></td></tr>
</table>

3. 发布衔接课程

根据专家审定通过后的衔接课程，通过学习成果转换管理网向社会发布，形成衔接课程名录（见表 15）。

表 15 **衔接课程名录**

<table>
<tr><td>高一层次院校</td><td colspan="2"></td><td>专业名称</td><td colspan="2"></td></tr>
<tr><td>层次</td><td></td><td>框架等级</td><td></td><td>有效期</td><td></td></tr>
<tr><td>适用对象</td><td colspan="5"></td></tr>
<tr><td colspan="6">衔接课程</td></tr>
<tr><td colspan="2">课程名称</td><td>课程学分</td><td colspan="2">对应低一层次的专业名称</td><td>颁证机构</td></tr>
<tr><td colspan="2"></td><td></td><td colspan="2" rowspan="3"></td><td rowspan="3"></td></tr>
<tr><td colspan="2"></td><td></td></tr>
<tr><td colspan="2"></td><td>……</td></tr>
</table>

（二）AP 课程设置

1. 选择 AP 课程

（1）AP 课程原则上可选择文化素质教育课，受众面广、量大的公共课和职业能力课程。

（2）AP 课程选择标准：适合网络传播、具有优质在线课程资源（网络课程和题库）、丰富的教学活动内容、良好教学效果的在线课程。

（3）组织相关专家（来源于联盟机构）从高一层次院校的专业教学计划中选定AP课程，或联盟机构之间协商确定新设若干AP课程（主要为文化素质教育课）。

2. 制定或修订 AP 课程，开发在线课程资源

（1）按照高一层次院校课程标准（教学计划）模板和要求，制定 AP 课程标准，开发在线课程资源。

（2）针对从教学计划中选定的 AP 课程，专家小组对该课程标准、资源等进行审核，审核合格即可直接投入使用，审核不合格，专家提出改造意见。

（3）高一层次院校根据专家改造意见，修订与完善 AP 课程标准和资源，必要时，需要调整教学计划。

3. 发布 AP 课程名录

经过专家遴选确定的 AP 课程名录（见表 16）以及与 AP 课程的转换规则，通过学习成果转换管理网向社会发布。

表 16　　　　AP 课程名录

高一层次院校			
专业名称		层次	
框架等级		有效期	
AP 课程名称			课程学分
……			
高一层次院校意见	负责人签字：　　（院校盖章） 时间：　年　月　日		

4. 争取课程开放政策，确定选课条件

国家开放大学积极争取教育部的课程开放政策，为实现完全学分制提供有力支撑。

具有较强的学习能力、完成本专业绝大部分课程学习、成绩优良的学生方可选择 AP 课程学习。

5. 提供在线课程教学服务

国家开放大学与相关机构合作，建成具有学习、教学、测评、交互、统计、分析、监控功能强大、技术先进、安全稳定、服务高效的国开终身学习 M-MOOC（Mark-Massive Open Online Courses，标签化大规模开放在线课程）平台，设计基于市场化运作的运行机制和运营模式，建立相应的质量保证机制，将经过专家认证、审核的 AP 课程以及资源，通过 M-MOOC 平台推向社会，给社会成员和中高职院校学生提供灵活多样的学习机会，实现人人皆学、时时能学、处处可学。

三、送审材料

所有需要提交的送审材料，均需提供纸质版一式 6 份和电子版。

本附件所需提交材料为表 14、表 15、表 16。

附件 4：非学历教育与学历教育学习成果之间的转换

非学历教育与学历教育学习成果之间的转换方式有两种：单向转换和双向转换。其路径与方法如下。

一、基本概念

1. 单向转换

单向转换是指学习者持已获得的与学历教育专业相匹配的职业资格证书、等级考试证书、能力测评证书、专项能力证书、岗位技能培训证书，经学分银行认证，按照转换规则转换为学历教育专业相应课程的学分。

2. 双向转换

双向转换是指有机融合相应等级职业资格证书、等级考试证书、能力测评证书、专项能力证书、岗位技能培训证书要求与学历教育专业教学要求，通过认证单元（标准）对证书体系和学历教育课程体系进行重组，确定若干门双证融通（双向互认）课程为证书教育和学历教育专业的共同课程。通过相关颁证机构协商确定相应的双向互认规则，最终实现不同学习成果的双向转换。

二、路径与方法

（一）单向转换

1. 比对

（1）将学历教育学习成果中的课程标准与基准框架中对应等级的认证单元进行比对，形成学历教育学习成果与认证单元比对表（见表 17）。

表 17　　学历教育学习成果与认证单元比对表

<table>
<tr><td>专业名称</td><td colspan="2"></td><td>层次</td><td></td></tr>
<tr><td>颁证机构</td><td colspan="4"></td></tr>
<tr><td>课程名称</td><td>原始学分</td><td colspan="2">对应认证单元编码</td><td>认证单元学分</td></tr>
<tr><td rowspan="2"></td><td rowspan="2"></td><td colspan="2"></td><td></td></tr>
<tr><td colspan="2">……</td><td>……</td></tr>
<tr><td rowspan="2"></td><td rowspan="2"></td><td colspan="2"></td><td></td></tr>
<tr><td colspan="2">……</td><td>……</td></tr>
<tr><td rowspan="2"></td><td rowspan="2"></td><td colspan="2"></td><td></td></tr>
<tr><td colspan="2">……</td><td>……</td></tr>
<tr><td>……</td><td>……</td><td colspan="2">……</td><td>……</td></tr>
</table>

（2）将非学历教育学习成果的知识、技能和能力与基准框架中对应等级的认证单元进行比对，形成非学历教育学习成果与认证单元比对表（见表 18）。

表 18　　非学历教育学习成果与认证单元比对表

<table>
<tr><td>证书名称</td><td colspan="2"></td><td>证书级别</td><td></td></tr>
<tr><td>颁证机构</td><td colspan="4"></td></tr>
<tr><td colspan="2">对应认证单元编码</td><td colspan="3">认证单元学分</td></tr>
<tr><td colspan="2"></td><td colspan="3"></td></tr>
<tr><td colspan="2"></td><td colspan="3"></td></tr>
<tr><td colspan="2"></td><td colspan="3"></td></tr>
<tr><td colspan="2">……</td><td colspan="3">……</td></tr>
</table>

2. 差异比对

将两类学习成果进行差异比对，形成两类学习成果对应关系表（见表 19）。

表 19　　两类学习成果对应关系表

<table>
<tr><th>专业名称</th><th>颁证机构</th><th>层次</th><th>课程名称</th><th>原始学分</th><th>相同认证单元编码</th><th>相同认证单元学分</th><th>框架等级</th><th>证书名称</th><th>证书级别</th><th>颁证机构</th></tr>
<tr><td rowspan="8"></td><td rowspan="8"></td><td rowspan="8"></td><td rowspan="3"></td><td rowspan="3"></td><td></td><td></td><td rowspan="8"></td><td rowspan="8"></td><td rowspan="8"></td><td rowspan="8"></td></tr>
<tr><td></td><td></td></tr>
<tr><td>……</td><td>……</td></tr>
<tr><td rowspan="3"></td><td rowspan="3"></td><td></td><td></td></tr>
<tr><td></td><td></td></tr>
<tr><td>……</td><td>……</td></tr>
<tr><td>……</td><td>……</td><td>……</td><td>……</td></tr>
<tr><td colspan="4">相同认证单元总学分：</td></tr>
<tr><td rowspan="4">专家意见</td><td colspan="10"></td></tr>
<tr><td colspan="2">专家组组长</td><td colspan="8"></td></tr>
<tr><td colspan="2" rowspan="2">专家组成员</td><td colspan="2"></td><td colspan="2"></td><td colspan="2"></td><td colspan="2"></td></tr>
<tr><td colspan="2"></td><td colspan="2"></td><td colspan="2"></td><td colspan="2"></td></tr>
</table>

填表说明：

当两类学习成果的差异很大时，可能情况有四种：第一种是选择的学习成果不合适；第二种是课程教学内容陈旧，不适应岗位人才培养的需求，此时可根据专家意见，改造学历教育的课程体系和教学内容；第三种是非学历教育学习成果（证书）内容的不适应，同样需要对证书体系和内容进行改造、调整；第四种是制定的认证单元需要调整。

3. 制定单向转换规则

根据差异比对结果，理论上讲要达到 100% 对应方可转换，但考虑到实际情况，为了转换更多学分，又要便于操作，颁证机构要确定原则，对应内容达到多少比例以上方可转换，如：相同认证单元的总学分占课程原始学分的 70% 及以上者，即可实现转换，形成单向转换规则表（见表 20）。

表 20　　单向转换规则表

非学历教育学习成果			学历教育学习成果					
证书名称	证书级别	颁证机构	专业名称	颁证机构	层次	置换课程名称	原始学分	实效学分
						……	……	……
学历教育机构意见	负责人签字：　　（盖章） 时间：　年　月　日							

（二）双向转换

1. 确定双证融通课程

通过找出非学历教育学习成果对应的认证单元或按照新证书所包含的认证单元组合新的课程体系和教学内容，确定双证融通课程。同时，形成证书、课程与认证单元之间的关系表（见表 21）。

表 21　　证书、课程与认证单元之间的关系表

非学历教育学习成果			学历教育学习成果					
证书名称	证书级别	颁证机构	专业名称	颁证机构	层次	融通课程名称	认证单元编码	认证单元学分
							……	……
						……		
							……	……
框架等级								
专家意见								
	专家组组长							
	专家组成员							

2. 制定基准转换（双证融通）规则

根据确定的双证融通课程，形成双方互认的基准转换（双证融通）规则，基准转换（双证融通）规则表见表 22。

表 22　　基准转换（双证融通）规则表

非学历教育学习成果			学历教育学习成果				
证书名称	证书级别	颁证机构	专业名称	颁证机构	层次	融通课程名称	课程学分
						……	……

3. 制定双向转换规则

（1）非学历证书认可学历教育专业课程的规则

根据基准转换（双证融通）规则，与非学历证书发放机构沟通、协商，确定转换条件和关系（见表 23）。

表 23　　非学历证书认可学历教育专业课程的转换条件和关系表

学历教育学习成果					非学历教育学习成果			获取证书条件
专业名称	层次	双证课程名称	课程学分		证书名称	证书级别	颁证机构	
				→				
非学历证书颁证机构意见	负责人签字：　　（盖章） 时间：　年　月　日							

（2）学历教育专业课程认可非学历证书的规则

根据基准转换（双证融通）规则，与学历教育机构沟通、协商，确定转换关系（见表 24）。

表 24　　学历教育专业课程认可的非学历证书转换关系表

非学历教育学习成果				学历教育学习成果			
证书名称	证书级别	颁证机构		专业名称	层次	转换课程名称	转换学分
			→				
学历教育机构意见		负责人签字：　　（盖章） 时间：　年　月　日					

4. 签署学习成果转换协议

学历教育机构与非学历证书颁证机构签署学习成果转换协议。

5. 发布转换规则

根据学习成果转换协议和转换关系表，通过学习成果转换管理网向社会发布。

三、送审材料

所有需要提交的送审材料，均需提供纸质版一式 6 份和电子版。

本附件所需提交材料为：表 17、表 18、表 19、表 20、表 21、表 22、表 23、表 24。

参考文献

REFERENCES

［1］“开放大学教学质量保证体系的研究与实践”课题组，王迎，赵婷婷，朱煜，王立，魏顺平，齐坤，张凤龙．国家开放大学学习者研究报告 [J]. 中国远程教育，2014（5）：20–26.

［2］白玲．从 QCF 到 RQF：英国资格框架改革的新取向及其启示 [J]. 外国教育研究，2016，43（11）：31–43.

［3］李静，陈洁，郭燕飞．基于标准体系的学分银行建设 [J]. 中国职业技术教育，2020（30）：19–24+30.

［4］陈静．英国资格与学分框架运行机制及特点 [J]. 现代教育管理，2014（11）：119–123.

［5］陈晶晶，陈龙根．韩国学分银行制及其对我国构建完全学分制的启示 [J]. 高等农业教育，2010（8）：88–92.

［6］陈晶晶．基于学分银行的完全学分制构建 [J]. 浙江工业大学学报（社会科学版），2010，9（4）：419–423.

［7］陈涛．双向互动系统：“学分银行”运行机制理论模型——兼论成人高等教育学分银行制度运作机制设计 [J]. 职业技术教育，2014，35（1）：59–64.

［8］陈巍．韩国学分银行对我国中小学教师继续教育制度的启示 [J]. 外国中小学教育，2009（12）：59–62.

［9］陈炜，陈叶梅．构建“学分银行”是我国继续教育改革创新的新路径 [J]. 继续

教育研究，2011（8）：4–6.

［10］陈晓娜．成人教育设立“学分银行”探析 [J]. 职教通讯，2010（9）：37–40.

［11］陈玉玲，顾颖．澳大利亚国家资格框架：发展历程、教育理念及其镜鉴价值 [J]. 职教论坛，2016（13）：82–86.

［12］程千，袁灵，谢来义．国家开放大学学历教育与非学历教育的融通 [J]. 福建广播电视大学学报，2015（2）：16–23.

［13］程千．学分银行“学习成果认证”方法研究 [J]. 湖南广播电视大学学报，2012（1）：27–30.

［14］崔昌浩，杜永新．通往明日之路：学分银行之机遇与挑战 [J]. 开放教育研究，2012，18（1）：21–26.

［15］崔蕾．基于大数据的学分银行信息服务平台构建的研究 [J]. 中州大学学报，2017，34（6）：89–94.

［16］崔铭香，乐传永．成人教育建立“学分银行”的思考 [J]. 中国成人教育，2008（15）：20–22.

［17］崔启迪，余爱云．国外学分银行建设及其启示 [J]. 产业创新研究，2021（14）：136–138.

［18］丁鹏．学分银行：构建继续教育立交桥的基石 [J]. 湖北大学成人教育学院学报，2011，29（1）：18–20.

［19］董存田，潘瑜，李德方，赵贤德．“学分银行”制度的发展历程与趋势 [J]. 当代教育论坛，2012（2）：41–46.

［20］杜沙沙，蒲梅．学分银行理念下“1+X”证书制度：内涵阐释、价值诉求与路径选择 [J]. 中国职业技术教育，2019（19）：44–49.

［21］杜社玲．韩国、欧洲学分银行实践及其启示 [D]. 华东师范大学，2011.

［22］杜社玲．学分银行：欧洲 ECVET 系统的启示 [J]. 成才与就业，2010（5）：50–51.

［23］杜怡萍．资历框架、学分银行、1+X 证书制度的关系解析及施策思考 [J]. 职业技术教育，2020，41（25）：12–16.

［24］关剑，王玲启．中高职衔接存在问题及对策研究 [J]. 中国职业技术教育，2017（9）．

［25］郭冰．基于区块链技术的职业教育国家“学分银行”建设研究 [J]. 实验技术与管理，2020，37（5）：207–211.

［26］高洁，付建军，孙旭．非正式学习成果认证探析 [J]. 远程教育杂志,2014(4)：93–98.

［27］李林曙，高洁，付建军．非正式学习成果认证的原则与方法研究 [J]. 天津电大学报，2013（2）：7–11.

［28］郭翠，周晶晶．澳大利亚先前学习认证制度述评及对学分银行的启示 [J]. 高等继续教育学报，2013，26（3）：20–25.

［29］郭富强．学分银行模式下学习成果的认证和转换标准体系构建 [J]. 中国远程教育，2016（2）：34–42+79–80.

［30］郭富强．学分银行支持高职院校创新发展的路径和模式 [J]. 陕西广播电视大学学报，2019，21（2）：40–43.

［31］郭富强．以联盟为基础的学分银行推进模式研究与实践 [J]. 中国远程教育，2015（2）：61–67+80.

［32］郭青春．论开放教育实现终身学习学分银行理念的可行性 [J]. 开放教育研究，2010，16（3）：156–159.

［33］郭霞，米靖．英国国家资格框架新进展研究——从资格与学分框架（QCF）到规范资格框架（RQF）[J]. 中国职业技术教育，2016（33）．

［34］郭艳霞．继续教育学分银行制度建设研究 [D]. 山西大学，2012.

［35］管西鹏．澳大利亚资格框架对我国现代职业教育体系改革与发展的启示研究 [D]. 山东师范大学，2020.

［36］国卉男，赵华．多模式下我国学分银行发展的理性反思 [J]. 教育发展研究，2016，36（17）：52–57.

［37］国卉男．中国终身教育政策研究［D］. 上海：华东师范大学博士学位论文，2013.

［38］ 国家中长期教育改革和发展规划纲要（2010–2020 年）[N]. 人民日报，2010–07–30（13）.

［39］ 国务院关于印发国家教育事业发展“十三五”规划的通知 [EB/OL]. [2017–01–19]. http：//www.gov.cn/zhengce/content/2017–01/ 19/content_5161341.htm.

［40］《国家职业教育改革实施方案》国发〔2019〕4 号 .

［41］《中国教育现代化 2035》，https://jd.sicfl.edu.cn/2019/0424/c815a19471/page.htm.

［42］ 谷峪，李玉静 . 国际资格框架体系比较研究——基于对英国、欧盟、澳大利亚的分析 [J]. 职业技术教育，2013，34（25）：84–89.

［43］《终身教育学习成果认证、积累和转换制度研究》课题组，沈光辉，庄伟廉 . 福建省终身教育学习成果认证、积累和转换制度实证研究（上）——基于“学分银行”的视角 [J]. 福建广播电视大学学报，2016（5）：1–11.

［44］ 岑建，楼世洲 . 先前学习成果认证的比较研究 [J]. 职业技术教育，2020，41（18）：7–11.

［45］ 郝克明 . 学分认证、转换制度与终身学习——在 2016 构建终身学习立交桥和学分银行系统学术论坛（南京）上的发言 [J]. 终身教育研究，2017，28（2）：6–10.

［46］ 郝克明 . 终身学习与“学分银行”的教育管理模式 [J]. 开放教育研究，2012，18（1）：12–15.

［47］ 贺媛婧，杨亚菲，袁亚兴 . 基于区块链技术的职业教育学分银行构建研究 [J]. 中国职业技术教育，2020（10）：71–78.

［48］ 胡如祥，闫智勇 . 学分银行制度服务于现代职业教育体系建设的困境与策略 [J]. 教育与职业，2015（6）：5–7.

［49］ 黄健 . 学分银行：实现终身学习理想的重要途径 [J]. 成才与就业，2009（17）：49–51.

［50］ 黄晓婷 . 福建省高职院校学分银行建设研究 [J]. 无锡职业技术学院学报，2020，19（3）：17–20.

［51］ 黄欣，吴遵民，蒋侯玲．论现代“学分银行”制度的建设 [J]. 开放教育研究，2011，17（3）：42–46.

［52］ 黄欣，赵华．学分银行立法——基于国际经验的思考 [J]. 开放教育研究，2013，19（5）：38–44.

［53］ 黄宇翔，梁志宏，张梦迪，危兵．面向学分银行的区块链学习成果管控模型 [J]. 计算机工程，2019，45（5）：18–24.

［54］ 季欣．基于资历框架与学分银行理念的 1+X 证书制度建设探究 [J]. 创新创业理论研究与实践，2019，2（13）：24–27.

［55］ 季欣．我国“学分银行”制度建设存在的问题及对策 [J]. 教育探索,2014（6）:85–86.

［56］ 江颖．基于学分银行模式的中高职衔接方式探 [J]. 当代职业教育，2018（2）：2：29–36.

［57］ 江颖．我国学分银行的研究现状、焦点与展望——基于不同类型文献的分析 [J]. 广东广播电视大学学报，2014，23（1）：14–22.

［58］ 江颖．学分银行研究三大元问题探讨 [J]. 中国远程教育，2014（9）：19–26+95.

［59］ 蒋国珍，李寰．基于资历框架的职业教育学分银行平台架构设计 [J]. 中国职业技术教育，2019（18）：46–50.

［60］ 康乃美，叶必锋．远程教育实施“学分银行”管理模式的思考 [J]. 现代远程教育研究，2009（4）：48–50+72.

［61］ 孔磊．学分银行制度：国际经验与本土探索——“中国远程教育学术论坛”综述 [J]. 中国远程教育，2012（5）：5–20.

［62］ 卢玉梅，王延华，孙静怡．从资格框架看我国“学分银行”制度中学习成果框架的建立 [J]. 中国远程教育，2013（11）：36–41.

［63］ 李春英．香港资历架构对开放大学立交桥建设的启示 [J]. 北京广播电视大学学报，2013（3）：22–26.

［64］ 李锋亮，张非男．学分银行的收益分析与估计 [J]. 中国远程教育，2014（6）：

49–55+96.

［65］李光先．广东开放大学的定位、体系架构及发展策略设想 [J]. 广东开放大学学报，2016，25（2）：14–17.

［66］李红亮，陆汉栋．“学分银行”模式下成人学籍协同管理的路径与对策分析 [J]. 中国成人教育，2013（17）：28–31.

［67］李辉政．“学分银行”与“1+X 证书”关联耦合推动职业教育新变革——以传统建筑技能人才培养为例 [J]. 河北职业教育，2020，4（1）：16–21.

［68］李惠康．上海市终身教育学分银行的构建 [J]. 开放教育研究，2012，18（1）：46–49.

［69］李静，陈洁，郭燕飞．基于标准体系的学分银行建设 [J]. 中国职业技术教育，2020（30）.

［70］李静，鄢小平，季欣．以资历框架为引领的学分银行制度建设探索 [J]. 终身教育研究，2018，29（1）：48–56.

［71］李令群．国家开放大学学分银行质量保证体系初探 [J]. 中国远程教育，2016（6）：73–78.

［72］李明慧，曾绍玮．终身学习时代国家资历框架构建研究 [J]. 教育与职业，2020（2）：28–35.

［73］李萍萍．略论学分银行在开放大学建设中的价值体现——建设中国开放大学不可或缺的要素 [J]. 现代远距离教育，2011（4）：23–26.

［74］李雪婵，赵斯羽，关燕桃．广东终身教育资历框架的实践和展望 [J]. 中国职业技术教育，2019（18）：59–64+70.

［75］李艳岭．上海开展“学分银行”教学改革工作的启示 [J]. 北京市工会干部学院学报，2008（4）：53–57.

［76］李志宏，邱亭谕，李可欣．基于区块链技术的学分银行系统研究 [J]. 现代教育技术，2019，29（7）：120–126.

［77］李欣，郭富强．学分银行支持中高本衔接贯通探究 [J]. 陕西广播电视大学学报，2021，23（3）：58–61.

[78] 高洁．中高职课程衔接一体化设计探析 [J]. 职业技术，2014（6）：33–34.

[79] 高洁，付建军．“学分银行”服务于搭建中高职衔接“立交桥”研究 [J]. 继续教育，2014（7）：10–12.

[80] 高洁．搭建职业教育“立交桥”问题研究 [J]. 继续教育，2013（6）：9–11.

[81] 高焕清，石裕勤，余敏．“中高本衔接”实施现状与质量保证策略研究 [J]. 湖北科技学院学报，2021，41（3）：139–142.

[82] 曲克晨，郑戌冰．中高本衔接一体化课程设计探究——基于学分银行角度 [J]. 广播电视大学学报（哲学社会科学版），2020，（3）：84–90.

[83] 林晓凤，安宽洙．韩国学分银行十五年：成就、挑战与未来 [J]. 职教论坛，2015（3）：42–49.

[84] 刘安，王海东．韩国国家学分银行制度及经验 [J]. 中国考试，2013（5）：32–38.

[85] 刘红良．大规模网络开放课程（MOOC）与学分银行制度对接探索 [J]. 现代教育技术，2014，24（10）：88–94.

[86] 刘剑青，方兴，马陆亭．从终身教育（学习）理念到学分银行建设 [J]. 中国电化教育，2015（04）：132–135.

[87] 刘素娟．继续教育人才培养的学分银行机制设计研究 [D]. 东北师范大学，2014.

[88] 刘素娟．机制设计理论视野下的“学分银行”机制建设 [J]. 教育发展研究，2014，34（7）：71–75.

[89] 林晓雯，刘志文．澳大利亚国家资格框架的演变历程、管理模式及运行机制 [J]. 职业技术教育，2019，40（25）：74–79.

[90] 梁丹．澳大利亚资格框架制度对我国中高职衔接的启示 [J]. 职教通讯，2015（25）：44–49.

[91] 梁竹田．高职物流管理人才培养模式改革与探索——以厦门城市职业学院为例 [J]. 厦门城市职业学院学报，2020，22（2）：57–61.

[92] 隆艳，周海英．开放教育与职业教育融合发展的路径探讨——以广东开放大

学为例 [J]. 广东开放大学学报，2019，28（6）：15–19+99.

［93］ 陆汉栋，李红亮 . 论成人教育“学分银行”制的“顶层设计”[J]. 中国成人教育，2015（4）：5–8.

［94］ 罗皓月，李化树，王梦豪 . 1+X 证书制度下区域职业教育学分银行建构探析 [J]. 成人教育，2020，40（8）：72–76.

［95］ 马福生 . 学分银行的现状及框架体系设计 [J]. 天津电大学报，2018，22（1）：17–20.

［96］ 缪芸芸 . 学分银行管理体系构建 [J]. 新校园（上旬），2018（1）：47.

［97］ 欧斯玛尼·张 . 学分银行体系中学分转换制度建设的思考 [J]. 继续教育研究，2012（5）：7–9.

［98］ 彭炳鸿 . 香港资历架构和学分互认的理念与运作 [J]. 终身教育研究，2017，28（4）：58–61.

［99］ 彭飞龙，陆和杰 . 构建市民学分银行的理论与实践研究 [J]. 职教论坛，2009（28）：26–29.

［100］ 彭飞龙 . 全民学习与终身学习之学分银行的构建模式——以慈溪为例 [J]. 中国成人教育，2011（1）：19–22.

［101］ 齐航 . 北京市建立学分银行的理论与探索 [J]. 中国冶金教育，2011（2）：89–92.

［102］ 齐亚丽 . 我国学分银行建设的现状、困境及对策建议 [J]. 教育与职业，2019（6）：78–83.

［103］ 任为民，施志毅 . 国家开放大学建设中几个亟待解决的问题 [J]. 现代远程教育研究，2011（2）：9–13.

［104］ 上海开放大学开放教育国际研究院课题组，翁朱华，王一兵 . 中国特色开放大学体系的建立和发展研究报告 [J]. 开放教育研究，2014，20（6）：10–22.

［105］ 沈中彦 . 终身学习“立交桥”视角下上海市学分银行制度建设研究 [D]. 上海师范大学，2017.

［106］ 孙冬喆 . 中国学分银行制度建设研究［D］. 上海：华东师范大学博士学位论文，2014.

［107］ 孙淑萍 . 基于 MOOC 的我国“学分银行”系统设计研究 [J]. 成人教育，2015，35（6）：57–59.

［108］ 汤春林 . 关于上海市市民终身学习状况的调查 [J]. 上海教育科研，2014（4）：5–9.

［109］ 汤诗华，毕磊，朱祖林，郭允建 . 我国学分银行研究与实践述评 [J]. 中国远程教育，2013（5）：16–21+95.

［110］ 汤书波，陈梅艳，李志平 . 开放教育学分银行系统设计方案探讨 [J]. 电化教育研究，2011（8）：78–82+87.

［111］ 汪跃平，刘建平 . 基层电大推展社区教育发展的实践与思考——“学分银行”与学历教育相衔接的探索 [J]. 成人教育，2012，32（12）：37–39.

［112］ 王炳同，谷斌，王毅，苏建宁 . 学分银行为学习型企业提供定制服务的模式研究——以中国邮政为例 [J]. 中国职业技术教育，2017（17）：34–38.

［113］ 王春娟，李嘉林 . 我国职业教育国家学分银行建设的必然、实然与应然 [J]. 职教论坛，2019（6）：118–123.

［114］ 王海东，邓小华 . 我国学分银行与资历框架建设探索：进展、问题与对策 [J]. 中国远程教育，2019，40（12）：55–60+93.

［115］ 王海东，李佳 . 我国学分银行建设的实践探索：现状与问题［J］. 终身教育研究，2017（4）：42–50.

［116］ 王海东，刘素娟 . 依托自学考试制度构建国家继续教育学分银行 [J]. 开放教育研究，2011，17（3）：47–51.

［117］ 王海东 . 学分银行：自考制度转型的方向与机遇 [J]. 考试研究，2011，7（4）：12–16.

［118］ 王全珍，王海东 . 中国香港地区资格框架：概况、进展及启示 [J]. 中国职业技术教育，2016（3）：77–81.

［119］ 王贺元，乐传永 . 论成人教育学分银行制度建设中学分转换体系的构建 [J].

教育学术月刊，2010（6）：92–94.

［120］王宏，魏奇，杨敏．基于政策分析的视角：欧洲学分互认与累积体系对我国学分银行制度建设的启示 [J]. 现代远距离教育，2012（3）：38–43.

［121］王宏．学分银行构建的初步尝试——上海普通高校成人高等教育非学历证书认证研究 [J]. 开放教育研究，2012，18（4）：44–49.

［122］王丽娜，杨亭亭，刘仁坤．国内外高等教育学习评价现状研究综述——兼论对国家开放大学学习评价体系建设的启示 [J]. 现代远距离教育，2012（2）：34–39.

［123］王鑫．学分银行模式下学分认定与转换细则制定初探 [J]. 成人教育，2019，39（7）：85–89.

［124］王迎，张润芝，黄荣怀．国际视野下学分银行建设的实践与分析 [J]. 中国远程教育，2012（06）：47–54.

［125］王一涛，路晓丽．“中高本硕”衔接的理论溯源、实施现状与路径优化——基于类型教育的视角 [J]. 教育发展研究，2021，41（03）：60–67.

［126］王子鹏．省域学分银行制度框架下终身学习档案管理问题研究 [J]. 兰台内外，2021（8）.

［127］吴钧．“学分银行”实施的困惑与思考 [J]. 教育发展研究，2011，31（Z1）：89–92.

［128］吴南中，李慧玲．学分银行认证标准体系与运行机制建设研究 [J]. 职业技术教育，2018，39（18）：44–49.

［129］吴南中，吴易雄．职教体系学分银行的建构理念与推进策略 [J]. 中国职业技术教育，2016（33）：26–32.

［130］吴南中，夏海鹰．以学分银行为支架的区域性终身学习体系构建研究 [J]. 中国远程教育，2017（11）：63–69+80.

［131］吴南中．学分银行建设的动力机制及其构建研究 [J]. 中国远程教育，2017（4）：72–78.

［132］吴南中．学分银行建设阻力及其消解策略研究 [J]. 成人教育，2018，38（2）：

9–14.

［133］吴韶华．韩国“学分银行”的负向功能及其引发的思考 [J]. 中国远程教育，2012（11）：23–26.

［134］吴小燕，王瑛．职业教育“学分银行”建设问题与突破路径思考 [J]. 职教论坛，2020（02）：143–146.

［135］吴晓雪，邓毅．欧洲学分互认与转换机制（ECTS）及其启示——基于结构、功能的视野 [J]. 中国成人教育，2016（8）：139–143.

［136］温珮苓．资格框架的构建及对我国职业教育发展的启示 [D]. 上海师范大学，2017.

［137］谢莉花，余小娟．资历框架视阈下我国资格标准体系的建设现状、问题与策略 [J]. 终身教育研究，2021，32（5）：30–37.

［138］高洁，孙长忠．试论国家资格框架架构构建 [J]. 河南广播电视大学学报，2018（3）：1–6.

［139］高洁．国家资格框架建设刍议 [J]. 中国职业技术教育，2018（15）：31–34.

［140］徐国锋，李明珠，王鹏．国家开放大学“学分银行”制度在军事职业教育中的应用研究 [J]. 现代职业教育，2021（28）：156–157.

［141］鄢小平，胡洋．基于学习成果框架的认证单元应用路径与方法探究 [J]. 广播电视大学学报（哲学社会科学版），2015（4）：87–95+102.

［142］鄢小平．基于云架构的学分银行信息平台设计研究 [J]. 中国远程教育，2014（5）：66–71+96.

［143］鄢小平．我国学分银行制度的模式选择和架构设计 [J]. 远程教育杂志，2015，33（1）：30–38.

［144］杨晨，顾凤佳．国外学分银行制度综述 [J]. 中国远程教育，2014（8）：29–39.

［145］杨晨．我国“学分银行”建设的三大问题 [J]. 中国远程教育，2012（6）：41–46+95–96.

［146］杨黎明．关于创建上海市“学分银行”的理论与实践研究 [J]. 职教论坛，

2009（9）：4–9.

［147］杨敏，孙耀庭，顾凤佳 . 态势分析法视野下的上海市终身教育学分银行建设研究 [J]. 现代远距离教育，2011（2）：13–18.

［148］杨志坚 . 国家开放大学建设：改革与创新 [J]. 中国远程教育，2013(4)：5–10.

［149］杨志坚 . 组建国家开放大学的几点思考 [J]. 中国远程教育，2011（5）：15–17.

［150］姚德明，衡播 . 基于知识共享的职业院校“学分银行”管理体系研究 [J]. 科教文汇（下旬刊），2011（3）：157–158.

［151］殷双绪 . 加拿大汤姆逊大学先前学习评价实践对我国学分银行建设的启示 [J]. 现代远距离教育，2012（4）：25–31.

［152］郭霞，米靖 . 英国国家资格框架新进展研究——从资格与学分框架（QCF）到规范资格框架（RQF）[J]. 中国职业技术教育，2016（33）：62–71.

［153］尤佳春 . 省域学分银行的构建实践与策略探究——以“江苏省终身教育学分银行”试行为例 [J]. 江苏开放大学学报，2014，25（2）：10–14.

［154］余燕芳，葛正鹏 . 基于国际比较的学分银行学分内涵及学习成果转换研究 [J]. 远程教育杂志，2017，35（2）：66–73.

［155］余燕芳 . 教育大数据背景下学分银行信息管理平台设计理念与技术架构研究 [J]. 中国远程教育，2015（6）：53–59+80.

［156］詹王镇，方向 . 高职院校学分银行的建设研究 [J]. 淮南职业技术学院学报，2018，18（3）：55–57.

［157］张达志，李培培，冷士良，张书，雷水旺 . 开放大学学分银行实践对我国职业教育学分银行建设的启示 [J]. 化工时刊，2019，33（10）：57–60.

［158］张德明 . 上海建设学分银行的基本构想和战略思考 [J]. 开放教育研究，2012，18（1）：52–55.

［159］张润芝，王迎，黄荣怀 . 我国学分银行建设模型及其路径探析 [J]. 中国电化教育，2012（6）：30–36.

［160］张双志 .“区块链 + 学分银行”：为终身学习赋能 [J]. 电化教育研究，2020，

41（7）：62–68+107.

［161］张伟远 . 构建“资历框架为标准、学习成果认证为保障”的学分银行制度［J］. 中国职业技术教育，2020（24）：5–7.

［162］张莹 . 论学分银行的体系建设及其功能定位 [J]. 云南电大学报，2011，13（2）：9–11.

［163］赵宇红 . 我国“学分银行”制度建设的构想 [J]. 职教论坛，2012（31）：29–32.

［164］赵宇红 . 我国学分银行制度建设的研究与构想——区域性继续教育领域中的思考 [J]. 中国远程教育，2013（2）：32–37.

［165］郑婉平 . 福建二元制人才培养模式：践行终身教育的路径 [J]. 福建教育学院学报，2021，22（7）：76–78.

［166］钟名诚 . 韩国“学分银行”保证公民终身受教机会 [J]. 上海教育，2018（5）：34–36.

［167］周继平，陈虹，叶正茂 . 基于区块链技术的学分银行构建 [J]. 中国职业技术教育，2019（18）：51–58.

［168］周晶晶，孙耀庭，慈龙玉 . 区域学分银行建设的困境与思考 [J]. 开放教育研究，2016，22（5）：55–60.

［169］周晶晶，陶孟祝，应一也 .“学分银行”概念功能探析——基于国内理论研究的回顾和实践探索的梳理 [J]. 现代远距离教育，2017（1）：3–10.

［170］周利平，张景韶，苏理华 . 基于区块链技术的学分银行学习成果认证体系结构变更 [J]. 湖北函授大学学报，2018，31（16）：34–35+37.

［171］诸云 . 终身教育视域下的“学分银行”构建研究 [J]. 成人教育，2015，35(12)：45–48.

［172］郑亚虹 . 学历教育与非学历培训学分互换的可行性探索——以国开铸造学院学分认证单元与专业规则制订为例 [J]. 南京广播电视大学学报，2015，78（1）：1–5.

［173］祝珊珊 . 1+X 证书制度下学分银行建设探索与研究 [J]. 天津电大学报，

2019，23（4）：38–42.

［174］资虹，朱苏静，张辛皎．欧洲学分转换系统对我国高等教育学分制改革的启示 [J]. 科教导刊（中旬刊），2019（32）：5–6.

［175］邓美珍．信息时代服务全民终身学习的新型终身教育体系构建——以福建省为例 [J]. 福建轻纺，2022（3）：46–50.

［176］周浩．基于 1+X 证书制度下的人才培养模式探究——以室内设计专业为例 [J]. 中国包装，2022，42（3）：74–76.

［177］黄雨薇．高校实施“1+X”证书制度的探索与研究——以“网店运营推广职业技能等级证书”为例 [J]. 公关世界，2022（4）：39–40.

［178］刘增辉．广东终身教育学分银行：先行先试 搭建人才成长立交桥 [J]. 在线学习，2022（Z1）：62–63.

［179］刘增辉．推动高质量发展 笃行不怠向未来 [J]. 在线学习，2022（Z1）：55–58.

［180］纪梦超，祝珊珊，张璇．我国非学历学习成果认定与转换的现状研究——基于三类实践主体的视角 [J]. 成人教育，2022，43（2）：6–14.

［181］王福胜．高校继续教育转型：组织变革理论视域下的阶段、方向与关系 [J]. 中国远程教育，2022（02）：27–34.

［182］彭霞．基于“学分银行”的高职人才培养路径探析——以物联网应用技术专业为例 [J]. 山东商业职业技术学院学报，2022，22（1）：46–49.

［183］张航．学分银行终身学习成果档案建设的路径 [J]. 今传媒，2022，30（2）：137–139.

［184］李玲．数据驱动下的开放大学“学分银行”信息共享平台建设与思考 [J]. 大学，2022（4）：68–71.

［185］江苏省教育厅关于印发《江苏省终身教育学分银行管理暂行办法》的通知 [J]. 江苏省人民政府公报，2022（3）：78–80.

［186］牛园园．百万扩招新形势下高职院校学分银行建设研究 [J]. 湖北开放职业学院学报，2022，35（2）：23–24.

［187］ 钱玲玲，俞陈建．“1+X”证书制度实施路径研究——以加工制造类专业为例 [J]. 内江科技，2022，43（1）：141–142.

［188］ 张晓金，朱颖玲，杨留才，陈文艳．基于学分银行拓宽全科医生继续教育路径研究 [J]. 江苏科技信息，2022，39（2）：45–49.

［189］ 郑志宏，方海光，孔新梅，洪心．面向区域教育的大数据公共服务模型探究 [J]. 中国教育信息化，2022，28（1）：18–30.

［190］ 薛贵明．基于供给侧改革的“1+X”证书培训平台建设 [J]. 中国现代教育装备，2022（1）：151–153+160.

［191］ 黄斌，吴成龙．近十年远程教育学术群体及研究热点分析 [J]. 继续教育研究，2022（3）：27–33.

［192］ 滕益清，滕拓．家庭教育生态：理念创新 要素梳理 实践应对 [J]. 继续教育研究，2022（3）：104–108.

［193］ 伍益中．“双一流”背景下高职表演艺术类专业群“1+X”证书制度实施路径 [J]. 艺海，2022（1）：71–74.

［194］ 叶润欣，徐水晶．区块链技术在高等教育中的应用研究 [J]. 软件导刊，2022，21（1）：79–83.

［195］ 张创伟，吴雪萍，陈兴伟，陈戍．区域技能学分银行的基本架构和运行机制 [J]. 教育学术月刊，2022（1）：27–34.

［196］ 金玮佳，吴闽黎．学分银行理念下基于区块链技术的 X 证书“课证融通”应用研究 [J]. 华东纸业，2022，52（1）：180–182.

［197］ 何小宇．“1+X”证书制度下职业院校计算机类专业改革路径探索 [J]. 现代职业教育，2022（4）：169–171.

［198］ 俞冬伟．我国中高职一体化发展回顾与路径探索 [J]. 职教通讯，2022（1）：55–60.

［199］ 马兵．1+X 证书制度下高职工程造价专业人才培养分析 [J]. 房地产世界，2022（1）：108–109.

［200］ 回晓敏．高职 B 类、C 类学生“学分银行”框架下人才培养的有效路径探

析 [J]. 职业教育研究，2022（1）：75–79.

［201］ 祖木拉提·达吾来提，吴瀚 . 服务全民终身学习的课程评价体系研究 [J]. 成才之路，2022（1）：37–39.

［202］ 练振兴，俞国红 .“1+X”证书制度背景下高职社招生“零存整取”的学分银行弹性管理机制研究 [J]. 大学，2022（1）：54–57.

［203］ 杨树雨 . 我国学分银行应加速和统筹建设——《中国学分银行建设进展调查报告》读后感 [J]. 高等继续教育学报，2021，34（6）：1–6.

［204］ 姬天富 . 学分银行建设与 1+X 证书制度试点的现状、问题与对策 [J]. 连云港职业技术学院学报，2021，34（4）：66–70.

［205］ 杨莹，袁松鹤 . 中小学教师培训“互联网 +”支持服务体系构建 [J]. 广播电视大学学报（哲学社会科学版），2021（4）：87–94.

［206］ 林艳 . 基于 SWOT 分析的高职院校实施 1+X 证书制度论析 [J]. 闽西职业技术学院学报，2021，23（4）：78–82.

［207］ 徐梦月 . 学分银行若干元问题的再探讨 [J]. 江苏高职教育，2021，21（4）：26–30.

［208］ 王志鑫 . 智能制造背景下高职院校工科专业“1+X”书证融通途径探讨——以工业机器人应用编程“1+X”职业技能等级证书为例 [J]. 创新创业理论研究与实践，2021，4（24）：146–148.

［209］ 王立鹏，雷珊珊 . 职继互通，学分银行建设的探索与实施 [J]. 天津职业院校联合学报，2021，23（12）：108–111.

［210］ 谭中利，黄志坚，黄丽莉 . 学分银行理念下的 1+X 证书制度试点实践研究——以开放教育物流管理专业为例 [J]. 继续教育研究，2022（2）：59–64.

［211］ 连赟 . 数字化改革背景下省域学分银行平台建设赋能研究 [J]. 新疆广播电视大学学报，2021，25（4）：1–5.

［212］ 尚洁 . 职教联盟学分认定与转换的探索——以邮轮职业教育协同发展联盟为例 [J]. 武汉交通职业学院学报，2021，23（4）：96–99.

[213] 李庆玖，彭文兵，汪路金 . 学分银行视域下成人高等教育网络课程建设研究 [J]. 淮南职业技术学院学报，2021，21（6）：92–94.

[214] 叶柯，程南清 . 基于区块链的学分银行生态系统构建研究 [J]. 宁波开放大学学报，2021，19（4）：19–22.

[215] 张银芳，张献梅 . 基于高职扩招背景下学分银行制度探析 [J]. 济源职业技术学院学报，2021，20（4）：22–25.

[216] 张知奇 . 英国先前学习认证模式对学分银行建设的启示 [J]. 山西广播电视大学学报，2016，2102：9–14.

[217] 叶莉，张芳，王秋香 . 基于学分银行的职业教育终身学习机制研究 [J]. 武汉职业技术学院学报，2021，20（6）：16–19.

[218] 陈以藏，孔敏，丁士祥，刘美忠 . 高等学历继续教育实行弹性学分制：问题与对策 [J]. 陕西广播电视大学学报，2021，23（4）.

[219] 刘小梅，郭富强，雷蕾 . 职业技能等级证书的学分认定研究与实践探索 [J]. 陕西广播电视大学学报，2021，23（4）：45–48.

[220] 吴迪，程强强 . 高职学分银行制下创新创业教育改革实践研究 [J]. 江苏建筑职业技术学院学报，2021，21（4）：55–57.

[221] 张兴，田东平 . 英国资格框架的发展、内涵及启示 [J]. 长沙航空职业技术学院学报，2020，20（3）：110–114.

[222] 杨国富等 . 学分银行论 [M]. 西南财经大学出版社，2016.

[223] 吴南中，胡娜 . 学分银行建设的基本理论 [M]. 云南大学出版社，2019.

[224] 钱晓忠，戴勇，胡俊平 . 1+X 书证融通与学分银行建设研究 [M]. 机械工业出版社，2021.